亜東経済国際学会研究叢書㉕
中国・復旦大学特聘教授 芮明杰先生合作 30 周年記念論文集

東アジアの観光・地域振興・経営

原口俊道・芮 明杰　監修

廖筱亦林・王 新然・趙 坤 編著

五絃舎

序　文

　亜東経済国際学会は, 1989 年に東アジアの経済経営の研究者・実務家によっ
て結成された。爾来東アジアの大学・学会と共催して 63 回（日本 21 回, 中国
大陸 24 回, 台湾地区 11 回, 韓国 6 回, 香港区 1 回）の国際学術会議を共同開催し,
その研究成果を取り纏めて東アジアの有名出版社から 28 冊の研究叢書等を出
版し, 東アジアの経済経営の研究者・実務家に対して一定程度の影響を及ぼ
してきた（詳しくは巻末の「亜東経済国際学会の概要」を参照されたい）。

　21 世紀になって少子高齢化, 地方の人口減少, 地域経済の衰退などの地域
社会問題が日本, 台湾地区, 韓国, 中国などの東アジアでは日増しに大きくなっ
てきている。地域振興・地域の活性化を図る手段として, ①観光による交流
人口の増加, ②国内外からの企業誘致, ③地域の地場産品の開発などが考え
られる。地域振興の柱の一つが観光であることにはほぼ異論はないであろう。
現在, 観光による地方の地域振興にとって重大な障害になっているのが「外
国人に対する短期の個人観光ビザの問題」である。外国人に対する短期の個
人観光ビザが免除になれば, 中央だけでなく地方も外国人観光客との交流増
加につながり, 地域振興に大いに寄与することが考えられる。しかし, 最近
観光には弊害があること, すなわちオーバーツーリズムの問題が注目を集め
ている。観光による地域振興を図る上で早急に解決しなければならない課題
の一つはこのオーバーツーリズムの問題である。オーバーツーリズムの問題
を解消する具体策をもっと真剣に議論し, 提案することが必要である。

　1994 年に中国・復旦大学産業経済学系の芮明杰教授（ルイミンチェ）と合作を開始して以来,

30 年間に数多くの国際学術会議を共同開催し，そして復旦大学出版社等から数冊の研究論文集を出版することができた。これはルイ教授のご尽力によるところが大きい。衷心よりルイ教授に感謝の意を表する次第である。ルイ教授は産業分野と管理分野では中国のトップの学者であり，研究業績が顕著である。2022 年にルイ教授は国家 1 級教授に昇進され，復旦大学の特別招聘教授に就任された。ルイ教授は正に復旦大学の看板教授である。

本書は「中国・復旦大学特別教授 芮明杰先生合作 30 周年記念論文集」として出版が企画されたもので，亜東経済国際学会研究叢書（査読付き）の第 25 巻にあたる。2022 年 12 月 3 日（土）〜 4 日（日）鹿児島国際大学キャンパスと日本経済大学神戸三宮キャンパスにおいて，亜東経済国際学会等の 8 つの機関が共同開催した第 61 回「東アジアの文化・社会発展と産業経営」国際学術会議―日中国交正常化 50 周年記念大会―」は，日本国外務省から令和 4 年 11 月 2 日付けで「日中国交正常化 50 周年認定事業」として承認を受けている。ルイ教授には第 61 回国際学術会議において基調講演をお願いした。

本書は東アジアの会員諸氏が，「第 61 回 東アジアの文化・社会発展と産業経営国際学術会議―日中国交正常化 50 周年記念大会―」において研究発表した論文を中心として，国内外の大学院博士指導教授クラスの研究者による厳格な査読審査を行い，最終的に査読審査に合格した論文を収録したものである。

本書は序章と 3 編 23 章から構成される。序章「中国江南の三千年―江南古鎮群の総合的発展への考察―」は第 61 回国際学術会議におけるルイ教授の基調講演の内容である。

第 1 編は「東アジアの観光と地域振興等」に関する 12 篇の日本語論文から構成される。第 1 編では，「観光立国とオーバーツーリズム（第 1 章）」，「中国青海省における観光公共サービスの構築（第 2 章）」，「中国焦作雲台山の景勝地に関する観光イメージの向上（第 3 章）」，「長崎県における市街地と中山間地域の地域振興（第 4 章）」，「農山村地域の持続可能な街づくり（第 5 章）」，「ラジコン草刈り機の共同利用モデルの構築（第 6 章）」，「経済振興としての沖縄海邦国体の課題（第 7 章）」，「地域文化ブランドの構築（第 8 章）」，「デジタル経済による中国青海省農村産業の発展（第 9 章）」，「持続可能なグリーンツーリズム

産業戦略（第 10 章）」，「ベトナムの工業化と産業構造の変化（第 11 章）」，「日本の政策が金融市場に与えた影響（第 12 章）」などを取り上げ，考察している。

　第 2 編は「東アジアの経営等」に関する 7 篇の日本語論文から構成される。第 2 編では，「荀子の管理思想とその現実的意義（第 13 章）」，「中国高齢者産業への事業展開（第 14 章）」，「ブランドイメージの消費者購買意図への影響（第 15 章）」，「グローバル企業に係る税務上の課題（第 16 章）」，「キャリアを活用することのできる組織（第 17 章）」，「ステークホルダー資本主義時代における人材マネジメントのあり方（第 18 章）」，「ESG 経営におけるブロックチェーンの導入（第 19 章）」などを取り上げ，考察している。

　第 3 編は「東アジアの地域振興・経営等」に関する 4 篇の英語論文から構成されている。第 3 編では，「The Progress and Trends in the Study of the Relationship between Family Childcare and Labor Force Participation (Chapter20)」，「Analysis of Baoding pension service policy from the perspective of policy tools (Chapter21)」，「Home and Community Care Services in China's Urban Areas: Shenyang (Liaoning Province) Case Study (Chapter22)」，「The Enlightenment of Foreign "Fast Fashion" Clothing Brand Marketing Strategies on Chinese Clothing Enterprises (Chapter23)」などを取り上げ，考察している。

　本書の総括責任者は廖筱亦林が，第 1 編の編集責任者は王新然が，第 2 編と第 3 編の編集責任者は趙坤が担当した。本書を出版するにあたり，（株）五絃舎の代表者から数々の貴重なアドバイスをいただいた。本書は「東アジアの観光・地域振興・経営等」を主に論じた研究書である。本書が広く江湖に受け容れられることを期待する次第である。

監修者　　原口俊道　芮明杰

2024 年 5 月 1 日

目　次

第18章　ステークホルダー資本主義時代における 人材マネジメントのあり方────────*221*

第 3 編　東アジアの地域振興・経営（英語論文）

東アジアの観光・地域振興・経営

序章　中国江南の三千年
──江南古鎮群の総合的発展への考察──

　私は江南に位置する古鎮「日本語読みはこちん：中国の古い町のこと」に生まれ，幼い頃から水郷に住んでいたため，町のあらゆる面について多くの知識を持っている。私の人生を通して，江南の古鎮の小さな，橋と水の流れ，緑の柳と桃の花，白い壁と灰色の瓦などの記憶を消すことは難しかった。子供の頃，勉強に目覚めた私は古鎮を離れて上海に行ったが，冬休みや夏休みになると，いつも両親に頼んで，祖母の家がある古鎮に帰らせてもらい，大都会とは違う生活を体験した。私は，江南に位置する古鎮の人類史，自然，世俗煙火のリズム，そして古鎮の人々の素朴で勤勉な人柄や淡々とした生き方などが大好きである。

1. 江南の古鎮及び古鎮群

　江南とは，中国の長江中下流以南の地域を指し，江南古鎮とは，長江以南の地域にある歴史的な町々を指す。江南は温暖な気候で，四季がはっきりしていて，雨量が豊富で，水上交通が発達している。この自然環境と機能の必要性から，江南の水郷や町の姿・特徴が形成されてきた。江南の古鎮は江南の各地にあり，地域の文化，経済，交通，商業などの中心地であり，川沿いに建てられた田園都市であり，「小橋・流水・家」「農読・美食・文化」という典型的な外観を形成している。

(1) 古鎮クラスター
　江南六古鎮と呼ばれる周荘，同里，用直，西塘，烏鎮及び南潯は，中国を代

表する水郷の町で，奥深い歴史文化遺産，美しく優雅な水郷風景，趣のある民俗など，世界でも類を見ない存在で，世界遺産に登録されている。「小橋・流水・住宅」という計画パターンや「ピンクの壁・黛瓦・馬頭壁」という建築芸術は世界でも類を見ないもので，人と自然の調和した景観を作り出している。私はこの6つの古鎮をすべて，しかも一度以上訪れたことがあるが，その中で周庄は最も早く発展し，最も有名である。同里は自然の美しさが際立つ場所であり，甪直は千鳥の川と青い水のネットワークに囲まれ，橋と橋が互いを見つめ合う。西塘は最も大きく，明清時代の廊下と古代建築に最も特徴がある。烏鎮は博物館風の古鎮で，住民の風格が表れている。南潯は文化遺産が豊富で，中国と西洋の建物が多くある。また，上海には松江の楓泾，青浦の朱家角など，すべて純粋な江南古鎮の風貌である。また，この6つの古鎮の周辺には，蘇州の黎里，千灯，錦渓，盛沢，渓口，上海の七宝，新場，浙江の沙渓，塩官，莫干山，無錫の丁蜀など多くの古鎮があり，古鎮群を形成している。私は、これらの古鎮のほとんどを一つ一つ訪れ、古鎮の歴史、文化、民俗、生活などを感じてきた。

(2) 長い歴史

　江南の古鎮の歴史は非常に長く，例えば，江南初の古代庭園都市として知られる蘇州の木涜鎮，歴史の教科書には 2500 年以上の歴史が記されている。伝説によると，春秋時代の末期，呉王夫差が美しい西施を喜ばせるために灵岩山の頂上に館娃宮を建て，さらに姑蘇台を増築する。「三年材料を集め，五年で完成」させ，山の下の河流港涜を塞ぎ，「積木塞涜」ことから，木涜の名が付けられた。木涜古鎮は蘇州の西郊，灵岩山麓に位置し，山の上に建てられ，水辺に住み，長江南岸の多くの古鎮の中でその独特のパターンは珍しいものである。木涜は江南で唯一庭園を持つ古鎮である。明・清時代には，30 カ所以上の自家庭園があった。現在も多くの庭園が保存され,魅力的な姿を残している。1983 年には，太湖の 13 の景勝地に指定され，「秀絶冠江南」という評判を得た。清康熙，乾隆二帝は何度も江南南を巡行してここに来て，流れて帰えるの

を忘れた。町の西側には，仏教聖地と観光地として有名な灵岩山という山がある。山上には史上初の丘の上の皇家庭園である館娃宮がある。町の西北に位置する天平山は「紅葉，清泉，怪岩」で有名で，「天平観楓」は江南の大奇観の一つとなっている。明・清時代の文化遺産も豊富で，清朝の「姑蘇繁華図」には，木涜の風景の半分が描かれている。私も何度も訪れているが，いつも木涜の風景に魅了されている。

（3）北部の古鎮

　長江以北にも多くの古鎮があるが，北の古鎮と南の古鎮では，様式，景観，生息地，建築など，数多くの違いがある。私が訪れたことのある北方の古鎮も，貴州省の青岩鎮，青海省の葛丹格爾古城，山東省の曲阜，泰安，雲南省の麗江，四川省の元通，千戸苗寨，山西省の平遥，そして安徽省，江西省，湖北省などの古鎮の中には，後で名前を出すこともできなかったものがたくさんある。北部の古鎮は南部の古鎮と同じスタイルではなく，例えば住居も大きく異なっている。一般に大きな住宅は，2つか3つの平行軸を持つことができる。北方ではそうではなく，典型的な中庭の住居は四角くて色鮮やかで，山西省には王家大院，乔家大院などであるが，建物の大きさにかかわらず，江南の住居はいずれも，緑や灰色に白い瓦，棕黒の木で装飾され，彫刻の種類が非常に多いが，色絵はほとんどない北方の住居とは明らかに違う点を反映している。北方の華麗な色彩に比べると，非常に淡く上品で，特に江南の水郷の古鎮がその典型であり，それゆえ水墨で江南と呼ばれるようになった。

　南北で異なるスタイルの古鎮は，中国の異なる地理的地域の人々の歴史的・文化的伝統，労働生活，美的興味などを反映しているが，その背景には，中国の南北の人々の文化理念，階層的な礼儀，生活習慣の一貫性などがある。歴史は，中国各地に全く異なるタイプの外観を持つ古鎮を作り出した。これらはまさに中国の歴史遺産であり，適切に保護・発展させるべき貴重な遺物である。

(4) 小さなまちづくり

　2016年，住宅建設省が『特色ある小さな町の育成に関する通知』を出した
ことがきっかけになって，政府からの支援を得て，地域経済や文化観光産業の
発展を促進するために，古くからの町をベースにリノベーションして作られた
ものや，まったく新しいものなど，特色ある小さな町が全国で建設されている。
私はこれまで，数多くの新・改築された小都市を訪れてきた。例えば，浙江省
桐郷市の烏鎮，上海市青浦区の朱家角など，それぞれ特徴を持ちながらも古都
の面影を残し，常に多くの観光客が訪れている。また，新しく成功したキャラ
クタータウンもいくつか訪れた。例えば，無錫市馬山の湘華湾鎮は，仏教の瞑
想をテーマにした町で，唐の建築を模した町並みは仏教の瞑想に溢れている。
宜興市陽羨の渓山小鎮は，全体が山と水の上に建てられており，その景観はと
ても心地よく，生息地とレクリエーションを主眼に置いている。また，孔子が
生まれた山東省曲阜の尼山聖境は，儒教と礼儀作法をテーマとした有名な新築
の町である。

2. 江南の古鎮の発展様式の比較

　江南の古鎮は実は水文化と古文化の合流点であり，江南3000年の文化遺産
を持ち，現在は主に古鎮の古建築，古鎮の古い町並み，古鎮の民俗生活などか
らなる。これらは江南の歴史，文化，生活様式などを担い，江南の人々の生活
と生産の一連の特徴を示している。

(1) 江南の古鎮の特徴

　江南の古鎮には，次の4つの側面から特徴がある。第一は，歴史が長く，
千年の歴史的遺産と文化的蓄積があることである。この特徴は，古鎮の住宅建
築，地域文化，地域民俗などの面で今も保存・継承されている。第二は，水の
織りなすネットワークである。川の南側にある古い都市は，通常，水のネッ
トワークが交差する場所に建設された。なぜなら，当時，河道は最も重要で便

利な，そして最も低コストの交通動脈であり，そのため江南では船が不可欠であり，橋も不可欠であったため，「船泊門前，万橋通衢」という言葉があった。第三は，魚米の里である。江南は伝統的に中国で最も豊かなところであり，古鎮は江南の魚米の里にあり，豊かな産物があり，生活はのんびりして，小さな郷里の人々の祖先を支えてきた。四つ目は，江南の人々の共通の伝統である農耕と読書の伝統，即ち農耕と読書を一緒にする伝統である。つまり，一方では農耕に励んで収穫を得る。また，一方では，一生懸命に勉強して，詩や書，礼儀作法などを学び，受験で成功する。その結果，中国の文化史に多大な貢献をした有名人，特に文化的な著名人がたくさん生まれた。例えば，浙江省では，唐，五代，宋，元，明，清の各時代を通じて，106人の状元がおり，そのうち71人が文状元，35人が武状元であり，合計14,643人が進士（じんし）となった。そのうち，唐は65人，五代は7人，北宋は1,581人，南宋は5,726人，宋の武進士は498人，元は138人，明は3,818人，清は2,810人で，進士総数は全国1位であった。

(2) 古い町の保存には投資が必要

　長い歴史があるため，古い町の人的・歴史的遺物，さらには生産方法や生活様式までも，常に維持・保護する必要がある。そうでなければ古い町の人的・歴史的遺物が担う文化史は，時間の経過とともに徐々に消えていく。しかし，古い町の保存には投資，特にそのための持続的な資源投入が必要である。しかも，今日の古鎮の空間的なパターンは，長い間確立されてきた。このようなパターンを維持するためには，古い町に住む人々の生活ニーズを満たし，その生活を常に改善・近代化する必要があるため，生態学的・人間学的なアプローチによる保存が具体的に要求される。そのため，常に維持・運営する必要がある古鎮の保全開発に大量の資源が投入される必要がある。実際には，資源や投資があっても，保存計画や開発を実現する際には，多くの困難に直面している。なぜなら，古鎮の開発は多くの問題に直面しているからである。例えば，古鎮をよく保護し，特色を出すだけでなく，古鎮の都市と農村の統合，人々の共通

の繁栄，質の高い開発などを達成するためには，良い産業開発を行う必要がある。もし古鎮の住民に雇用の場がなければ，必ず古鎮を捨ててしまい，古鎮の抜け殻だけが残る。もしそうであれば，生きている旧市街が，死んだような退屈な博物館になってしまう。

（3）開発の成功事例

江南の古鎮の保存と発展の成功例はたくさんある。古鎮の保存と発展の最も成功したケースは，もちろん烏鎮である。烏鎮は観光会社が出資し，町の外観の街並みや住居を総合的に保存し，元の住民をすべて退去させ，サービスに関わる一部の住民だけが町で働くという厳格な計画を立てた。その狙いは，観光客が滞在して町の住民となり，町の生活を体験してもらうことにある。私は何年も前に，何度も烏鎮に行ったことがあるが，行くたびに新しい感覚がある。古鎮の殻が残っていて，あの住宅や小さな橋，水網のパターンもそのままで，1日，数日滞在するたびに，古鎮の生活を実感できる。現在，烏鎮は多くの新しい要素を加え，例えば世界インターネット会議，国際演劇祭などの新しいIPを町の殻に注入し，さらに町の端に建てられた近代的な建物も町の殻に拡張して統合し，過去と現在を融合させた異なるムードを与えている。烏鎮の主な発展モデルは，観光会社が町を一体的に計画・建設し，町の古いスタイルを維持した上で一元的に開発・運営し，会議，宿泊ホテルの家賃，入場料，ケータリングなどのサービスが主な収益モデルである。

2つ目の成功例は，上海の青浦鎮にある朱家角という町である。朱家角も烏鎮と同じ江南の典型的な古鎮であるが，その成功のポイントは，古鎮の家並みや通りのパターンを変えず，元の住民も移さず，生活と煙火に満ちた古鎮として維持していることである。私の教え子がかつて鎮長をしていたこともあり，町を生かすという理念に賛同し，継続的な保存整備を主宰していた。当時，古鎮は多様なオリジナルビジネスから徐々に画一的な観光商業に変化し，訪問者の体験が非常に乏しくなっていた。そこで，政府の開発会社は，通りの一部の家屋の所有権を取得し，さまざまな事業者に貸し出し，町の商業計画に従って

営業することを義務づけることで，多様なパターンの商業店舗を作り出し，観光客にとって魅力的なものにした。その後，古鎮の文化施設や古宅，庭園などを徐々に整理・開放して古鎮の文化事業を形成し，特に古鎮の有名な江南庭園課植園で実写版の昆劇「牡丹亭」などを上演し，古鎮に異なる発展方法を与えた。一方，古鎮の周辺では，古風なスタイルとモダンなスタイルの相乗効果を狙って，近代化・拡張が行われてきた。今日，これは非常に効果的であった。青浦鎮の開発モデルは，烏鎮とは異なり，政府の統一計画に基づき，政府主導の開発会社が町のビジネスパターンの多様化と微調整を行い，物件の賃貸から賃料収入を得るというもので，主な収益モデルは賃料と土地利権であった。開発会社は多くの土地を付与し，他の開発業者も町の周辺に多くの別荘住宅群を建設したため，開発会社は経済力を得て，古鎮の統一計画，業態調整，保存開発などを行うことができた。

　新築小鎮の成功例としてまず挙げられるのは，太湖に近い無錫にある新築「拈花湾小鎮」である。ここは，小さな橋と流れるような家並みを持つ建築地区で，外に出て花や柳，松などの風景を楽しむことができ，都会とも田舎とも違う生活体験ができる。江南の水郷地帯に北唐風の建築を入れると，実にユニークな美的感覚になる。私は，この町の計画建設会社の会長に会う機会に恵まれ，このような町を建設するための美的職人技と文化的創造性について学ぶことができた。この町の建設の主なモデルは，同じく一社で集中的に計画・開発・運営されている烏鎮と非常に似ており，主な収益モデルは，家賃，入場料，ケータリングなどのサービスによる収入など，会議用レジデンスと同じであることがわかる。このケースの成功の特徴は，観光客にとって単純な観光行為を，滞在することで別の町のライフスタイルを体験する没入型に変える必要があることでもある。また，統合されたサービスからの収入を増やし，その収入と利益を町の維持・発展のために投資し続けることができることである。

　宜興の陽羨渓山という町も，新しく作られた町である。大きく開発・建設され，多くの観光客を集めている。このような美しく便利な町がなければ，誰がこの人里離れた山奥を買って住もうと思うだろうか，という考え方に基づいて，周

辺のレクリエーション用不動産開発を前提に町が作られた。開発モデルは，宜興渓山の山際の美しい場所に，江南水郷風の町に現代文化の要素を加えた町を不動産会社が統一的に計画・建設したものであるが，設計された町の人の流れは，町を訪ねてくる観光客だけでなく，周辺のいわゆる保養地から町の住民として多くの一般人が訪れるのが主である。この不動産会社の会長が，そのビジョンと文化的リテラシーで開発をリードした結果，渓山小鎮建設の出発点が非常に高い文化的・審美的なものになったのは良いことである。何度かこの町を訪れたが，町のオープンスペースの隅々まで非常に配慮され，普通の町では絶対に実現できない江南風景がとても良くできていることがわかった。だから，人を町に入れるのにもお金がかかっただろうし，これからの維持費もかかるであろう。この町の開発モデルは，不動産会社による統一的な計画，集中的な開発及び集中的な運営であり，収益モデルも前の2つとは少し違っていて，いわゆる保養・健康不動産レジデンスの開発・運営が主で，保養・健康住宅を販売することで収益を得ており，町の商業会議，ホテル，宿泊，ケータリングサービスなども重要な収益源である。

(4) 比較の結論

　これまでの4つのケースの比較を通じて，次のような結論が得られた。まず，古鎮や新築小鎮の成功の鍵はいくつかの分野にある。第一に，産業支援である。徹底的な開発・発展により，古鎮の地元住民に雇用をもたらすだけでなく，文化観光産業を深化させることができる。

　第二は，どの古鎮や新鎮も，特に成功し，保護され，人の流れが特に多いところでは，特別な人間文化のテーマがあり，それが古鎮の文化的特徴を形成し，訪れる人に異なる経験を与えることができる。そうでなければ，1000カ所の古都がすべて同じ風景であった場合，観光客の興味は低下してしまう。

　第三は，景観の特徴である。古鎮や新築小鎮の保存を成功させるには，古鎮や新鎮の基本的な景観を守るだけでなく，小さな橋や水の流れ，著名人の旧居，民俗資料館，美食や特産品など，古鎮の基本景観を打破する必要がある。私た

ちは古鎮に行って基本的に上記の4つの側面を閲覧し，しかし古鎮は現代的な感覚の景観を持つことができるため，古鎮時代の特徴を反映した古代と現代の結合を形成することができる。

　第四は，開発モデルは，基本的に統一企業による集中計画であり，特定の集中操作をすることができるが，また分散操作をすることもできる。多様な人間文化景観の形成，商業事業は非常に重要である，この方法でのみ観光客の習慣観光行動を没入体験行動にすることができ，観光客が滞在して江南の古鎮や人間文化の民俗・風景・生活の新しい町を経験することができ，そこから比較的高い総合サービス収入を得て，オペレータが収益と利益を持つように，古鎮の保護と開発に投資を継続することが必要である。

　古鎮の発展には実はもう一つの道がある。それは文化観光産業の発展を手掛かりに古鎮や新築小鎮の知名度を拡大し，他の産業を発展させて古鎮の持続的な発展を目指すという道である。例えば，現在，古鎮や新築小鎮の周辺に保養所や別荘，住宅などの特殊な不動産を開発し，比較的大きな収入を得ようとする考えが増えているが，不動産業界が徐々に弱体化している今日，新しい道を探す必要があるのではないのか。実際，古都の発展を支える産業として，地域の特産品，特産農産物，手工芸品，文化・創作品などを掘り下げて開発し，住民の雇用と地域経済の活力を高めることも可能である。

3.　江南古鎮群の戦略的思考による総合的な開発

（1）発展パターンが新時代に入った現在の江南古鎮群

　近年，中国政府は一連の新しい経済社会発展戦略を打ち出し，将来の経済社会発展の指針としている。その中で，最も重要な3つの戦略の1つは，国内外デュアルサイクル発展戦略とも呼ばれている。つまり，国内経済サイクルをメインに，国際経済サイクルで補完して，国内需要志向の経済・産業とオープン戦略志向の経済・産業との統合を図るものである。この戦略は，国際循環に参加する過去の戦略と比較して大きな調整が必要である。

　なぜなら，国内循環の成功には，まず第一に，内需の拡大のサポートを必要とするが，また健全な産業システムと産業チェーンを持つ必要があり，そうでなければ循環しない。経済発展が内需に支配されることになるため，古鎮群の発展に新たな発展機会をもたらすことになる。第二の戦略は，「大規模地域の相乗的発展戦略」である。国は，2015 年から始まった「北京・天津・河北相乗発展戦略」，2019 年前半に実施する「広東・香港・マカオ大湾区発展戦略」，2019 年 12 月の「長江デルタ統合発展戦略」など，大規模地域の相乗的発展のための戦略を導入している。このうち「長江デルタ統合発展戦略」は，長江デルタの 3 省 1 市の経済・産業の相乗的発展を促進し，行政の分断を打破することを目的としており，江南古鎮クラスターの統合開発に新しいチャンスをもたらすのは間違いない。第三の主要戦略は「デジタル中国戦略」であり，デジタル技術，デジタル産業及びデジタル経済の発展が中国に新しい成長をもたらす発展パターンになることを示している。したがって，古鎮の発展も，そのデジタル化や，デジタル文化産業・デジタル観光産業の建設，その他の新しい成長方式などを考慮する必要がある。

(2) 古鎮群が直面している 5 つの新しい発展のチャンス

　江南古鎮群は次の 5 つの具体的な分野で新たな発展の機会に直面している。1 つ目のダブルサイクル戦略は，現在の産業システムと産業チェーンの欠点を補う重要な措置で，特に重要なのは，産業システムや産業チェーンの欠点を補うことである。もし古鎮クラスターの発展が，全国と長江デルタの産業システムや産業チェーンの欠点を補うことができれば，これは重要な発展のチャンスとなる。第二に，長江デルタの経済社会統合発展の核心は，行政の境界を取り払い，統一市場を確立し，都市と農村の統合発展を実現し，国民の共同繁栄を達成することである。もし古鎮クラスターの発展が実現できれば，少なくとも文化観光産業において，統合発展，資源の共有，革新，相乗効果などを実現することができ，これは新しい発展のチャンスとなる。第三に，古鎮はデジタル変換を実施し，新しいデジタル経済を開発することである。今日，データは生

産要素になり，データはデジタル資産と呼ばれる潜在的な資産に転換することができる。古鎮の訪問者のデータは古鎮の現在から未来への発展のための重要な資源になるはずである。このような資源を把握し，この資源を開発することによって，デジタル経済の発展のための新しい機会をつかむことができる。第四に，人工知能，ビッグデータ，インターネット，5G通信など一連の現代技術の発展は，江南古鎮の技術進歩を加速しており，古鎮も技術進歩のチャンスをつかむべきで，現代技術を使って伝統的な古鎮に新しい機能と内容を与え，新しい消費グループをつかむべきである。これは新しいチャンスである。第五に，中国の国民の所得が増加しており，人々の高品質な消費の要求はますます強くなっており，高齢化社会で子供が少ないことが影響している。古鎮を訪れる人々の主なグループは，退職した高齢者グループであり，親子家族グループであると推定することができる。したがって，古鎮がどのように所得が増加した後の消費者の需要に適応するかで，そして中国の銀髪世代の高品質要求に適応するかで，巨大なビジネスチャンスが生まれる。

（3）新しいアイデアによる古鎮グループの開発統合

　江南の古鎮の開発と発展の基本的な基礎は，「歴史的なスタイルを維持し，現代の機能を活性化し，緑の生態的な居住性」のアイデアである。この考え方は明らかに正しいが，古鎮の総合的な開発として，十分ではなく，もっと革新的な新しいアイデア，新しいモデル，新しい措置などが必要である。まず，江南の古鎮の開発を統合するにはどうすればいいのだろうか。現在，古鎮は様々な省・市に点在しているが，古鎮のスタイルは基本的に同じで，保存空間の範囲の広さ，発展の度合い，人気なども異なり，その結果，旅客輸送の幅が広くなっている。そのため，このような状態では，まず統合開発の概念を調整する必要があると個人的には考えている。古鎮群の統合開発は同じ開発ではなく，同じ開発は同じ開発であり，結果として古鎮に違いはなく，千人が古鎮に行けば，江南の他の古鎮に行くのと同じことである。この場合，当然，総合的な開発とは言えない。

　江南には千の古い町があるのだから，千の顔があるはずである。だから，統合開発の考え方は，「調和的だが異なる，異なるが同じ，連動して相乗効果がある」でなければならない。違うけど違うというのは，空間的・地理的に散在する江南の古鎮が，景観や人間文化，美食，歴史，様式，住居，技術，流行など，それぞれが古鎮の特徴を追求し，発展させるように努めるということである。異なるが同じとは，江南の古鎮の本質が同じであること，つまり江南の 3000 年の歴史遺産，人間文化精神，生産方法，人々の生活様式などが江南の本物の特徴である。江南の古鎮の異なる歴史，文化及び自然景観の中で，中国の人間文化社会のあらゆる側面を体験し，江南のリズミカルな美しさを体感することができる。一つは実体的な接続，つまり地理的な空間接続における古い都市群の統合であり，交通や通信を通じてスムーズに接続することで，観光客にとって非常に重要な，いくつかの地域横断的な古い都市閲覧ラインを形成する必要がある。2つ目は仮想接続で，インターネットの仮想空間の中で，古い町のグループがより良い観光客のニーズと古い町の統合的な開発の要件を満たす必要がある。

　そのため，クラスター内のすべての古い都市を網羅する APP やウェブサイトの設計を検討する必要がある。この APP は多くの機能を持ち，すべての古い都市がそれぞれの景観特徴を表示し，ルートを閲覧し，博物館，特産品，食べ物，文化的・創造的な製品などを紹介することができ，広告を掲載し，カードを打ち，メッセージを残すことができ，さらに，各都市からの訪問者の情報データを残し，正確に分析・応用することができるようにすることが重要である。古い都市の総合的な発展の向上を促進するためのサービスである。このようなことで，古鎮の経済に交通の流れを導入することができ，観光客のデータの価値を保つことができ，継続的に蓄積され，古鎮グループのデータ資源とデータ資産となり，観光客データの分析と導入は，古鎮の統合開発において重要な役割を持つことになる。烏鎮の長年の発展を見ると，観光客の増加が古鎮の増収源となり，さらにサービスの変化や改善によって資本の流れさえも活発化している。これは，烏鎮の継続的な発展を支える重要な資源となっている。

（4）3つの戦略の統合開発

　私は，江南古鎮群の統合開発には3つの重要な開発戦略があると考えた。

　第一に，統合開発の基礎を創り直すことである。古鎮の特徴を創り出すには，古鎮自体が持つ本来の特徴に頼ることもできるし，今の時代の特徴を創り出すこともできる。消費者の需要という点では，没入型体験が現在も将来も主流である。例えば，子供も大人も大好きなディズニーランドに何度も足を運ぶのは，ディズニー会社が常に新しいIPを開発しているからであり，来場者は行くたびに何か新しい体験を得ることができる。ディズニーランドが世界中で全く同じでないということが，来場者が継続して地元のディズニーランドに行く理由であるので，新しく魅力的なIPを開発することが重要である。

　第二に，文化観光産業以外にも，古鎮の経済力・資源力を高めるために開発できる産業があることである。現時点で開発を検討できる産業は，少なくとも3種類ある。1つ目は最終消費財の生産で，例えば古鎮では宝飾品を中心とした産業のほか，電子消費財，特殊食品，ケータリング，生鮮農産物，インターネット電子商取引サービスなどを含む文化・創作品生産産業の開発を確立することができる。もうひとつは，地域の有力産業を支える産業，あるいはそのサプライチェーンのバリューチェーンに位置する産業を育成することである。例えば，現在，新エネルギー自動車が急速に発展しているが，古鎮が新エネルギー自動車の部品産業を形成することができ，家電製品などの部品を供給することができれば，産業発展の良い選択となる。3つ目は，旧市街の生態環境を利用して，データ分析，銀髪サービス業，健康サービス業などを発展させるというものである。

　第三に，古鎮は大企業を開発・育成し，あるいは中小企業を多数育成して古鎮住民の共同繁栄を牽引し，古鎮と古鎮クラスターの総合的な高品質発展を実現することができる。例えば，蘇州の呉江区にある盛沢という町は歴史的に有名な古鎮であるが，この町には現代の大企業が2つあり，1つは恒力集団という民間企業で，地元の民間企業として初めて「世界トップ500」に掲載された企業でもあり，2017年にデビューして，すでにトップ500の268位にラ

ンクされている。現在では何年も掲載され続け，ランキングも大きく躍進している。2020 年 8 月フォーチュン誌は，呉江盛沢鎮にある恒力集団が 2019 年に 80,588 万米ドルの収益を達成し，トップ 500 で 107 位にランクインしたと発表した。呉江盛沢鎮には盛虹集団というもう一つの有名な民間企業があり，この企業は 2020 年 8 月にフォーチュン 500 に新規参入した。同グループは 2019 年に売上高 278 億 6,900 万米ドル，利益 4 億 8,650 万米ドルで，455 位でリスト入りを果たした。これらの 2 社が，地域経済と古鎮・盛沢の発展に継続的な活力をもたらすことは間違いない。

　江南の古鎮の歴史的景観，人間文化景観及び自然景観には三千年の歴史と文化が蓄積されており，この貴重な遺産を，中国国民は，社会経済と技術の急速な発展の中で，江南に残る古鎮を保存し革新し，江南の大地に輝き続けさせる責任を負っている。

【参考文献】
[1] 芮明杰 (2021.02.25)，「双循环核心：建立有强大国际竞争力的现代产业体系」『上海经济』2021 年第 1 期。
[2] 芮明杰 (2021.01.17)，「新战略发展格局下，哪些产业大有可爲？」『广州日报』。
[3] 采访芮明杰 (2021.06.017)，「"一体化发展"不是"一样化发展"，长三角古镇需要一款"衔接式"APP」『钱江晚报』。
[4] 芮明杰 (2022 年 8 月上)，「统一大市场建设：产业跨区域转移新契机」『国家治理周刊』，总第 375 期第 20 页起。
[5] 芮明杰 (2022.02.22)，「"银龄时代"，中国要发展现代"银发"产业群」『第一财经日报』。
[6] 芮明杰 (2021.12)，『突破结构"陷阱"：产业变革发展新策略』上海财经大学出版社出版。

著者：芮明杰，復旦大学特別教授（国家一級教授），博士課程監督者，産業経済国家重点分野主任，復旦大学管理学院産業経済学科創設主任，復旦大学応用経済学博士後期院長，復旦大学企業発展・経営革新研究センター長。

（著者：芮明杰）（日本語翻訳者：廖 筱亦林 趙 坤）

第１編　東アジアの観光と地域振興

第1章　観光立国とオーバーツーリズム
——顕在化する課題と日本の独自性——

【要旨】

　オーバーツーリズムは，世界中で喫緊の課題であり，各政府等は対応を求められている。観光とは，本来，異文化の相互理解であり，観光客・観光地の両者が刺激を受け合い，良い影響を受け合うものである。「観光」の語源，観光関連法等から，「観光」の意味を考察する。その上で，観光客を「悪者」として排除・制限する方式では解決できないとの問題意識から，日本特有の現象について紹介・分析することにより，観光客と観光地の対立構造ではないオーバーツーリズムの解決策を考察する。

【キーワード】：観光政策，オーバーツーリズム，相互理解，アニメ

1．はじめに

　コロナ後の観光の急速な回復を，国際社会は好意的に捉えている。しかし，「オーバーツーリズム」は喫緊の課題となり，各国政府等は対応に苦慮している。

　本来，観光とは，自分の住む地域とは異なる地を訪れ，文化交流を行うことによって，お互いが良い刺激を受けるものであり，旅行者と訪問する地の人々とは，Win-Winの関係である。しかし，オーバーツーリズムでは，観光客（群）が悪者とされ，対策が立てられる。本章は，我が国の観光立国施策の理念・目的を分析し，「観光」の意味を考察することにより，対立軸ではないオーバーツーリズム解決策を模索するものである。

2. 観光立国としての日本

　1963 年，日本は，観光基本法 [1] を制定した。同法の意義 [2] は，社会的経済的使命にある。国際観光が，外国との経済・文化の交流の促進・国際親善の増進に役立ち，国際収支の改善，および，国民の保健の増進・教養の向上・勤労意欲の向上等に寄与するとする。しかし，当時，すでに観光旅行者の著しい増加にる弊害が記載され，いわゆる「オーバーツーリズム」が認識されている。

　2003 年，小泉首相は，訪日旅行者を倍増し 1，000 万人とする目標を打ち出した [3]。これを受け，「観光立国懇談会報告書 [4]」を公表された。この報告書の中で，「観光立国の意義 - 今，なぜ観光立国か -」が述べられた [5]。その中で，「世界の人々は，国際観光に新しい価値を見出そう」として，観光とは，単に観光資源を「見る」だけでなく，世界の多くの人々と近づき合い，新しい経験を積み，生活文化の新たな創造を助け，生きる知恵と楽しさを広げるために行くものであるとする。また，21 世紀の世界を，「軍事力，生産力などのハード・パワーが他国に威力を与える時代から，知力，文化力，情報力などのソフト・パワーが他国に影響を与える時代へ移りつつある。」と位置付け，我が国は，観光立国を推進することにより，世界の中で独自のプレゼンスを示し，グローバリズムの定着に貢献することができるとした。

　さらに，同報告書では，「観光」の語源 [6] を，中国の古典『易経』の「国の光を観る」であるとし，その上で，観光立国の推進に当たっては，このような「観光の原点」に立ち返ること，即ち，「観光」概念の改革が必要であるとする。観光の原点は，ただ単に名所や風景などの「光を見る」ことだけでなく，一つの地域に住む人々がその地に住むことに誇りを持つことができ，幸せを感じられることによって，その地域が「光を示す」ことにあるとする。この報告書で一貫して述べられていることは，観光立国とは，単なる外貨獲得の目的ではなく，世界の潮流の中で，我が国が独自性を発揮し，ソフト・パワーとしての国力の増大，および，国民の誇りの増強が目的であるということである。

　また，2004 年，内閣は，観光立国推進戦略会議 (7) を開催し，報告書 (8) を公表した。この報告書は，第 1 の課題として，国際競争力のある「面的観光地づくり (9)」を挙げる。これからの「観光」は，「点から線，線から面」へ広がりのある「観光」であるとする。また，第 2 の課題として国際競争力強化のためのソフトインフラ (10) を挙げる。人々の「旅」は，団体旅行仕様の画一化した旅行から，個人・家族仕様の多様かつ個性的な旅行へと変化し，「金銭消費型」から「時間消費型」，すなわち，「体験」，「交流」などを楽しむ長期滞在型へと変化しているとして，交通手段などのハードインフラだけでなくソフトインフラの整備が必要であるとする。この流れについては，平成 16 年版国土交通白書 (11) に詳しい。

　2006 年，観光基本法の全部を改正する形で，「観光立国推進基本法 (12)」が制定され，観光が 21 世紀における我が国の重要な政策の柱として明確に位置付けられた。同法の目的は，観光立国の実現に関する施策を総合的かつ計画的に推進し，もって国民経済の発展，国民生活の安定向上及び国際相互理解の増進に寄与することである。また，関係者として，国・地方公共団体・住民・観光事業者の 4 者をあげ，その責務を明確にした。観光立国推進基本法に基づき，「観光立国推進基本計画 (13)」が閣議決定された。ここでの基本的な方針は，①国民の国内外旅行の拡大発展・訪日旅行客の拡大，②将来にわたる豊かな国民性の実現のための観光の持続的な発展の推進，③地域住民が誇りと愛着を持つことのできる活力に満ちた地域社会の実現，④国際社会における名誉ある地位の確立のため，平和国家日本のソフト・パワーの強化に貢献の 4 つである。基本計画はさらに進められ，2023 年，「第 4 次観光立国推進基本計画 (14)」が閣議決定された。コロナパンデミックを経ても，なお，観光を，成長戦略の柱・地域活性化の切り札と位置付け，国際相互理解・国際平和に重要な役割を果たすものであるとする。また，基本的な方針 (15) の一つを，「持続可能な観光地域づくり戦略」として，観光振興が，地域社会・経済に好循環を生む仕組みづくりを推進するとする。このように，我が国の観光施策は，外貨獲得の目的だけでなく，地域住民の誇り・愛着といった心理的好効果，地域活性化をも目的

とし，観光は，相互理解を深める手段として位置付けられている。

　観光立国として，官民あげて，訪日外国客の増加を図った計画は，成功を収め，訪日外国客は，2017年に3,000万人を超えた。新型コロナウイルス感染症の流行によりロックダウンなどが行われ，一般旅行者による観光は消滅したが，コロナ収束後，訪日観光客数は，速やかに回復し，記録を更新する勢いである。

図表1-1　年別　訪日外客数の推移（JNTO）[16]

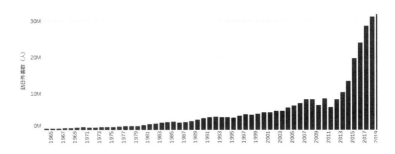

3．オーバーツーリズムの現状

　オーバーツーリズムは，社会的に認知され，大きな社会問題として捉えられているが，国際的に定まった定義はなく，各国・各観光地は，抜本的な解決策は見いだせないでいる。

　オーバーツーリズムが社会問題となるのは，「一時に」・「多量の」観光客が，観光地に押し寄せるからである。近年，オーバーツーリズムは各国で様々な施策がなされている[17]。各国の解決策は，観光地への入場料，入国税などの方法によって，観光客1人1人に一律に支払いを求める『人頭税方式』，各観光地に入場者の人数の上限を定める『人数制限方式』等，観光客に一方的に負担を強いるものが主流である。

　オーバーツーリズム対策失敗の理由の一つに，「一時に」訪れる観光客の数

が, 想定を遙かに超える数であることがある。例えば, クルーズ船による観光[18]
は, 1 隻のクルーズ船で, 5,000 人前後の「観光客」が一気に上陸し観光する。
この多量の観光客は, 観光地を数時間滞在し, 次の寄港地に向けて出発する。
超短期超多量の観光客は, 観光地に何ももたらさないとして, 寄港禁止をする
都市もある[19]。

　また, オーバーツーリズムとは異なる問題として, 観光客のモラル, マナー
の問題がある。今夏, 富士山の登山客のマナー違反がマスコミ等で多く取り上
げられた。軽装で一気に登頂を目指す弾丸登山や山小屋の床下でたき火をする
者, 鍵を壊して建物内に侵入する者など様々な迷惑観光客がテレビニュースで
特集された[20]。また, 観光客の落書きが国際的な大問題になることもある[21]。
このような問題は, 観光客の増加に伴い顕在化し, オーバーツーリズムの一局
面としての問題と捉えることもできる。

4. 日本独自の戦略は可能か

　我が国は, 「住んでよし, 訪れてよしの国づくり[22]」の実現をめざし, 観光
を 21 世紀における我が国の重要な政策の柱とした。しかしながら, 大量に押
し寄せる観光客によって, 観光地は, 日常生活が破壊され, 消耗する。地域住
民が誇りを持つという当初の目標は忘れられている。クルーズ船の寄港禁止や,
京都で常態化した過度な混雑[23]などの例が示すとおり, オーバーツーリズム
状態では, 地域住民は, 何らメリットがないまま, 日常生活が成り立たない程
の過度の負担のみを強制されることとなる。観光立国推進基本法は, 住民を関
係者と位置付け, 関係者の責務として, 観光立国の重要性を理解し, 魅力ある
観光地への積極的な役割を担う責務があると規定する[24]。この状況は, 観光
立国の目的から乖離し, 理念に反する。

　ここで, 訪日外国人旅行客の訪問地を分析すると, 一部の都道府県に集中し
て観光客が訪れていることがわかる。

図表 1-2　都道府県別訪問率ランキング（2019年，観光・レジャー）[25]

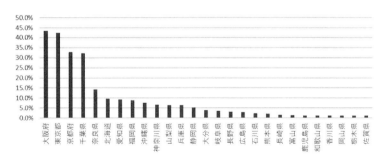

本文：

日本の各地に訪日外国人旅行客を分散することができれば，また，時期を
ずらして観光したいと思わせれば，オーバーツーリズム問題解決の一助となる
可能性がある。2004年の観光立国推進戦略会議報告書において，これからの「観
光」は，「点から線，線から面」へ広がりのある「観光」であるとするとされ
た。観光地を訪れて，「見る」という観光ではなく，「体験する」ことが，これ
からの観光の主流となるとされる。有名な観光地を訪れて，実際に「見た」と
いうことは，誰もが知っている観光地の写真を撮る（所有する）ことによって
満足するという点で，『モノ消費』に似ている。モノ消費とは，形のある物を
所有することを重視することである。所有することで満足するモノ消費によっ
て，日本経済は発展してきた。しかしながら，モノ消費は，必要不可欠でない
もの，つまらないものとして人々を満足させられなくなり，消費の潮流から外
れていった。廣瀬涼先生の分類によると，消費の潮流は以下のように変化して
いる[26]。1990年代に入ると，何かを体験する「コト消費」に人々の関心は移っ
た。SNSの普及により，モノやコトを顕示することが主流となり，モノの価
値が道具的価値のみならず，その商品が持つ付加価値に重きが置かれ，且つそ
の付加価値が多様化してきた。さらに，「トキ消費」と呼ばれる消費潮流が生
まれた。トキ消費[27]とは，「同じ志向を持つ人たちと一緒に，その時（トキ），
その場でしか味わえない盛り上がりを楽しむ消費」である。トキ消費の3要
素[28]として，時間や場所が限定され他では同じ体験が二度とできない「非再

現性」，不特定多数の人と体験や感動を分かち合う「参加性」，盛り上がりに貢献していると実感できる「貢献性」がある。一方，自身の精神的充足を目的とした消費だけでなく，他人や社会，環境に配慮した消費を目指そうとする者が現われ，「イミ消費[29]」と名付けられた。イミ消費における消費者の関心は，「環境保全」に限らず，「地域貢献」，「フェアネス（正義）」，「歴史・文化伝承」，「健康維持」なども含まれる。さらに，現在の消費の潮流は，「ヒト消費[30]」の局面にあるとする。「ヒト消費」とは，「誰が，誰に，誰と，何をするか」というその場にいるヒトが効用を生み出す起因となっており，個人の持つ魅力や物語をエンターテインメントとして捉え消費することを示す[31]。

　我が国特有の現象の例として，「アニメ聖地巡礼」・「ポケモン GO」・「バルス現象」の３つを取り上げる。聖地巡礼とは，アニメの場面のモデルとなったとされる場所に，ファンが実際に訪れ，アニメの一場面を『体験』することである。代表的な例として，スラムダンクの踏切[32]がある。このような聖地が日本各地に点在し，国内外からファンが殺到する事態となっている。また，ポケモン GO のイベントは，実施日に多くの人を周辺域に集めて実施される。例えば，鳥取砂丘で行われたイベントでは，３日間で，87,000 人を集客し，経済効果は十数億円とされる[33]。別の例として，アニメ映画「天空の城ラピュタ」がテレビで放映されるときにツイッター（現 X）で起こる「バルス現象[34]」がある。「バルス現象」とは，「天空の城ラピュタ」のクライマックスで主人公たちが叫ぶ呪文を，テレビの放送中にタイミングを合わせて，ツイッターで，同時に，投稿（つぶやく）ことである。この「バルス現象」においては，トキを同じくして，物語を消費しているが，空間（場所）は異なる。

5.　結　び

　本章では，世界各国で喫緊の課題となっているオーバーツーリズムについて日本からのアプローチを考察した。観光は，人が能動的に行動を起こすことによって生じるものである。従って，観光の問題解決のためには，人の動機に

対する働きかけが必要である。例示したアニメに対する3現象は，旅行者の嗜好性，消費性向の潮流に合致するものである。現代人は，有名観光地を「見る」という『モノ消費』ではなく，点から面へと「体験」することを望んでいる。消費の潮流は，「ヒト消費」であり，物語を共に体験したいと望んでいる。日本のアニメには，日本独特の世界観があり，世界各地に熱狂的なファンが存在する。そして，その世界観を理解し，その中に存在したいと思う者も多い。アニメを活用した発信を積極的に行うことにより，人々にインセンティブを与え，観光意欲を喚起し，観光行動を誘導することができる可能性があるのではないだろうか。アニメの登場人物等を消費する「ヒト消費」としての『観光』の構築は，観光客と対立構造ではないオーバーツーリズムの一つの解決策を示すものであると考える。

【注釈・引用文献】
(1) 昭和38年法律第107号，昭和38（1963）年6月20日公布施行。
(2) 昭和39年度運輸白書（1964）第3節観光基本法制定の意義。https://www.mlit.
　go.jp/hakusyo/transport/shouwa39/ind110103/frame.html
(3) 小泉純一郎（2003）第156回施政方針演説。
　https://kokkai.ndl.go.jp/#/detail?minId=115605254X00420030131
(4) 観光立国懇談会（2003.4.24）「観光立国懇談会報告書―住んでよし，訪れてよしの国づくり―」。
(5) 観光立国懇談会，前掲注4，p.2。
(6) 観光立国懇談会，前掲注4，p.5。
(7) 内閣官房（2004.5.17）「観光立国推進戦略会議の開催について」。
(8) 観光立国推進戦略会議（2004.11.30）「観光立国推進戦略会議報告書〜国際競争力のある観光立国の推進〜」。
　https://www.mlit.go.jp/common/000059766.pdf
(9) 観光立国推進戦略会議，前掲注8，p.3。
(10) 観光立国推進戦略会議，前掲注9，p.13。
(11) 国土交通省（2004）「平成16年度国土交通白書」第Ⅱ部国土交通行政の動向2観光立国をめぐる最近の動向。
　https://www.mlit.go.jp/hakusyo/mlit/h16/hakusho/h17/html/g2021200.html
(12) 平成十八年法律第百十七号，2007年1月1日施行。
(13) 国土交通省（2007.6.29）「観光立国推進基本計画について」。
(14) 閣議決定（2023.3.31）「観光立国推進基本計画」。

(15)　基本的な方針は，①持続可能な観光地域づくり戦略，②インバウンド回復戦略，③国内交流拡大戦略の 3 戦略である。

(16)　JNTO 日本政府観光局　日本の観光統計データ「年別訪日外客数の推移」(2022)。
　　　https://statistics.jnto.go.jp/graph/#graph--inbound--travelers--transition

(17)　日本で欧州でのオーバーツーリズム対策を紹介するものとして，例えば，阿部大輔(2020)「欧州諸都市のオーバーツーリズムへの取り組み」住民と自治，pp.12-15 等。

(18)　池田豊（2020）「外需，外国依存のクルーズ船観光の危険性」住民と自治 (683)，pp.22-24

(19)　CNN（2023.7.29)「アムステルダム市議会，観光港外対策でクルーズ船の寄港禁止」。https://www.cnn.co.jp/travel/35207175.html

(20)　テレ朝 news（2023.8.26)「富士山で「たき火」…トラブル続出　注意に「逆ギレ」怒号飛び交う“まさかの事態に”」。
　　　https://news.tv-asahi.co.jp/news_society/articles/000312716.html

(21)　山川真智子（2023.7.4)「ローマのコロッセオだけじゃない！ソーシャルメディアが広げる，観光客の落書き問題」pen online, https://www.pen-online.jp/article/013715.html

(22)　観光立国懇談会，前掲注 4。

(23)　中村圭（2022.3)「京都祇園祭あふれかえる観光客―オーバーツーリズムに対抗する山鉾町と町衆－」経済学論叢 73（4)，pp.695-730。

(24)　観光立国推進基本法第五条。

(25)　JNTO 日本政府観光局日本の観光統計データ（2022)「都道府県別訪問率ランキング」グラフは筆者作成。
　　　https://statistics.jnto.go.jp/graph/#graph--inbound--prefecture--ranking

(26)　廣瀬涼（2022.01.19)「現代消費潮流概論―消費文化論からみるモノ・記号・コト・トキ・ヒト消費」日生研究所基礎研レポート。
　　　https://www.nli-research.co.jp/report/detail/id=69930?site=nli

(27)　博報堂生活総合研究所研究（2019.12.15)「消費潮流の最前線」第 1 回「モノ，コトの次の潮流【トキ消費】とは」。
　　　https://seikatsusoken.jp/tokishohi/15581/

(28)　夏山明美（2020.10.22)「モノ，コトに続く潮流，「トキ消費」はどうなっていくのか 連載：アフター・コロナの新文脈（博報堂の視点　Vol.13)」。
　　　https://www.hakuhodo.co.jp/magazine/85508/

(29)　飲食店ドットコムジャーナル（2018.12.18)「竹田クニ氏が読み解く 2019 年の外食トレンド。飲食業界の潮流からグルメキーワードまでを解説」。
　　　https://www.inshokuten.com/foodist/article/5145/?page=2

(30)　廣瀬涼，前掲注 26, p.7。

(31)　これは，「エモ消費」に近いと指摘する。「エモ消費」については，荒川和久（2018.8.2)「モノ・コト消費から次なる段階へ」。
　　　http://www.bbt757.com/servlet/content/41590.html

(32) 神奈川県鎌倉市，江ノ電「鎌倉高校前駅」近くの踏切テレビアニメの一場面を体験するために，多くのファンが殺到し，迷惑行為が多発。 首都圏ニュース（2023.2.2）「スラムダンク」の聖地，海が見えるあの踏切が再びにぎわい　迷惑行為も問題に「コロナで静かだったのに」。
https://www.tokyo-np.co.jp/article/228894

(33) IT media NEWS PRO transformation（2017.11.27）「鳥取砂丘で「ポケモンGO」，3日間で8万7千人来場，経済効果は十数億円」
https://www.itmedia.co.jp/news/articles/1711/27/news060.html

(34) アニメ＆ゲーム by ORIDON NEWS（2017.9.29）「「バルス現象」なぜ日本で盛り上がる？ Twitter 社が語る裏側」。
https://www.oricon.co.jp/news/2097983/full/

（森田 理恵）

第2章　中国青海省における観光公共サービスシステムの構築

——スマートツーリズムの視点から——

【要旨】

　スマートツーリズムの視点から見ると，中国青海省の観光公共サービスシステムの構築は，青海省の観光開発の鍵である。優れた観光公共サービスシステムは，青海省の観光公共サービスの効率と品質を向上させ，観光公共サービスのモデルと構造を最適化し，観光公共サービスのスマート化とネットワーク化を推進することができる。そこで，本章では，スマートツーリズムの視点から青海省の観光公共サービスシステムの基本的な概念に基づいて，青海省の観光公共サービスシステムの構築の現況を分析し，それに応じた構築戦略を提案し，青海省の観光産業の健全な発展を促進することを目指す。

【キーワード】：スマートツーリズム，観光公共サービスシステムの構築

1.　はじめに

　スマートツーリズムは，観光業界の新たな分野であり，情報技術と通信技術を活用して，観光客に個別化された便利な観光サービス体験を提供する。青海省の観光公共サービスシステムの構築においても，スマートツーリズムは重要な役割を果たしている。青海省は中国北西部地域の自然景観に適した代表的な地域であり，青海省の観光公共サービスシステムの構築の現状を研究することで，スマートツーリズムの発展と青海省の観光公共サービスシステムの構築との相互関係をさらに理解し，青海省の観光産業の持続的な発展に科学的な根拠

を提供することができる。

2. 観光公共サービスに関する先行研究

「観光公共サービス」という言葉は，初めは観光行政管理部門が提供する観光関連のサービスを指し，対象は社会であり，目的は収益であると定義された。また，観光公共サービスの提供が旅行業の管理の核心であり，観光需要を把握することが観光公共サービスの前提であると認識されている。さらに，差別化されたサービスの提供が観光公共サービスの実施の重要な方法であり，科学技術の進歩に依存することが観光公共サービスの発展トレンドであると考えられている。

既存の文献によると，中国の観光公共サービスシステムの研究はまだ探索段階にあり，関連研究は主に2つの側面に焦点を当てている。一つは観光公共サービスシステムの内容であり，もう一つは政府の役割に焦点を当てて観光公共サービスシステムの構築に関する研究である。しかし，西部地域の旅行発展に関して，観光客の満足度の観点から研究を行う学者はまだ少ない。

観光公共サービスシステムの内容に関して，旅行活動の各段階を中心に，観光公共サービスシステムは旅行交通サービス，旅行情報サービス，旅行安全保障などの三つの側面に分けられる。政府は観光公共サービスの施設建設に必要な支援を提供すべきである。交通施設の利便性，快適さ，安全性などが旅行者の目的地選択において重要であることが，基本的な交通インフラと観光業の発展との関係を研究することによって明確に示された。また，旅行中の安全監視の重要性を強調すべきである。観光公共サービスの主体に関する研究には，主体は観光公共サービスのさまざまな分野と階層の機関や個人で構成され，政府，観光企業，旅行サービス提供者，社会団体，個人などの多様な主体が共同で参加するという考え方がある。

国内の観光公共サービスシステムの構築は，国外の状況と比較して，まだ成熟度が低く，関連する理論的な著作が少ない。政府の役割も，「政府の決定的

な役割を発揮する」というアプローチから，「政府が舵を取り，市場が漕ぐ」というアプローチへと変化しており，顧客のニーズを重視し，観光公共サービスの施設とシステムを構築する方向である。新技術の急速な発展（クラウドコンピューティング，IoT など）の背景に，政府の政策指導，企業の新技術サポート，市場の資金支援などが不可欠であり，経済的な発展計画，観光インフラの構築，観光地の宣伝など，多様な主体の協力によって，スマートフォン技術を活用した観光インフラの構築が進められ，観光地域の経済発展が促進されている。

3.　スマートツーリズムの視点から見た青海省の観光公共サービスシステムの概要

(1) スマートツーリズム

　スマートツーリズムとは，情報技術とインターネットプラットフォームを活用し，データの統合，スマートフォン技術を活用した分析，パーソナライズされた推薦などを通じて，スマート化・パーソナライズ化・便利化された観光サービスを提供することである。スマートツーリズムの核心的な理念は，テクノロジー手段を活用して，観光者により豊かで便利で個別化された観光体験を提供し，同時に観光産業の持続可能な発展を推進することである。情報技術の急速な発展に伴い，スマートツーリズムは観光産業の各段階に徐々に浸透しており，観光計画，観光資源の統合，観光マーケティング，観光サービス提供などを含んでいる。スマートツーリズムの特徴には，パーソナライズされたカスタマイズ，スマートフォン技術を活用した推薦，リアルタイムなインタラクションなどが含まれている。パーソナライズされたカスタマイズに対して，観光者の興味，嗜好，ニーズなどに基づいて，個別化された観光プランとサービスを提供することができる。青海省の観光公共サービスシステムの構築におけるスマートツーリズムの革新的な発展は，青海省経済発展の効率と品質を向上させるだけでなく，観光客により便利でパーソナライズされたサービスを提供することができる。また，青海省の観光産業の持続可能な発展を促進し，観光業の競争

力と影響力を向上させることができる。

(2) 青海省の観光公共サービスシステム

　青海省の観光公共サービスシステムは，観光客に全面的で高品質の便利で快適なサービスシステムを提供するものである。これは青海省の観光業発展において不可欠で重要な構成要素であり，観光客の観光体験と満足度を向上させ，観光業の持続可能な発展を促進することを目指している。青海省は中国の北西部に位置し，独特の自然景観と豊かな人間文化資源を持ち，国内外の観光客に愛されている観光地である。青海省の観光公共サービスシステムは，観光客に優れたサービスを提供するだけでなく，青海省の観光資源を宣伝・推進する役割も果たし，より多くの観光客を引き寄せるのに役立つ。現在，青海省の観光公共サービスシステムには，観光情報相談センター，観光交通，観光安全保障，観光文化活動など，一連のサービスプロジェクトと施設が含まれている。これらのサービスプロジェクトと施設は，観光のあらゆる面で観光客のニーズをカバーし，観光客に利便性と安全保障を提供する。青海省の観光公共サービスシステムの構築は，政府機関，観光企業，社会の各界などの共同努力と支援を受けている。政府機関は観光公共サービスのインフラへの投資を増やし，施設の基準とサービスの品質を向上させ，観光客により良いサービス体験を提供している。同時に，観光企業は革新的なサービス製品やサービスモデルを積極的に展開し，サービスレベルを向上させ，観光客の多様なニーズに応えている。技術の発展と応用に伴い，スマートツーリズムは観光業の重要なトレンドになっている。青海省の観光公共サービスシステムにおいては，スマートツーリズムの応用は，スマート化された観光情報サービスの提供，スマートフォン技術を活用した交通システムの構築，インテリジェントガイドデバイスの普及などに現れている。これらの応用は，観光客により多くの便利さと選択肢を提供し，青海省における観光体験を向上させている。

4.　青海省における観光公共サービスシステムの構築の現状

(1)　青海省における観光公共サービスの基礎施設の構築

　基礎施設の整備は，観光業の発展と観光客の体験にとって重要な役割を果たしている。青海省は豊かな自然景観と独特な民族文化を持つ省であり，観光資源が非常に豊富である。国内でも人気のある観光地の一つとして，青海省の観光公共サービス基礎施設の整備も進んでいる。まず，交通基盤の整備は観光客の移動を保証するための重要な要素である。青海省は現在，公共交通，高速道路，鉄道，航空交通などの基礎施設を比較的整備しており，各観光地へのアクセスが便利になっている。次に，観光公共サービス施設に関して，2022年の「青海省統計年鑑」のデータによると，青海省内には国家5A級観光地が4箇所，1〜5つ星のホテルが合計275箇所，農村観光の受け入れ施設が3241箇所，観光会社が662社ある。これらのデータは，青海省の観光公共サービスの基盤が徐々に整備されていることを示しており，ホテル，レストラン，ショッピング，エンターティメントなどのコストパフォーマンスが日々向上していることを示している。

(2)　青海省における観光公共サービスの監視・管理機構の構築

　青海省における観光公共サービスの監視・管理機構は，青海省政府と青海省文化観光庁が主導している。政府機関は政策の策定，観光資源の配置計画，市場秩序の監視，観光環境の維持など，重要な役割を果たしている。まず，政府機関は関連部門の作業責任を明確にすることによって，青海省の観光公共サービスが順序正しく進行することを確保するすることができる。青海省観光には交通，宿泊，飲食，観光地管理など多くの分野が関わっている。これらの部門は密接に協力し，観光公共サービスの管理作業を推進する必要がある。例えば，交通部門は交通計画の策定やルートの最適化を担当し，飲食部門は飲食サービスの品質を規制し，観光地の管理部門は観光地の秩序を維持する責任を負う。

各部門間の協力と調整は，青海省における観光公共サービスの管理体制の重要な構成要素である。次に，インターネット技術の広範な適用に伴い，青海省政府も観光情報の監視に対する重要性が増しており，青海省における観光公共サービスの監視・管理機構の構築において，先進的な通信技術が導入されている。同時に，観光客のネットワークセキュリティの意識を高めるため，青海省文化観光庁も知的な観光ネットワークシステムの管理と維持を強化し，青海省の観光公共サービスにおいてネットワークセキュリティの保護をさらに充実させている。さらに，観光客の青海省における観光体験を保護するため，青海省文化観光庁は観光客の権益保護を支援するさまざまな手段を提供し，科学的で効率的な監視・管理機構を通じて青海省において観光市場の秩序を規制している。

(3) 青海省における観光公共サービスの基準と指標システム

スマートツーリズムの視点から，青海省における観光公共サービスシステムの構築には，サービスの品質と効果の向上を保証するための明確な基準と指標システムが必要である。観光公共サービスの基準は，観光公共サービスの品質を評価する基準である。基準化されたサービスは，観光客に一貫した高品質の体験を提供し，観光産業の競争力と影響力を高めることができる。まず，青海省における観光公共サービスの基準には，観光地，ホテル，レストランなどの要件と規制が含まれるべきである。例えば，観光地に関しては，観光地における環境の清潔さと美しさ，観光地地域内の施設の充実と利便性，観光地のサービススタッフの専門的な品質などの要件が含まれるべきである。ホテルやレストラン業界に関しては，施設とサービスの品質，食品の安全性と衛生などの規制が含まれるべきである。次に，青海省における観光公共サービスの基準には，観光客の権利保護も含まれるべきである。これには，明確なサービスの契約，観光客のプライバシー保護，観光客の苦情処理の仕組みなどが含まれるべきである。。適切な基準によって，観光客の合法的な権利を保護し，満足度を向上させ，それによって青海省の観光業の持続可能な発展を促進することができる。

　観光公共サービスの指標システムは，観光公共サービスを評価・監視するためのツールである。これにより，観光公共サービスの品質と効果を評価し，管理者に意思決定の判断材料を提供すると同時に，観光客に観光サービスを選択するための参考情報を提供することができる。一方，青海省における観光公共サービスの指標システムには，観光地のサービスレベル，観光交通の状況，観光情報の公開度，観光客の安全保障などの指標が含まれるべきである。これらの指標の監視と評価により，青海省における観光公共サービスの各側面のパフォーマンスを把握し，問題を早期に発見し，適切な改善策を採ることができる。他方では，青海省における観光公共サービスの指標システムでは，観光客の満足度や忠誠度なども考慮する必要がある。観光客の満足度を調査し，評価することにより，青海省における観光公共サービスに対する観光客の評価と要求を把握し，サービスの品質を最適化し，観光客の満足度と忠誠度を向上させることができる。

5.　スマートツーリズムに向けた青海省の観光公共サービスシステムの構築戦略

(1)　観光公共サービスの基礎施設構築のインテリジェントレベルを改善する

　スマートツーリズムは，観光業の新たな発展のトレンドとして，青海省の観光公共サービス体制に新たな要求を提起している。その中でも，観光公共サービスの基盤となるインフラのスマート化は，観光サービスの品質と効率の向上に重要な役割を果たしている。まず，IoT 技術の導入やビッグデータ分析におけるスマートフォン技術の導入により，観光公共サービスの施設とネットワークを接続し，装置間の情報の交換と共有を実現し，サービスのリアルタイム性と正確性を向上させることができる。例えば，観光地にスマートガイドシステムを導入することで，観光客はスマートフォンのアプリを通じて観光地のガイド情報やリアルタイムナビゲーションなどのサービスを利用することができる。次に，スマートフォン技術を活用した装置は自動監視と遠隔制御の機能を

備えており，施設の運営状況の監視と管理を実現することができる。例えば，スマートフォン技術を活用したエネルギー管理システムを通じて，観光地内のエネルギーの監視と最適な配置を実現し，エネルギーの利用効率を向上させ，運営コストを削減することができ，装置の正確な監視と警告機能により，装置の故障や異常を早期に発見し，装置の信頼性と保守効率を向上させることができる。さらに，スマートフォン技術を活用した観光公共サービスの基盤整備は，観光業の持続可能な発展能力を向上させることも可能である。スマート技術の適用により，資源の精密な管理と適切な利用を実現し，資源の浪費と環境汚染を減らし，観光業の経済効益，社会効益，環境効益などが調和された発展を実現することができる。例えば，スマートフォン技術を活用した観光地の水管理システムを通じて，水の使用量を監視し制御することで，水の科学的な管理と節約利用を向上させ，水資源の持続可能な利用を守ることができる。

(2) 青海省の観光公共サービスの管理システムとメカニズムを改善する

近年，スマートツーリズムの急速な発展により，青海省の観光はさらに多くの機会と課題に直面している。よりよい観光公共サービスを提供するため，観光公共サービスの管理システムとメカニズムを改善しなければならない。青海省政府や青海省文化観光庁などの関連部門は，観光の発展をミッションとして採用し，観光資源管理と環境保護を強化し，政府機関間の共同メカニズムを確立し，改善する必要がある。観光公共サービスの質と効果を改善するために，観光実務家のトレーニングと管理を強化し，専門レベルとサービス意識を向上させる。観光産業協会は，ソーシャルエンタープライズと政府機関の間の架け橋であり，トレーニングと優れた観光実務家の選択を通じて観光公共サービスの改善を促進することができる。同時に，政府機関は，共有されたプラットフォームとデータ共有を確立することにより，観光公共サービスの効率とインテリジェントレベルを改善するために，観光会社との協力関係を強化する必要がある。さらに，スマートツーリズムの文脈では，政府機関は，予約，ナビゲーション，緊急救助などを含む観光情報管理システムを確立することにより，観

光客の権利保護と安全保障のために苦情処理メカニズムを含む完全なサービスを提供し，それによって観光客の満足度とロイヤリティを向上させる。政府機関は，一般人を参加させるメカニズムを通じて，観光公共サービスに関する一般人の意見や提案にも耳を傾けることができる。

（3）スマートツーリズムの発展に適応した観光公共サービスの
基準と指標システムを構築する

　スマートツーリズムの増加と急速な発展に伴い，青海省の観光公共サービスシステムは，時代に追いついて，スマートツーリズムの発展動向に適応する必要がある。そのため，スマートツーリズムの発展に適応する観光公共サービスの基準と指標システムを構築することは非常に重要である。まず，関連する基準を明確化することにより，観光公共サービスの管理を標準化すれば，サービスの品質とレベルを向上させることができる。例えば，スマートツーリズムにおいては，目的地のハードウェア施設の基準を開発すれば，デジタルガイド機器，スマートフォン技術を活用した駐車場，セルフサービスの端末などにより，観光客の体験を向上させることができる。次に，科学的で合理的な指標システムを構築することにより，観光公共サービスを総合的に評価し，モニタリングすることができ，問題を早期に発見して改善することができる。例えば，観光公共サービスに対する満足度の指標を設定し，ユーザーの調査やフィードバック情報を通じて，観光客の観光公共サービスへの満足度を把握し，さらなるサービス品質の向上のための基準を提供する。さらに，スマートツーリズムの発展に適応した観光公共サービスの基準と指標システムを構築する際には，青海省の観光特性と観光ニーズを十分に考慮する必要がある。青海省の観光公共サービスの基準と指標システムは，地域の特色に合致し，同時にスマートツーリズムの要求を満たすべきである。例えば，生態環境保護や民族文化の継承などの要素を基準や指標システムに組み込むことで，観光と持続可能な発展を有機的に結びつけることができる。

6．結　び

　スマートツーリズムの視点から見ると，青海省の観光公共サービスシステムの構築は一定の成果を上げているが，課題と機会は依然として共存している。青海省の観光産業が健全で持続可能な発展を遂げるためには，観光公共サービスの基盤となる基礎施設のスマート化のレベルをさらに向上させ，青海省の観光公共サービスの管理システムとメカニズムを改善し，スマートツーリズムの発展に適応した観光公共サービスの基準と指標システムを構築する必要がある。これにより，青海省の観光公共サービスシステムの発展と向上をより良く推進することができる。将来的には，スマートツーリズムのテクノロジーの継続的な革新と応用により，青海省の観光公共サービスシステムは，さらなる発展の余地を残し，観光客により便利で個別化されたサービス体験を提供することができるであろう。

【参考文献】
［1］李佰成（2022），「スマートツーリズムに対応した公共サービスのメカニズムの革新に関する研究」『現代観光』，2022 年 20（08）。
［2］龍麗（2022），「スマートツーリズムの開発戦略に関する研究」『観光と撮影』，2022 年（21）。
［3］尚越（2021），「中国における観光公共サービスの品質評価指標システムの構築と評価」『熱帯農業工程』，2021 年 45（06）。
［4］張徳平（2020），「スマートツーリズムと観光公共サービスの構築方法の分析」『観光観察』，2020（16）。
［5］賀子軒，王慶生（2019），「中国における観光公共サービスシステムの研究状況について」『持続可能な発展』，2019 年 9（4）。
［6］張頴（2016），「スマートツーリズムと観光公共サービスシステムの構築に関する研究」『神州』，2016 年（32）。
［7］陳潔（2023），「観光公共サービスシステムの構築に関する研究」『雲南財経大学』［2023-09-30］.DOI:CNKI:CDMD:2.1014.035397。

（王　新然）

第3章　中国焦作雲台山の景勝地に関する　観光イメージの向上

【要旨】

　観光イメージは観光客を誘致する重要な要素の一つであり，インターネットが急速に発展する時代において，観光客の旅行後のオンライン評価は観光地のイメージを確立し，広める重要な要素である。中国焦作雲台山景勝地を例として，オクトパスコレクター（Octopus collector）ソフトウェアを利用して，旅行者の旅行後の観光サイト上のコメントからデータを収集し，ROST CM6 ソフトウェアを用いて，サイバーテキスト（Cybertext），高頻度の単語，社会的語意，テキストの感情を分析し，焦作雲台山景勝地のイメージを向上させるための最適な提案を行う。

【キーワード】：焦作雲台山，サイバーテキスト，観光イメージ

1．はじめに

　マスツーリズムの拡大とインターネットの発展に伴い，観光産業におけるネットワーク技術の応用は拡大し，観光産業にもたらされる経済的利益はますます顕著になっている。インターネットを通じて，多くの観光客は旅行中に見たり感じたりしたことを口コミ，旅行のヒント，ネット旅行記などの形式でネットユーザーに伝え，他の観光客が目的地を選ぶ際の参考・根拠を提供している。

　3年間の新型コロナウイルス流行の影響は観光業に大きな損失をもたらし，ポストコロナ時代においては観光経済の急速な回復が当面の急務である。中国

は広大な消費基盤を持っており，いかにして観光客に対して観光地の魅力を高めるか，また自らの優位性に依拠して観光地の核心的競争力を高めるかは，ポストコロナ時代において観光経済の発展を推進するためには解決すべき重要な課題である。観光イメージは観光客を惹きつける最も重要な要素の一つであり，「観光地のイメージ」は観光客の追求心を生み，観光地訪問の原動力となる[1]。従って，観光地のイメージを向上させるためには，観光地に対する観光客のイメージをサイバーテキストの観点から研究することには重要な意義がある。

　ここ数年来，雲台山景勝地は若い観光消費者の注目を集めるために，若い観光消費者の好みに合わせて，人気のあるホットスポットを把握し，商品を開発し，観光資源を豊かにした。焦作雲台山音楽祭，キャンププロジェクト，焦作雲台山漢服祭りなどの文化観光プロジェクトが作られた。そのせいで焦作雲台山景勝地は河南省における代表的な景勝地の一つとなり，知名度が高くなったために，インターネット上の文字情報も多い。そこで，本研究では，焦作雲台山景勝地を研究対象として選定・分析し，そして焦作雲台山景勝地のイメージを向上させるための最適な提案を行う。

2. 先行研究

(1) 定義

　サイバーテキスト（Cybertext）とは，インターネットユーザーによって媒体を通じて発信され，仮想空間で書かれ，読まれ，コメントされるテキストコンテンツのことで，双方向のコミュニケーションの基礎となるものである。さまざまなジャンル，形式，表現方法などを含み，日常的，カジュアル，娯楽的である[2]。現在,主要なネットワークプラットフォームには，Qunar 旅行サイト，Ctrip 旅行サイトなどがある。現在サイバーテキストは観光地のイメージ，観光嗜好，観光計画などの研究において広く使われている[3]。

　「観光地のイメージ」の概念については,国内外の学者の研究を組み合わせて，さまざまな側面や視点から定義されている。一般的には，観光地のイメージと

は，観光客が観光活動の前後に得たあらゆる情報を基に形成する，より包括的なイメージであるとされている。観光地の全体的なイメージには，認知的イメージと感情的イメージが含まれる[4]。

(2) 先行研究の考察

　近年，旅行者のオンラインコメント，ネット旅行記，旅行ガイドなどの情報は研究の対象とすべき重要な情報として国内外で広く認識されており，サイバーテキストデータの研究が増加している。Shi-Min (2016) は，Ctrip 旅行オンラインを用いて旅行者が発表したネット旅行記を入り口として，ROST ソフトウェアを用いて湖南省韶山市の観光地に対する知覚イメージの属性を分析した[5]。何小芊ら (2019) は漓江と織金洞を研究対象として，観光客が感じる観光イメージを分析し，観光イメージの向上の基礎を築いた[6]。張瑛ら (2020) は大運河の文化遺産に注目し，サイバーテキスト分析を通じて，観光客の知覚イメージは選好性，表面性および包括性によって特徴づけられ，大運河の文化遺産に対する観光客の認識を全体的に改善する必要があることを発見し，これを基礎に大運河の文化遺産に対する認識を改善する戦略を提案した[7]。

　先行文献を整理した結果，雲台山景勝地の関連研究において，王曉寧 (2019) は観光体験の観点からハートフロー体験と森林観光体験を組み合わせ，観光客のハートフロー体験が快感を生み出し，快感が再訪意欲を刺激することや，観光客は雲台山景勝地への再訪意欲が強いことを明らかにした[8]。丁玉宇(2019) は，SWOT 分析を使って景勝地経営が直面する環境を分析し，4P 理論を使って４つの次元から，将来の雲台山景勝地は製品の多様化とブランド化戦略に支えられるべきであると提案した[9]。

　焦作雲台山景勝地に関する研究は，主に観光体験，景勝地の観光資源，景勝地のマーケティング戦略などの観点から行われており，観光地の知覚イメージという観点からの研究は十分ではない。本研究は，サイバーテキスト分析法を用いて，高頻度の単語の価値を深く探り，社会的語意を研究し，持続可能な発展を促進するために観光イメージの改善のための最適な提案を行う。

3. 研究設計

(1) 焦作雲台山景勝地の概要

　焦作雲台山景勝地は中国河南省焦作市西武県に位置し，総面積は 50 平方キロメートルで，太行山脈の豊かな水利景色を特色とし，世界初のジオパーク，国家級の景勝地，自然遺産，森林公園，水利景勝地，文化産業モデル基地などの世界一級の景勝地であり，また中国の国家十大タイトルを一つの景勝地に集めたほどの景勝地である[10]。

　焦作雲台山景勝地は鄭州，新郷および焦作の三都市の中心に位置し，交通が便利で，北京 - 香港とマカオ高速道路や，連霍高速道路がある。特にこれらの道路の交差点周辺は景勝地である。データによると，2023 年第 1 四半期に，秀武県は合計 258.55 万人の観光客を受け入れ，観光収入は 9.13 億元で，2022 年同期と比べ，それぞれ 123.72％と 76.6％増加した[11]。

(2) 研究方法とデータ収集

1）研究方法

　サイバーテキスト分析は，ネット旅行記，旅行のヒント，その他のコンテンツなどの内容を分析し，相応の結論を引き出すために，ウェブサイトの特性である開放性，多様性および自由を保持しているので，観光客は自分の旅の本当の経験を表現することができる[12]。本研究では，オクトパスコレクターソフトウェアを用いて，焦作雲台山景勝地のオンラインコメントのデータを収集した。ROST CM6 ソフトウェアを使って，高頻度の単語，社会的語意およびテキストの感情分析を行った。内容は主にデータの前処理，単語処理，単語頻度のデータ分析などで，観光客の体験に影響する知覚要素をより深くまとめ，焦作雲台山景勝地における観光客の体験感が低い要素を分析した。焦作雲台山景勝地の観光イメージを向上させ，地域の持続可能な発展を促進するために，全面的で多面的な有効な措置を採用した。

　オンラインコメントは，旅行者が旅行後に自分の旅行体験に基づいて記録した文章であり，旅行者の体験や感情を視覚的に反応させることができる。また，旅行者が旅行前に旅行先を選ぶ際にも，オンラインコメントは重要な参考資料になる。業界の評判と人気を考慮し，影響力の高い Ctrip 旅行サイトと同程旅行サイトを選んだ。中国ブランドのネットワークはネットワーク全体のビッグデータを基に，専門的な評価を経て 2023 年旅行サイトブランドランキングを選出し，Ctrip 旅行サイトが 1 位，同程旅行サイトが 7 位となった[13]。Ctrip 旅行サイトはホテル予約，フライト予約，旅行情報など，あらゆる旅行サービスを会員に提供している。同程旅行サイトは業界で初めて，先払いやコメントボーナスなどの付加価値サービスを生み出し，中国で最も急成長している旅行予約プラットフォームとなっている。

　本研究で選択した上記の 2 つの観光サイトは一定の参照可能性があり，「焦作雲台山景勝地」というキーワードで上記 2 つのサイトを検索し，目的地の知覚イメージの評価に関する情報を収集し，本研究のデータソースとした。上記 2 つのウェブサイトを「焦作雲台山景勝地」をキーワードに検索し，目的地の知覚イメージの評価に関する情報を研究のデータソースとして収集した。

2）データ収集

　ネットワークデータの収集プロセスは以下の通りである。キーワード「焦作雲台山景勝地」を検索し，2 つの OTA ウェブサイトをクロールし，2017 年 2 月から 2023 年 2 月までのサンプルコメントを選択する。最初に，3,210 件の貴重なコメントが収集され，ソフトウェアが 292 件の重複コメントを削除し，2,918 件のコメント，合計 240,891 語を残した。

　オンラインコメントは，観光客の旅行感情に対して直感的かつ効果的に反応することができ，クロールされたデータの精度は，その後の観光地の知覚イメージの分析にとって極めて重要である。そのため，ソフトウェアによって収集されたデータを閲覧し，フィルタリングする必要がある。まず，コメントの客観性を確保するために，トピックに関係のないコメント，画面スワイプや広告の疑いのあるコメントを削除する。次に，調査サイトに関するコメントではない

ものや，他の観光地に関するコメントの大半を除外する。最後に，観光地では
なく，OTA プラットフォームに関するコメントを削除する。

　上記の原則に従ってテキストをフィルタリングした結果，Ctrip 旅行サイ
トのコメント数は 1,190 件から 1,080 件に，同程旅行サイトのコメント数は
2,020 件から 1,719 件に減少した。単語数は 240,891 から 219,118 に減少した。
その後の観光客の知覚イメージの分析を容易にするため，「知覚イメージテキ
スト」文書として保存する。

4．観光客のイメージ分析

(1) 高頻度単語の分析

　観光活動で言及される単語の頻度が高いほど，その観光活動は旅行者に多く
の印象を残す。まず，収集されフィルタリングされたコメントは，新しく作成
されたテキストファイルに移動され，ROST CM6 ソフトウェアにインポート
される。字句処理を開始し，字句処理後のテキストを取得し，ソフトの単語頻
度分析機能で高頻度の単語文書を分析し，高頻度の単語を結合し，テーマとの
関連性が弱い単語，例えば「朝」「展開」「それから」などを削除する。

　高頻度単語の統計表を分析することで，焦作雲台山景勝地に対する観光客の
知覚イメージを予備的に判断することができる。高頻度単語の分析では名詞が
圧倒的に多く，そのうち観光資源に関連する名詞は主に焦作雲台山景勝地の観
光スポット（ガラス架台，滝，山水，パフォーマンスなど）を含む。これらの景勝
地名が上位にランクされ，言及される頻度が高いのは，これらの景勝地が観光
客を惹きつける重要な対象であり，観光地の知覚イメージとして機能している
ことを示している。「ホテル」「交通」「施設」「バス」「人員」「運転手」「管理」
などのサービス施設関連用語が上位にランクインしていることから，観光客は
景勝地の各観光スポットの景観だけでなく，景勝地のサービス施設・設備に対
する関心も高く，施設の充実度や費用対効果の高さなどが，観光客の感情に与
える影響が大きいことがわかる。「子供」と「友人」の言及が多いことから，

観光客の大半が家族や友人との旅行を選んでいることが窺える。さらに，「チケット」が315回も挙げられており，雲台山観光地のチケット料金も観光客が非常に気にする要素の一つであることがわかる。

　動詞は18個で全体の18％を占め，「遊ぶ」「旅行する」「訪れる」「体験する」「観光する」といった動詞が観光客の旅行動機を反映している。また，「下山する」という動詞は76回，「登山する」という動詞は66回挙げられており，焦作雲台山景勝地での活動のほとんどが山の登り下りを中心に行われていることがわかる。原文の照合から，「行列」「サービス」「アドバイス」「管理」「乗車」「運転」「駐車」などの単語は，景勝地のサービスや施設管理に一定の問題があることを反映していることがわかる。観光客の中には，観光スポットのチェックポイントでの行列の時間が長い，従業員のサービス態度が悪い，バスのチケットが高い，景勝地での自動運転の車の駐車スペースが見つからないなどの問題があると考えている人もいる。

　「美しい」「嬉しい」「楽しい」「美しい」「熱狂的」などの形容詞は，観光客が焦作雲台山景勝地の自然景観をより深く認識していることを示している。ほとんどの観光客は焦作雲台山景勝地は美しく，絶景で，訪れる価値があると感じている。景勝地に対する満足度は比較的高いが，一部の観光客は景勝地が混雑しすぎていると考えており，心の中で期待しているものと食い違いがある。

　要約すると，焦作雲台山景勝地の高頻度単語統計表を分析した結果，観光客の多くは雲台山景勝地のさまざまな側面に満足しており，主に景勝地の有名な自然景観の見どころを認識している。しかし，焦作雲台山景勝地の管理措置，サービス施設，従業員の接客態度などについては，満足度が低い観光客も少なくなかった。

(2) 社会的語意の分析

　焦作雲台山景勝地に対する観光客の知覚イメージを深く研究するために，高頻度単語の分析に基づいて，引き続きROST CM6ソフトウェアを使って社会的語意を構築・分析し，高頻度単語の項目とテキストとの関係をより深いレベ

ルで検討することで，焦作雲台山オンラインコメントに対して詳細かつ包括的な分析を行う。

　社会的語意図の規則から，中央のノードに近いほど，単語とノードの関係は緊密である。下図（図表3-1）に示すように，社会的語意グラフは一般的に中心から外側に分散しており，高頻度単語間の線は互いの関係を表している。その中で，景勝地，紅石峡，潭瀑峡，泉瀑峡などの単語は，観光客が焦作雲台山景勝地を訪れる最も核心的な関連ノードであり，最も密接に関連する単語である。景観，風景，便利，価値などの単語は，次の単語であり，単語と核心的な円の関係を分析することを通して，さらに検証すると，観光客は景勝地のさまざまな自然景観に対する満足度が高く，観光客に壮観で美しい景観の強い感覚をもたらし，交通が便利で，チケットの価格に値すると考えていることがわかる。

　観光地に関連する単語には，アトラクションの他に，サービス，管理，バス，チケット，提案などがあり，観光客は観光地の施設や管理も重要視していることがわかる。上記の高頻度単語の分析は，社会的語意図を分析することによっても検証される。同時に，観光資源を充実させ，見どころを革新するために焦作雲台山景勝地が開始したキャンプ，音楽祭，焦作雲台山漢服祭りなどの上質なパフォーマンスは，コメントでほとんど言及されていないことから，これらのプロジェクトが観光客に深い印象を与えていないことがわかる。

図表 3-1　社会的語意図

（出所）筆者作成。

(3) テキスト感情の分析

　最後に，ROST CM6 ソフトウェアを使って，焦作雲台山景勝地を訪れたことがあるウェブサイトのオンラインコメントから感情を分析したところ，下図（図表3-2）に示すように，肯定的な感情が最も多く，2,340 コメントで82.71％を占め，中立的な感情は 191 コメントで 6.75％，否定的な感情は298 コメントで 10.53％であった。

　これは，観光客が焦作雲台山のイメージに対して満足度が高いことを示しており，景勝地の運営がより成功していることを示唆している。しかし，景勝地の管理者は否定的な感情の割合にもっと注目し，否定的な感情の原因を分析し，積極的に戦略的な調整を決定し，否定的な感情の割合を減らすべきである。また，文中の革新的なプロジェクトに関連するコメントが少ないため，風光明媚な観光地の革新的なプロジェクトを増やす必要がある。

5．イメージを向上させる最適な提案

(1) 生態環境保護を強化し，観光地の持続可能な発展を促進する

図表 3-2　テキストの感情分析

分析結果：		
肯定的な感情：	2,340 件	82.71%
中立的な感情：	191 件	6.75%
否定的な感情：	298 件	10.53%
肯定的な感情の統計結果は以下の通り：		
普通（0—10）：	674 件	23.82%
中（10—20）：	753 件	26.62%
高（20 以上）：	913 件	32.27%
否定的な感情の統計結果は以下の通り：		
普通（-10—0）：	203 件	7.18%
中（-20—-10）：	69 件	2.44%
高（-20 以下）：	8 件	0.28%

（出所）筆者作成。

　焦作雲台山景勝地の観光資源はほとんどが天然資源であり，一度破壊されると，再生不可能で，復元することができないだけでなく，観光客の体験に影響を与え，景勝地の持続可能な発展に寄与しない。したがって，景勝地の開発では，常に風光明媚な環境と生態系への配慮と保護を維持し，観光資源の特性を重視した開発がなされるべきである。景勝地は環境保護の宣伝活動を強化し，観光客の環境意識を高め，文化観光を提唱すべきである。各観光名所にスタッフを配置し，観光客の環境破壊などの非文明的な行動を適時に止めさせるべきである。

(2) 従業員教育を重視し，観光サービスの質を向上させる

　観光地のサービスは，観光地のイメージに与える影響が大きいので，非常に重要であり，観光客のネットワーク評価に基づく語句頻度や文章分析を総合すると，観光地の従業員は消極的な態度であることや，仕事ぶりが緩慢であることが分かった。景勝地の管理者は，景勝地において第一線のサービスを提供する従業員に対して理念教育と技能訓練を強化し，従業員に仕事中に普通話（プートンホワ）を使うように要求し，観光客に対して言語の違いによる不便を解消すべきである。従業員のサービスレベルと意識を向上させ，文化的，人道的，温かい景勝地を建設し，「観光客の満足」を景勝地発展の核心テーマとするべきである。関係部門は観光サービスの品質検査システムを構築し，観光客から従業員へのフィードバックを行い，苦情処理を行うべきである。

(3) 文化と観光の深い融合を促進し，観光地の多角的な発展を促進する

　以上，焦作雲台山景勝地のイメージを分析した結果，焦作雲台山景勝地を訪れる観光客は，依然として天然資源に対する認識が高いことが分かった。しかし，景勝地の管理者は，単一の天然資源への依存度を減らし，総合的な観光・休暇商品を創造するべきである。景勝地の独特な文化を深く掘り下げ，観光客が景色を楽しみながら地元の歴史や文化的背景を理解できるようにすべきである。景勝地の管理者は，質の高い文化観光のプロジェクトと商品を創造し，観光商品のモードを充実させ，観光客の体験を向上させ，核心的競争力を高める

よう努力すべきである。

6. 結　び

　本研究は，焦作雲台山景勝地を研究対象とし，観光サイトの関連コメントを
サンプルソースとし，サイバーテキスト分析方法を採用して，この観光地の知
覚イメージを探求した。その結果，多くの観光客は観光地の自然生態景観に惹
かれ，観光地のサービス施設や設備に注目していることや，これらが観光客に
深い印象を残していることなどが分かった。そして，否定的な感情の原因は主
に景勝地の環境，施設，従業員のサービス態度などにあることが分かった。

　以上，焦作雲台山景勝地の観光品質を向上させるための提案を行った。以上
の提案は景勝地の観光イメージの向上を促進する上で一定の役割を果たすであ
ろう。

　最後に，本研究には，研究の視点や分析方法が単一的であり，一定の限界が
ある。今後，質問紙調査法やインタビュー法と組み合わせて総合的に分析する
ことで，より科学的，客観的，包括的な研究結果が得られることが期待される。

70

【引用文献】

(1) 李燕琴, 吴必虎. 旅游形象口号的作用机理与创意模式初探[J]. 旅游学刊, 2004(01): 82-86.

(2) 朱梦, 余昆鹏：网络文本分析特征 [EB/OL].
https://www.wenmi.com/article/pyf8zj00sqog.html, 2022-09-26/2023-3-18.

(3) 钟赢. 基于网络文本的舟山旅游目的地形象感知研究 [D]. 浙江：浙江海洋大学, 2022:5.

(4) 余浪. 基于网络文本分析法的旅游目的地形象感知研究——以青城山风景名胜区为例 [D]. 贵州：贵州师范大学, 2022:12.

(5) Shi-Min F, Juan L, Institution TM, et al. Research on the Image Perception of Shaoshan as a Tourism Destination— Based on Content Analysis of Online Travels [J]. *Journal of Jinggangshan University (Social Sciences)*, 2016:239-240.

(6) 何小芊, 谢珈, 张艳蓉. 基于网络文本分析的洞穴景区游客感知形象研究——以贵州织金洞为例 [J]. 中国岩溶, 2019, 38 (06) :957-966.

(7) 张瑛, 史凯静, 刘建峰. 基于网络游记的大运河文化遗产游客感知研究 [J]. 地域研究与开发, 2020, 39 (04) : 79-85.

(8) 王肖宁. 河南焦作云台山游客心流体验, 愉悦感与重游意愿关系研究 [D]. 湖南：中南林业科技大学, 2019:17.

(9) 丁玉宇. 焦作云台山风景名胜区风景区市场营销策略研究 [D]. 西安：西安石油大学, 2019:15.

(10) 焦作云台山风景名胜区景区官网门户——焦作云台山风景名胜区概况
http://www. yuntaishan. net 2023-3-20.

(11) 崔志坚. 河南修武：春回云台旅游旺——文旅·体育 [EB/OL]
http://ent. people. com. cn/n1/2023/0412/c1012-32662182. html, 2023-04-12/2023-04-23.

(12) 任彦松. 基于网络文本分析的医圣祠旅游目的地形象感知及其提升策略研究 [D]. 贵州：贵州师范大学, 2022:27.

(13) 旅游网站十大品牌排行榜——中国品牌网 [EB/OL]
https://www. chinapp. com/paihang/luyouwangzhan, 2023-3-28.

注：本研究は河南省重点研究開発と特定ソフトサイエンス重点項目の普及（232400411024）によるものである。

(趙 坤)

第4章　長崎県における市街地と中山間地域の地域振興
——地域振興とその事例報告——

【要旨】

　日本の経済発展に伴って，地方都市や中山間地域は大都市圏への人口流出によって社会・経済の低下がもたらされ，とりわけ中山間（農山漁村）地域の過疎化が進展している。

　そのために地方都市や中山間地域は，人口減少に伴う経済力の低下ないし過疎化を阻止すべき諸活動を通して地域活性化ないし地域振興を試みている。

　本章では，地域振興の基本的な説明をしたうえで，長崎県における①地方都市の長崎市市街地（都心部），②平戸中山間地域の根獅子地域と根獅子・飯良地域の地域活性化ないし地域振興の事例を取り上げる。

【キーワード】：地域振興，地域活性化，長崎市市街地（都心部），
**　　　　　　　　平戸中山間地域，交流人口**

1. はじめに

　日本は1960年代以降の重化学工業を主軸とした工業化の進展によって，全国的な人口の流出入が起き，一方では大都市圏において産業や人口が集中し，他方では地方都市やその郡部・中山間地域・離島等（以下，地方）で人口流出に伴う経済力の低下あるいは過疎化がもたらされた。そのために地方では，経済力の低下や人口の減少を阻止して地域の社会経済を存続・発展するための活

動や政策を通して地域活性化ないし地域振興 [注-1] が実施されている。

　長崎県長崎市は，基幹産業であった造船業・関連産業の衰退に伴う人口減少や人口流出によって経済活動が低下してきている。そのために，西九州新幹線開通を起爆剤として交通網体系や観光・集客施設の整備などに加え，歴史・文化が豊富な地域資源を活用した観光・商業・サービス業に力を入れることによって社会・経済活動の活性化を図ろうとしている。

　長崎県平戸市は，位置的・地形的・歴史的・宗教的な特徴が色濃く残存し，日本の近代化や高度経済成長から取り残され，かつ近年の少子高齢化による人口減少のあおりを受け衰退化してきている。特に平戸の中山間（農山漁村）地域は限界集落として危機的状況にある。そのために平戸の中山間部に位置する根獅子や根獅子・飯良地域は，根獅子集落機能再編成協議会ならびに根獅子・飯良まちづくり運営協議会の主導による諸活動によって地域振興が試みられている。

2.　地域振興の概念と経緯

(1)　地域振興の概念・経緯

　地域とは当該地域の人・生活・産業等の固有性や独自性を有した地域資源に基づく共通の一体性を持った空間であり，独立して機能できる程度の重層性や重複性を有した経済エリアと考えられる。それにより，各地域の固有性・独自性に基づいた地域ブランドや産業集積，まちそのものの地域活性化が考えられる。そのために各地域においては多様な地域振興・地域創生が推進され，現実には多面的な様相を有している [1]。

　地域振興あるいは地域おこしは，地域が経済力や人々の意欲を向上させたり，人口を維持したり増やしたりするために行う諸活動のことであり，地域活性化，地域づくりなどとも呼ばれている [2]。もちろん，地域振興はその時々の背景や状況によって内容に差異がみられ，その概念や内容も広がってきている。

　これまで地域活性化ないし地域振興は，国土交通省・経済産業省・農林水産省・

自治省・内閣府など関係部局による目的や対象によって多種多様な政策・施策によって実施されてきているが，地方から首都圏への人口流入による東京一極集中を止めることができなかった。そのために政府は，国をあげて人口減少に歯止めをかけ，地方創生を目指すために，「まち・ひと・しごと創生法（略称：地域創生法）」（2014 年制定）を制定した。それに基づき，都道府県ならびに各市町村は，自らの計画と責任において「まち・ひと・しごと創生総合戦略」を策定し，取り組むことを強く求められた [3]。

　この地域創生法に基づく地域振興は，人口減少の問題だけでなく，また従来の地域の活性化ではなく，地域の経済・厚生・教育・まちづくり等多方面にわたる多様性を持った新たな価値創出による地域活性化を主眼とし，各地域がそれぞれの特徴を活かした自律的で持続的な社会を創造するという，いわば地域創生という考え方である [4]。

（2）観光による地域振興

　地域振興の一環としての「リゾート開発ブーム」は，バブル経済の崩壊に伴って終焉し，その挫折と反省に立って，地域振興のあり方が模索されはじめた。その 1 つが新たな観光のあり方である [5]。

　地域にとって観光振興は，観光人口や交流人口の増加による地域の社会・経済の活力を生み出すとともに，地域の恵みや持ち味を再認識・再評価し，地域らしさ・地域アイデンティティの再創造を通じて，地域への誇りや愛着を取り戻す機会として期待されている [6]。

　地域経済の活性化は，観光だけでなく地場産品の振興を図ることも重要な課題である。観光も地場産品も地域の「稼ぐ力」を実現する手段であり，いわば外需獲得型経済活性化の両輪である。地域経済の活性化に向けては，観光の促進だけでなく，地場産品のブランド構築や市場開拓と連携した仕組みを構築することが効果的であろう [7]。

　観光は，地域創生法に基づく政府の第 1 期「総合戦略」において注目され，交流人口をもたらす大きな手段として期待された。交流には，「ヒトが動くこ

とにより，モノが動き，ココロが動くといった全体的な関係を作り出す」ことが期待された。しかし，昨今，地域外の人々と多様なつながり方を考える関係人口が注目されている。第2期「総合戦略」の中にも交流人口から関係人口を創っていこうという流れ，観光でも定住でもない地域の新たな戦略が組み込まれている。このような地域への関わりが観光であり，そこに交流が生まれ，関係をつくり出していく。従来の単なる観光地・観光開発といった短期的な観光振興でなく，地域との長期的な関係づくりを創出する観光地づくり・観光地経営が必要性となってくる⁽⁸⁾。

　一般に，地域振興は，地域環境・地域経済・地域社会の3つ要素がお互いに関係し合い，支え合って，人々の暮らしの在り方に影響を与えるのである。換言すれば，地域環境は自然環境・都市インフラ施設・町並みや景観など生活・暮らしを豊かにするうえで不可欠のものであり，地域経済はより豊かな生活を営むための生産・流通それらをうまく循環させるための経済活動であり，地域社会は地域の人々の交流・伝統的な祭りやイベントなど人生の生きがいなどに重要な役割をはたすものとして捉えられている⁽⁹⁾。

3. 地域振興の事例研究

(1) 長崎市街地における地域振興

　長崎市は，日本の九州の西端で長崎県の南部に位置し，海に囲まれた山地や丘陵地の狭隘な平坦地を中心に市街地が形成されている。特に長崎港を核とする長崎市街地（都心部）^(注-2)は県庁など都市機能が集積し，多様な文化が重なりあって形成された歴史文化の豊かな街になっている。人口は1985年の505,566人をピークに減少し続け，2023年7月1日で394,487人と40万人を割っている⁽¹⁰⁾。

　長崎市街地（都心部）は，造船不況に伴う造船業・関連産業の衰退に伴って第二次産業から第三次産業（観光・商業・サービス業等）へと主軸をシフトしながら，観光・商業・サービス業を中心として観光人口や交流・関係人口の増加

による地域振興が試みられている。

　長崎市街地（都心部）は，西九州新幹線の開業を契機として出島メッセ長崎・ヒルトンホテル・長崎街道かもめ市場や長崎スタジアムシティプロジェクト計画等の新たな集客施設，新県庁舎・新市庁舎等の移転・新築，神社仏閣・教会を含む観光施設の改修等を伴う，いわば「100 年に 1 度の変革」としてハード側面が整備・充実してきた。また，ソフト面の活動としては「長崎さるく」等による観光ガイドの充実をはじめ行事・イベント・スポーツ・会議等のサービス活動が整備しつつある。

　例えば，長崎版 DMO: 長崎国際観光コンベンション協会が観光・イベントに関わる業務を遂行しながらその一端を担っている。さらに「長崎市地域まちづくり計画」ないし「長崎都心まちづくり構想」では長崎市街地（都心部）を 4 エリアに分け，それぞれエリアの独自性を維持しつつハード施設とそれを活用するソフト活動によって，都心部全体の経済・社会の活性化を図ろうと試みている。

　したがって長崎市街地（都心部）は，県・市の公的機関・DMO・企業・地元市民等が一体となって観光・集客の推進を通して観光・交流・関係人口の増加を試みている。この観光人口や交流・関係人口の増加は，観光関連産業（宿泊業，鉄道・バス等の運輸業，旅行業，お土産等の小売業，飲食業等）の商品・サービスの売上増加ならびに雇用の増加をもたらし社会・経済の活性化となって地域振興に貢献するものといえよう。

（2）平戸市の中山間地域（根獅子と根獅子・飯良）の地域振興

1）根獅子の概要と根獅子集落機能再編協議会

　平戸市根獅子町（以下，根獅子）は平戸島の中西部に位置し，浜に面したすり鉢型の斜面状に 4 つの谷合が形成されて集落を形成している。根獅子の人口は，2019 年 6 月 1 日で 449 人，2023 年 6 月 1 日で 418 人と減少している[11]。

　根獅子は第一次産業の農業・漁業等に基づく農水産物（魚介類・野菜・果物等）の生産・販売を中心として，第二次・第三次産業との兼業により生計を立てて

いる。観光資源では根獅子の浜（環境省選定日本の快水浴場 100 選）をはじめ，重要文化景観の棚田・段々畑，歴史文化に囲まれて名所旧跡，伝統芸能，文化財施設（切支丹資料館）等など多様な資源が存在しているが，地域の経済活性化には十分に活用できていないのが現状である[12]。

　根獅子の活動発信源である根獅子集落機能再編協議会（以下，協議会）は，民家を移築改修した「かのう交流館」を拠点として，各種イベントや行事の組織的・継続的な活動を通して，地域資源の開発・育成やブランド化事業による主要産業の維持・育成を図りながら地域活性化を図りつつ地域住民の福利厚生活動の一端を担っている[13]。

　この協議会は，外部資金（農林水産省等の補助金）を活用しながら地元メンバーが企画・運営し，大学・NPO 等の関係団体との交流・情報交換を通したイベント・行事の活動よって地域活性化ないし地域振興が試みられてきた。

２）根獅子・飯良の概要と根獅子・飯良まちづくり運営協議会

　根獅子・飯良地域は，平戸島の中西部に位置し，根獅子 1・2・3・4 と飯良 1・2 の 6 つの自治会からなる地域であり，両地域の近年の人口は，2019 年 6 月 1 日では 599 人，2023 年 6 月 1 日では 545 人と減少している[14]。

　地域内には重要文化的景観（平戸島の文化的景観選定の一部），根獅子の浜・飯良の浜，根獅子の棚田・飯良の棚田など自然景観をはじめ伝統芸能（根獅子ジャンガラ）や宗教・歴史史跡の観光スポットが存在している。基幹産業は第一次産業の農業・漁業であり，農業は水稲・野菜の他に肉用牛なども生産している。漁業はイカ・鯛・イサキ等の魚種が水揚げされている[15]。

　2019 年に平戸市における各地区まちづくり運営協議会（14 地区）の 1 つとして設立された「根獅子・飯良まちづくり運営協議会」（略称・まち協）は，持続可能な地域を形成するため，まちづくり計画に計上された地域課題の解決のための事業および地域活性化のための事業を地区住民自らが行っている。この「まち協」は，国の地方創生事業の「まち・ひと・しごと創生事業」の一環として，新しいコミュニティづくりとして平戸市の条例で設置を義務化し，交付金が原資として付与され発足した。

　この「まち協」は，過疎が進み限界集落化し消滅集落化する集落を学校区に再編成し，人が集まる拠点を新たにつくり持続性のある集落づくりを目指すものである。基本的に自助互助共助により持続性のあるまちづくりを実現しようとするものである。

　この「まち協」は，正副会長を中心に地域づくり部会・健康保健部会・生活環境部会の３つの部会を置いている。それぞれ各部会の活動としては，①地域づくり部会（地域行事，伝統文化，特産品の開発，コミュニティビジネスなど），②健康保健部会（高齢者の見守り，居場所づくり，子どもの健全育成など），③生活環境部会（生活環境整備，環境美化，防犯・防災活動など）があげられる [16]。

4.　結　び

　本章は，第１節では，地域振興の概念とそれに関わる政策の経緯を整理したうえで，観光をベースとした観光・交流人口の増加による地域振興について考察してきた。第２節では，長崎県における都市部（長崎市街地都心部）と中山間地域（平戸根獅子・飯良地域）を取り上げ，地域の特質・規模・施策・計画等でかなりの差異がみられる両地域の地域振興の事例について考察してきた。

　地方都市の事例として，長崎市は，造船不況による造船業・関連産業の衰退とそれの伴う人口減少と経済力の低下を第二次産業から第三次産業（観光・商業・サービス業等）へと産業の主軸をシフトさせ，観光業・商業・サービス業を中心として観光人口や交流人口・関係人口の増加による地域振興を試みている。とりわけ長崎市街地（都心部）は，西九州新幹線の開業を契機に集客施設・観光施設の新設・改修や交通網体系の整理などハード面を充実させ，それをソフト面での観光ガイドやサービスを提供しながら都心部全体の観光人口・交流人口等の増加を図り，それによって商品・サービスの売上の増加や雇用の増加を図りつつ社会・経済の活性化ないし地域振興を図ろうと試みている。

　他方，中山間地域の事例として，根獅子地域は第一次産業の農業・漁業を基盤として生計を立てているが，人口減少・少子高齢化や第一次産業の衰退によっ

て過疎化が進展し限界集落の危機に瀕している。そこで，根獅子集落機能再編協議会の発足を契機に自然景観や歴史・文化史跡等の資源を生かした各種の行事・活動を通じて，交流・情報交換を推進し基盤産業の維持・育成を図りながら地域振興を試みている。さらに，根獅子・飯良地域は 2019 年に国の地方創生事業の「まち・ひと・しごと創生事業」の一環として発足・設立された根獅子・飯良まちづくり運営協議会が，各種の行事や活動を通して交流人口の増加を推進しながら地域振興を試みている。

　ともあれ，両事例（両地域）は，人口減少や経済力の低下への対処に向けて，基盤産業の維持・発展による諸活動を通して観光・交流をベースとした観光人口ないし交流・関係人口の増加を推進しながら地域活性化ないし地域振興を試みようとしている。

【注釈】

注 –1　本章では，地域活性化は地域における部分的・具体的な社会経済等の活性な活動に対して，地域振興とは地域活性化を通した地域社会全体の活性化を意味している。また地域創造とは地域活性化による新たな価値を創造した地域振興として把握・表現している。

注 –2　長崎市街地（都心部）は長崎市都心部にある複数の市街地を含むエリア。

【引用文献】

(1)　西村順二（2021）「地域の活性化を考える視点」西村順二・陶山計介・田中洋・山口夕妃子編『地域創生マーケティング』中央経済社，p.11。

(2)　地域おこし Wikipedia（2022 年 10 月 27 日閲覧）。
　　（ja.wikipedia.org/wiki/%E5%9C%B0%E5%9F%9F%E3%81%8A%E3%81%93%E3%8)

(3)　林優子（2021）「持続可能な街づくりに求められる観光産業」西村順二・陶山計介・田中洋・山口夕妃子編『地域創生マーケティング』中央経済社，pp.36-37。

(4)　西村順二，前掲論文，pp.5-6。

(5)　東 徹（2019）「観光と地域振興 ―平成時代を回顧し，令和時代の課題を考える― 」総合観光学会誌『総合観光研究』第 18 号，p.8。

(6)　東 徹，同上論文，p.10。

(7)　東 徹，同上論文，p.11。

(8)　林優子，前掲論文，pp.43-44。

(9)　石原武政（2010）「まちづくりとは何か」石原武政・西村幸夫編『まちづくりを学

ぶ―地域再生の取組み図』有斐閣，pp.13-15。

(10) 長崎市ホームページ，https://www.city.nagasaki.lg.jp › syokai › 750000 › 752000 › p...（2023年7月22日閲覧）。

(11) 平戸ホームページ，https://www.city.hirado.nagasaki.jp/kurashi/gyosei/...（2023.7.1.閲覧）。

(12) 根獅子集落機能再編協議会（2008）『根獅子地区集落機能再編事業実施報告書』，p.2。

(13) 根獅子集落機能再編協議会事務局長：川上茂次（2012）より。

(14) 平戸ホームページ，https://www.city.hirado.nagasaki.jp/kurashi/gyosei/...（2023.7.1.閲覧）。

(15) 根獅子・飯良まちづくり運営協議会設立準備委員会（2019）『根獅子・飯良まちづくり計画』pp.1-3。

(16) 根獅子・飯良まちづくり運営協議会設立準備委員会，同上書，p.16。

（岩永　忠康）

第5章　農山村地域の持続可能な街づくり
──平戸市根獅子・飯良地域を事例として──

【要旨】

　長崎県平戸市は，豊富な観光資源に恵まれているにもかかわらず，総人口は減少傾向にある。本章では，平戸市のなかでも高齢化が進み，人口減少が著しくまさに日本の農山村地域の特徴を凝縮しているともいえる根獅子・飯良地域に焦点を当て，活性化策について検討を行う。

　平戸市の来訪者，根獅子・飯良地域在住者へのアンケートを実施し，それぞれの考えや問題点を分析し，農山村地域の活性化にどのようにつなげることができるのか，先行研究で取り上げられているネットワーク組織を参考に，現代社会のニーズに合った持続可能な街づくりについて考察した。

【キーワード】：平戸市，農山村地域，根獅子・飯良地域，持続可能な街づくり

1.　はじめに

　長崎県平戸市は，総人口は 2005 年 10 月の 39,930 人から，2022 年 10 月には 29,347 人へと，17 年間で 10,583 人（26.5％）減少している [1]。観光客数は，コロナ禍に入った 2020 年には前年の 177 万 7,493 人から 138 万 6,753 人へと大幅に減少し，翌 2021 年には 147 万 5,996 人へと再び増加したが [2]，コロナ前の水準には戻っていない。

　本章では，人口減少傾向が著しい農山村地域の代表例として根獅子・飯良地域に着目し，検討を行う。根獅子・飯良地域は，平戸市の中心部から距離があ

り，人口は 2005 年 10 月の 881 人から 2022 年 10 月には 564 人へと 17 年間で 317 人（約 36.0%）減少しており[3]，今後も減少傾向が続くものと思われ，他の農山村地域と同様に深刻な過疎化問題に直面している。

2．先行研究とその問題点

　先行研究では，地域資源の開発とブランド化による根獅子・飯良地域の活性化の提案を行っている。そのためには，地域住民が主体となった運営組織とそれを支える支援組織やネットワーク・システムの構築が不可欠であり，地場産業の振興による自然と共生した持続可能な循環型社会を志向した地域づくりが目標であると提言している[4]。また，街づくりにおける地域遺産の活用に関する研究では，平戸市における行政，専門家，地域住民の連携による観光資源の保護調査が街づくりに果たした重要性について述べられている[5]。

　本章では，地域住民の意見に新たに来訪者の意見を交えた活性化策を提案すべくアンケート調査をそれぞれで実施し，先行研究でも取り上げられている地域住民が主体となった組織を参考に「持続可能な循環型社会＝街づくり」について考察する。

3．アンケートの結果・分析

　調査の方法については，来訪者アンケートは 2021 年 10 月 20 日に田平教会，および平戸市観光協会にて配布し，在住者アンケートは根獅子・飯良まちづくり運営協議会を通して 11 月 4 日に各世帯に配布した。内容は，それぞれ回答者の特性（性別，年齢，職業等），および地域活性化について実施し，12 月 8 日に全てのアンケート結果を回収した。回収件数については，来訪者の 9 割以上，在住者の全件数が有効回答である（図表 5-1）。

図表5-1　アンケートの回収件数

（　）内はシェア（単位：％）

	有効回答	無効回答	計
来訪者	559（95.1）	29(4.9)	588（100.0）
在住者	119（100.0）	0(0.0)	119（100.0）

（出所）筆者作成。

（1）来訪者を対象とする地域活性化（平戸観光の実態）についてのアンケートの内容

① 平戸への関心度合と「平戸」印象の言葉

② a. 訪問回数

　b. 利用した交通機関（複数回答）

　c. 平戸以外の観光地訪問の予定（複数回答）

③ a. 来訪目的（複数回答）

　b. 関心・魅力（複数回答）

　c. 地元民とのイベント・活動への参加希望

④ a. イベント・活動の参加の有無（複数回答）

　b. 今後参加したいイベント・活動（複数回答）

⑤ 平戸訪問の1人当たり費用

⑥ 平戸の魅力等の意見・感想

⑦ 平戸の地域おこし・活性化についての考え

　各項目におけるアンケート結果は，以下の通りである。

　①9割以上の人々が関心を持ち，教会，平戸城などの観光・歴史からイメージしている人が多い。

　②リピーターが多い（図表5-2）。また，自家用車を利用して来訪している人が多く，6割以上が佐世保などの他の観光地と併せて訪れている。

　③，④ほぼ9割が観光目的で来訪しており，キリスト教関連・文化史蹟，自然景観に関心のある人や魅力を感じている人が多い（図表5-3）。イベント・活動への参加希望については，「わからない」が6割，参加の有無については約

図表 5-2　訪問回数

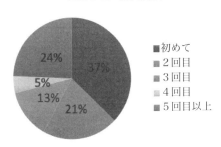

■初めて
■2回目
■3回目
■4回目
■5回目以上

（出所）アンケート調査結果により筆者作成（有効回答数 556）。

図表 5-3　平戸についての関心・魅力（複数回答）

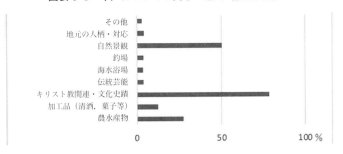

（出所）アンケート調査結果により筆者作成（有効回答数 553）。

8割が「参加したことがない」と回答しているが，3割以上の人が参加に前向きである。これらの結果から，平戸市のイベントは来訪者に十分浸透されておらず，周知方法についての改善が必要である。今後参加したいイベント・活動については，全体的に史蹟観光・街歩き，自然景観観光をあげた人が多い。しかし，訪問回数別にみると，初めて訪問した人では史蹟観光・街歩きが圧倒的に多いのに対し，5回以上のリピーターは史蹟観光・街歩きと自然景観観光がほぼ同数であり，釣り・海観光体験をあげた人が多いのも特徴である（図表5-4）。

図表 5-4　来訪者が今後参加したいイベント・活動（複数回答）

（単位：人）

		農業体験	海水浴	釣り・海観光体験	史跡観光・街歩き	地域交流会	自然景観観光	地元民泊	その他
訪問回数	1	10	20	30	110	7	72	16	8
	2	2	9	27	64	8	54	8	5
	3	2	8	14	42	2	28	7	3
	4	1	0	4	9	0	9	1	2
	5	10	15	36	53	7	51	13	7
無回答		0	0	1	0	0	0	0	0
総計		25	52	112	278	24	214	45	25

（出所）アンケート調査結果により筆者作成（有効回答数490）。

⑤，⑥，⑦ 8割以上が30,000円以内の費用であり，意見・感想についても関心・魅力と同様に，自然景観や史跡・歴史遺産をあげた人が多い。地域おこし，活性化については，情報発信，交通アクセスの改善をあげた人が多く，また，「今のままでよい」という現状を維持することに期待する意見もみられた。

(2) 根獅子・飯良地域在住者を対象とする地域活性化についてのアンケートの内容

① 根獅子・飯良地域への愛着度合

② 充実してほしい施設・設備（複数回答）

③ a. 観光客や来訪者との交流・歓迎の有無

　 b. 交流・歓迎増加の手段（複数回答）

④ 根獅子・飯良地域の自慢・魅力（複数回答）

⑤ a. 過去の地域活動・イベントへの参加・協力の有無（複数回答）

　 b. 今後の地域活動・イベントへの参加・協力の有無（複数回答）

⑥ 今後の地元地域おこしや地域活性化への行事・活動の取り組み（複数回答）

⑦ 行政（市・県・国）や協議会（根獅子集落機能再編協議会）への要望

⑧ 今後，根獅子・飯良の地域おこしや地域活性化への意見

　各項目におけるアンケート結果は，以下の通りである。

①６割以上の人が愛着を感じている。

②バスの増便等やスーパー等の商店を求める声が多く（図表5-5），生活の不便さを感じている。

③観光客や来訪者との交流・歓迎については，４割以上が「歓迎したい」と前向きであり，農業・漁業体験など地元産業の特色を生かしたもてなしを希望している。

④海水浴場，自然景観，地元民の人柄・対応，キリスト教関連・文化遺跡等に自慢・魅力を感じている人が多い。なかでも海水浴場，自然景観に魅力を感じている人の割合は，来訪者よりも高い（図表5-6）。

図表 5-5　根獅子・飯良地域に充実してほしい施設・設備（複数回答）

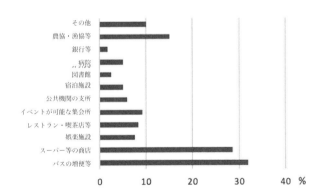

（出所）アンケート調査結果により筆者作成（有効回答数119）。

図 5-6　根獅子・飯良の自慢・魅力について（複数回答）

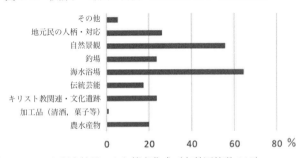

（出所）アンケート調査結果により筆者作成（有効回答数115）。

　⑤過去に参加したことがある，今後参加したい地域活動・イベントについては，地域清掃，宗教・お祭活動，交流会・イベントが多く，大きな差はみられない。

　⑥地元地域おこしについては，地域内での交流と同時に，地域外からの進出に期待する声も多い。

　⑦，⑧行政や協議会への要望については，雇用条件の改善や若者の定着を求める声が多い。今後の地域おこし，地域活性化については，地域におけるコミュニティが良好であるという意見に対し，地域を担う活動に現役世代は負担を感じており，世代間の意見に隔たりがみられ，地域を支える人材不足が問題となっている。

4．アンケート結果からの考察
──固有の文化から持続可能な街づくりを目指して──

　根獅子・飯良地域では，棚田や段々畑等が国の重要文化的景観に設定され，切支丹資料館の設置や史蹟の保護によりカクレキリシタンの歴史の伝承が現在まで続けられている。まさに来訪者，在住者からも満足度の高い豊かな自然景観や歴史的遺産を保全しながら固有の文化として育んできたといえよう。厳しい過疎化問題に直面しながらも，この文化を貴重な観光資源としていかに「持続可能な循環型社会＝街づくり」につなげることができるのか，経済，社会，環境の3つの観点から考えてみることにしたい。

(1) 経　済
　経済の観点からは，インターネット環境の整備が求められる。まずテレワーク，ワーケーションを推進し，働き場所の提供を可能にする。テレワークとは，コロナ禍において普及したパソコン一つでできる時間や場所にとらわれない働き方で，例えば，他地域の会社に所属しながら平戸市で仕事を行うことができることから地元への定住促進が期待できる。ワーケーションとは，休暇を取り

ながら働くことで，例えば観光目的で根獅子・飯良地域を訪れ，日中はパソコンを使って仕事をし，早朝や夕方以降の時間をレジャーに充てることを可能にし，新規の来訪者・観光客の取り込みにもつなげることができる。

　2つ目は，個人が主体となった観光情報の提供を可能にする。現在，平戸市を中心にHPやSNSを活用した観光客の取り込みに力を入れているが[6]，今後は個人でSNSを活用した情報提供を活発化させる。リピーターから関心が高い自然景観や特に人気のあるキリスト教・歴史的遺産関連の情報を発信し，地域住民や来訪者が主体となった集客力の向上が期待できる。

　これによって社会面では，定住促進と来訪者の増加により人的な交流が増え地域活性化へとつながり，環境面では，メールの活用によって紙の使用量が減少し，通勤による交通量の減少によってCO_2が削減され，環境保全に貢献することが期待できる。

(2) 社　会

　社会の観点からは，オンデマンド型交通の拡大による交通アクセスの改善が求められる。交通の不便が緩和されると，在住者，観光客の交流促進が期待できる。オンデマンド型交通とは，利用者からの予約に応じて運行する乗り合い輸送であり，予約状況に応じて運行経路を組み立てることもできる交通システムである[7]。根獅子・飯良地域においては，2023年8月現在，平戸市直営のコミュニティバスが土曜日のみ限定でオンデマンド運行されているが[8]，今後はタクシー会社等の民間の輸送機関の導入や運行日の拡大などによる集客力の強化を図る必要があり，同時に住民の日常生活の利便性の向上にもつながる。

　これによって経済面では，新たな来訪者，観光客の獲得により地域での消費が増え，店舗の開設など地域経済への貢献が期待できる。環境面では，乗り合い型交通利用の来訪者の増加を目指し，自家用車の交通量の減少，CO_2の削減へとつなげることができる。

(3) 環　境

　環境の観点からは，エコツーリズムの充実が求められる。エコツーリズムとは，地域で自然環境や歴史文化など，地域固有の魅力を観光客に伝えることでその価値や大切さが理解され環境保全につなげる仕組みのことである[9]。来訪者のうち5回以上のリピーターは，自然景観観光，釣り・海観光体験への関心が高く，集客力向上の要となると考えられる。根獅子・飯良地域でもすでに実施済みの農業体験，釣り・海等の観光体験の事業化推進や，学校や民間団体等からの体験教育旅行事業の受け入れを目指すことにつながる。

　これによって経済面では，地元の産業振興による地域経済の活性化が期待でき，また，教育旅行（団体旅行）客の獲得は高い収益が見込まれる。社会面では，人材不足が問題となっている観光体験事業を担う地域リーダーの育成の街全体の取り組みや，環境保全教育の推進へとつながっていく。

5.　結　び

　本章では，平戸市の根獅子・飯良地域の活性化策について，来訪者，および在住者が何を求めているのか，アンケート結果を中心に考えてみた。

　根獅子・飯良地域活性化を支える組織（図表5-7）の役割から考えると，来訪者が求め，在住者が誇る豊かな観光資源のPRや，農業，漁業といった地域産業を活かしたエコツーリズムを実現する「行政」，「地元住民」の力に加え，交通インフラやインターネット環境の整備を可能にする「民間組織・大学等」の協力が不可欠となる。このような地域を支えるステークホルダーの連携が実現することによって，経済，社会，環境の3つの好循環を生み出す持続可能な街づくりへとつながっていくといっても過言ではないであろう。

図表 5-7　根獅子・飯良地域活性化を支える組織

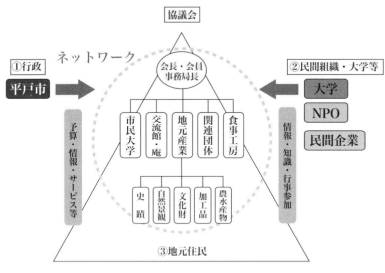

(出所) 岩永 (2018)，筆者一部修正。

【注釈】

(1) 平戸市ホームページ，https://www.city.hirado.nagasaki.jp/index.html（2023 年 8 月 21 日閲覧）

(2) 同上。

(3) 同上。

(4) 岩永忠康 (2013)，「地域資源を活用した農山村地域の活性化―平戸市根獅子町の事例―」『東アジア評論』第 5 号，長崎県立大学東アジア研究所，pp.171-184，岩永忠康 (2015)，「平戸市根獅子の活性化への活動―農山村地域の活性化への試み―」川上茂次・猪山勝利『地域を創る男―平戸，川上茂次の挑戦―』長崎文献社，pp.41-62，岩永忠康 (2018)，「長崎県平戸市根獅子町の活性化への取り組み」片山富弘編著『〔増補改訂版〕地域活性化への試論―地域ブランドの視点―』五絃舎，pp.49-72。

(5) 佐藤宏樹・松井大輔 (2019)，「歴史まちづくりにおける地域遺産調査の活用に関する研究―日本ナショナルトラストによる観光資源保護調査を対象として―」『都市計画論文集』vol.54,No3，公益社団法人日本都市計画学会，pp.956-958。

(6) 平戸市ホームページ，https://www.city.hirado.nagasaki.jp/index.htm（2023 年 8 月 21 日閲覧），平戸観光協会ホームページ，https://www.hirado-net.com/（2023

年 8 月 21 日閲覧）

(7) 大久保堯夫編（2011），『交通の百科事典』丸善出版，p.413-414 を参照。

(8) 注 1 に同じ。

(9) 環境省「エコツーリズムのススメ」

https://www.env.go.jp/nature/ecotourism/try-ecotourism/index.html（2023 年 8 月 21 日閲覧）

※本研究は，2021 年度笹川科学研究助成を受けたものである。

（垣本 嘉人）

第6章　ラジコン草刈り機の共同利用モデルの構築
——山形県庄内地域における産官学の共同連携による活動報告——

【要旨】

　近年，地方都市や農村部では人口減少や高齢化によって刈払機で草を刈れる人材が減少している。そこで，本章では，政府による「スマート農業」普及促進策によって技術革新が進むラジコン草刈り機に着目し，山形県庄内地域を対象に産官学の連携によって1台のラジコン草刈り機を共同利用するための最適方法の構築を試みた。

　まず，本プロジェクトでは，他の駆動方式と比べて操作性が優れているといわれているモーター駆動の機種を採用した。使用した機種は軽トラックでの搬送が可能で，機械本体の作動や送信機（プロポ）の操作も容易であったため，利用者らは円滑に操作を行うことができた。また，急傾斜法面での実証実験では刈払機よりも作業効率が高いことが確認され，さらにラジコン草刈り機の操作は平地でも行える。これらより，ラジコン草刈り機は，高齢化が進む地方都市や農村部において有効な作業ツールであり，不具合発生時の初期対応が可能な地方自治体の土木課などが管理することで共同利用も可能であることが示唆された。

【キーワード】：ラジコン草刈り機，スマート農業，山形県庄内地域，
　　　　　　　　人口減少・高齢化，産官学連携

1. はじめに

　近年日本では政府による「スマート農業」普及促進策の追い風もありラジコン草刈り機の技術革新が着実に進んでいる。スマート農業とはロボット，AI，IoT などの先端技術を活用する農業を意味し，ラジコン草刈り機は人が入ることが困難な場所や危険な急傾斜面で安全に草刈りを行うためのツールとして期待が寄せられている[注-1]。同じく，日本では人口減少に伴い地方都市や農村部での高齢化が進んでいることが社会問題となっており，これら地域では過酷な労働を伴う刈払機を扱える人材が減少している。

　このような政府方針や社会情勢の変化もあり，ラジコン草刈り機の性能は着実に進化し需要も増しているが，販売店などによるアフターメンテナンスが保証されるメーカー品の多くは高額なため，補助金獲得が見込めない個人・団体・自治会などが単独で購入することは難しい。すなわち，需要があるにもかかわらず機械が高額なために普及が進まないという機会損失が起きている。そこで，著者は，1 台のラジコン草刈り機を複数者が共同利用できる最適方法を構築することで，これら課題を解決することが重要であると考えた。本章では，人口減少や高齢化が進む山形県の日本海沿岸部に位置する庄内地域を対象に，産官学の連携によってラジコン草刈り機の共同利用に求められる必須性能や重要要素を調査分析し，その検証結果をまとめた。

2. 先行研究のレビューと本研究の所在と意義

　本研究の目的は，ラジコン草刈り機の最適な共同利用方法の構築であり，それに伴う実証実験ではモーター駆動の機種を採用した。代表的なモーター駆動機種による実証実験として，栗原（2018），山田（2022），上原・飯塚・岩野（2021）がある。栗原（2018）は，水田畦畔や整備法面で，自走式草刈り機[注-2] と比較しモーター駆動のラジコン草刈り機が同等の作業効率を示したと報告してい

る。山田（2022）は，法面で，刈払機とモーター駆動のラジコン草刈り機を
比較し，刈払機の方が作業効率が高かったと報告している（後述）。上原・飯塚・
岩野（2021）は，正確には走行部のみがモーター駆動で草刈部はエンジン駆
動の機種ではあるが，水田畦畔で，刈払機，自走式斜面草刈り機，ラジコン草
刈り機の性能比較を行い，自走式斜面草刈り機と同様にラジコン草刈り機の作
業効率が非常に高く，刈取後の草高も低かったと報告している。

　また，季刊地域（2015）は，三重県松阪市柚原自治会の取組みとして，市
が土木業者に委託していたおよそ 7,500㎡（1~1.5m 幅のおよそ 3km の沿道）の草
刈り業務を地元自治会が代わりに請け負い，地元大学生や社会人らの協力を得
て年 2 回の作業で 80 万円(当時)の収入を得ていると報告している。すなわち，
共同利用によってラジコン草刈り機の利用コストが低減できれば，自治会への
安定収入の確保や作業者らの労働が軽減できるだけではなく，ラジコン草刈り
機の販売が増すことでスマート農業普及促進策を好循環させることもできると
考えられる。これら視点より，本プロジェクトが円滑に遂行され，そこから得
られる結果を研究論文としてまとめることの意義は大きいといえる。

3.　国内でのラジコン草刈り機市場の概況と使用機種

(1) 国内でのラジコン草刈り機市場の概況

　日本では大手農業機器メーカーをはじめ複数企業がラジコン草刈り機を取り
扱っている。サイズは多岐に渡り，障害物が少なく平坦な場所を効率良く刈る
のであれば大型機が適しているが，急傾斜法面あるいは障害物などが多い場所
では小型機が適している。とくに，複数の現場で使用するのであれば，軽トラッ
クの荷台（幅 1,410mm, 最大重量 350kg）に収まるものが望ましく，本プロジェ
クトで使用する機種も自ずと小型機が対象となる（図表 6-1）。

図表6-1　ラジコン草刈り機一覧（小型機）

メーカー名	石井製作所	ヤンマー	クボタ	オーレック	アテックス
機種	**RTL-M2**	YW500RC	ARC-501	スパーダーモア	神刈
全長/全幅/全高(mm)	**1000/900/560**	1175/870/630	1084/855/637	970/915/580	1515/1110/785
重量（kg）	**108**	155	142	138	365
最大傾斜（度）	**40**	45	40	45	45
駆道方式	**モーター**	エンジン	エンジン	エンジン	エンジン
価格	**試作機（使用機種）**	1,628,000円	1,478,200円	1,353,000円	3,663,000円

（出所）各社HP，当該製品カタログを参考に作成。

（2）本プロジェクトのスキームと使用する機種

　本プロジェクトは，山形県酒田市に本社を置く農業機械メーカーが開発した試作機（RTL-M2）（写真6-1, 6-2）を酒田市に貸与し，酒田市土木課が管理し，東北公益文科大学地域産業活性化研究所が全体を統括するという産官学による連携スキームで行われている。

　当該使用機種の最大の特徴は表6-1のとおり駆動方式がモーターであるという点である。戸田（2019）は，エンジン駆動と比較してモーター駆動の方が作業環境（振動/騒音/排ガス）や操作性（制御性）が優れていると指摘し（図表6-2），栗原（2018）も同様の指摘をしている。

　当該機種のバッテリーは自走用と草刈り刃の回転用にそれぞれ搭載され[注-3]，基本的に草刈り刃用のバッテリーが先に切れる設計のため作業中に自走できなくなる可能性は低い。連続刈取時間はおよそ90分であるが充電にはおよそ7時間を要するため，長時間使用するのであれば予備バッテリーを確保する必要がある。

写真6-1, 6-2　当該使用機種（RTL-M2）と送信機

図表6-2　ラジコン草刈り機におけるモーター駆動（電動）の優位性

項目	エンジン	モーター
作業環境 (振動/騒音/排ガス)	×	○
操作性 （制御性）	×	○
遠隔操作の有意さ	△	○
傾斜地対応	△ (潤滑，燃料供給に難)	○
連続稼働時間 / 馬力	○	△
メンテナンスの容易さ	△	○

（出所）戸田 2019, p.142（一部抜粋）。

4.　操作方法の継承

　本プロジェクトは1台のラジコン草刈り機を共同利用するというスキームであるため，利用者は機械本体の作動方法や送信機の操作方法を円滑に理解し使用できることが前提要素となる。また，メーカー担当者から市技能職員への操作説明は1回で済むが，トラブル防止や臨機性といった観点から利用者への初回説明は現場で行う必要があるため，説明回数も相応に増える。そこで，本プロジェクトでは，地域課題解決に関する教育的観点も含め賛同する学生有志が利用者への操作説明に加わった。実際に操作説明に要した時間は，メーカー担当者から市技能職員へはおよそ10分，市技能職員から学生へはおよそ5分，現場での学生から利用者へは全体説明が10分弱，操作前の個人レクチャーが3~5分だった。なお，学生らが操作方法を短時間で習得できた要因は，送信機の操作がテレビゲームのジョイスティックの操作と似ておりテレビゲームに慣れ親しんでいる若者世代が得意とする分野であるからだと考えられる。

5.　実証実験

　酒田市では，草刈り業務を市技能職員，委託業者，46団体からなる自治会が

分担して行っている。これらのうち市技能職員と自治会員が行う草刈り業務の軽減を目的に，酒田市が管理する河川付近の急傾斜法面，自治会員が管理する水田の畔畔，さらに NPO 法人が環境整備を行っている里山で実証実験を行った。

(1) 急傾斜法面での従来方法（刈払機）との比較

　酒田市内を流れる 1 級河川である最上川の河口付近のおよそ 33 度の急傾斜法面で，従来方法である刈払機による人力での作業とラジコン草刈り機である当該機種による作業を比較した（図表 6-3，写真 6-3，6-4）。刈払機では 1 分間当たりの作業量が 1.47㎡であったのに対し，当該機種は 1.84㎡であった。山田（2022）は，同様の実証実験を行い，31.6 度の法面での刈払機とラジコン草刈り機の作業効率がそれぞれ 8.8㎡/min，5.7㎡/min であったと報告している。すなわち，刈払機の方が作業効率も高く，1 分間当たりの作業量も本実証実験とは大幅に異なる結果であった。このような相違が生じた要因として，山田（2022）で使用された機種は大規模な草刈りアタッチメントを装着させる仕様であったこと，作業効率を極端に悪くするヤブカラシと呼ばれるつる性多年草の有無や雑草の繁茂状態の違いなどが影響したと推察される。また，上原・飯塚・岩野（2021）は，刈取後の草の高さが刈払機では 14.5㎝であったのに対し，ラジコン草刈り機では 8.5㎝であったと報告している。本実証実験では刈取後の草の高さの比較は行わなかったが以下のことが分かった。ラジコン草刈り機は基本的には前進しながら刈り込み作業を行うが，雑草の繁茂量が多い場所では前後動作を繰り返しながら徐々に前進する。その際の前後動作時も草刈り刃は回転し続けるため，結果的に雑草の裁断が細かくなりその後の雑草の発育が抑制されると考えられる。

　なお，図表 6-3 のとおり，本実証実験では刈払機による作業をラジコン草刈り機と同等の面積で実施することができなかった。急斜面であったため，作業員への負担が大きく同等の面積の作業は困難と判断したためである。刈払機による作業は危険で重労働を伴う直接的な作業であるのに対し，平地でも操作ができるラジコン草刈り機の優位性を改めて認識する結果といえる。

図表6-3　本実証実験における比較結果

	ラジコン草刈り機	刈払機
燃料	電池（充電式）	潤滑油
資格	不要	特別教育
操作性	容易	容易
飛び石	未確認	有り
ヤブカラシの刈り込み	可能	可能
立木の刈り込み	約1cm（径）は切断確認済み	約1cm（径）程度
刈り込み状況	細かい	粗い

作業場所	酒田市高見台1号線（法面）	
作業日時・天候	2023年6月8日（曇り）	2023年6月22日（曇り）
法勾配	1：1.5(約33°)	
作業面積	57.0㎡（5m*11.4m）	26.6㎡（5m*5.32m）
作業時間	31min	18min
作業量	1.84㎡/min	1.47㎡/min

（出所）酒田市土木課による作成。

写真6-3，6-4　実証実験における使用機種と刈払機での作業風景

（2）里山での実証実験

　酒田市平田地区に位置し，酒田市が管理する里山（悠々の杜）の保全整備を担う NPO 法人ひらた里山の会理事5名に対して，学生が操作説明を行い，その後理事らが順番に当該機種の操作を行った（写真6-5）。

　上記団体は刈払機や自走式草刈機を用いて定期的に当該地域の草刈り活動を行っている。実験箇所の地形，育成する草の種類やその特徴，そして回転刃による草の刈られ方も熟知しており，78歳の NPO 法人代表を含む理事全員が

極めて円滑に当該機種を使いこなしていた。また，操作後の参加理事へのインタビューより，自走式斜面草刈り機は使用者が帯同する必要があり，作業者の安全性や労働負担からも当該機種（ラジコン草刈り機）の方がより有効なツールであるとの回答を得た。そもそも自走式斜面草刈り機は斜面での刈払機による作業を軽減することを目的に開発されたものであり，この回答は当該機種がその自走式斜面草刈り機を超えた利便性を携えていることを意味する。

(3) 水田畦畔での作業

酒田市石橋地区にある平田ソーラーファーム内の水田畦畔で実証実験を行った。まず，平地で学生が利用者に操作説明を行い，利用者は平地での試運転の後水田畦畔で当該機種の操作を行った（写真6-6）。結果として，当該機種を問題なく水田畦畔で動かすことができたが，水田畦畔はそもそもラジコン草刈り機を使用するという前提で整地化されていない。そのためわずかな凸凹によって機械の方向が微妙にずれるため，幅の狭い畦畔では絶えず送信機で軌道修正を行う必要がある。今回の実証実験では比較できなかったが，水田畦畔では，機械に帯同する必要はあるが，ハンドルを握りながら微妙な操作を手作業で行える自走式斜面草刈り機の方が優れている点もあると考えられる。すなわち，畦畔の幅や長さ（使用時間）によって，ラジコン草刈り機の方が適しているケースもあれば，自走式斜面草刈り機の方が適しているケースもあると考えられる。

写真6-5，6-6　里山と水田での実証実験（左の操縦者は78歳のNPO法人代表）

6.　結　び

　本章では，1台のラジコン草刈り機を共同利用するための最適方法の構築を目的に幾つかの実証実験を行った。

　まず，急傾斜法面での実証実験では，刈払機よりもラジコン草刈り機である当該機種の方が，作業効率が高い結果が確認された。水田畦畔では畦畔の幅や整地状態によってラジコン草刈り機よりも自走式斜面草刈り機の方が適しているケースもあるが，里山の斜面での草刈り作業ではラジコン草刈り機である当該機種の有効性が発揮される結果となった。なかでも，ラジコン草刈り機の操作は安全な平地でも行えるため，高齢化が進む地方都市や農村部において有効な作業ツールであるといえる。モーター駆動の優位性については，今回の実証実験ではエンジン駆動の機種と比較していないため，山田（2022）や戸田（2019）が指摘する静寂性や操作性の高さなどを実感することができなかったが，静寂であれば学校や病院の敷地内なども共同利用先に加えられるため，本モデル遂行の際に優れた優位性になり得ると考えられる。

　次に，小型機である当該機種は軽トラックの荷台に収まり，ラジコン操作で動くため搬出入作業も容易であった。機械本体の作動も送信機の操作も簡便であったため，参加者への操作説明も初回操作も容易であった。これらより，1台の小型のラジコン草刈り機を地域で共同利用するというモデルは現実的かつ有効的であり，季刊地域（2015）が論じていた自治会による草刈り業務の受託ビジネスの活性化に貢献できると考えられる。

　最後に，今回の実証実験のプレ実験において，雑草に埋もれた金属柱と当該機種が接触し機械の一部が破損する事故が発生した。前述にて，ラジコン草刈り機の操作は実際に刈る場所と離れた平地で行える点をポジティブ要素として指摘したが，初めて使用する場所では事前に障害物等がないことを確認する必要がある。そして，多数者が利用する本モデルを円滑に遂行させるには，このような事故や不具合発生時に適切な初期対応ができる地方自治体の土木課や農

業関連の協同組合などが管理することが必須であるといえる。

【注釈】

(注 –1) 農林水産省（2023）「スマート農業の展開について」による。
https://www.maff.go.jp/j/kanbo/smart/pdf/smart_agri_tenkai.pdf（2023 年 10 月 15 日閲覧）

(注 –2) 自走式草刈り機とは，作業者が機械に帯同してハンドル操作をしながら作業を行う形式のもので，市販品は基本的にエンジン駆動である。

(注 –3) 先行研究で用いられているラジコン草刈り機はすべて走行用と刈刃回転用のモーターは別々に設置されている。

【引用文献】

(1) 上原泰・飯塚 浩二郎・岩野 優樹（2021）「水田畦畔管理の必要性と長野県における水田畦畔草刈機の開発について」『システム / 制御 / 情報』第 65 巻第 12 号，pp.471-476。

(2) 栗原英治（2018）「水田畦畔及び整備法面における草刈機の開発 - 電動化・リモコン操作により作業環境を改善 -」『農業および園芸』第 93 巻第 2 号，pp.97-102。

(3) 現代農業（2015）「特集 草刈りを担うのは誰だ」『季刊地域』第 21 号，pp.6-55。

(4) 戸田勉（2019）「電動作業機「スマモ」の開発」『農業食料工学会誌』第 81 巻第 3 号，pp.139-142。

(5) 山田順之（2022）「棚田地域におけるスマート農業技術を用いた持続可能な営農環境整備に関する基礎的検討」『鹿島技術研究所年報』第 70 号，pp.141-146。

【参考文献】

[1] 現代農業（2019）「特集 スマート農業を 農家を減らす農業にしない いち早くリモコン草刈り機を導入した山中間の組織の話」『季刊地域』第 39 号，pp.8-13。

[2] 栗原英治・戸田勉・高橋昭喜（2017）「高機動畦畔草刈機の開発」『農業食料工学会誌』第 79 巻第 4 号，pp.345-347。

（謝辞）本プロジェクトは 2023 年度公益信託荘内銀行ふるさと創造基金による助成を受けて実施されている。また，山形県酒田市土木課，当該機種を提供いただいた株式会社石井製作所，東北公益文科大学地域産業活性化研究所学外研究員，そして本プロジェクトに賛同された学生諸君らの多大なる協力によって実施されていることを心より感謝いたします。

（広崎 心）

第7章　経済振興としての沖縄海邦国体の課題
——自治体の財政負担問題をいかに乗り越えたか——

【要旨】

　沖縄県では，第42回国民体育大会である「海邦国体」が1987年に開催された。スローガンは「きらめく太陽，ひろがる友情」で，1巡目最後の締めくくりとして行われた。だが，同国体の開催準備に当たっては，日の丸・君が代問題以外にも，開催地の費用負担が重くのしかかった。本章では，経済振興として誘致された「海邦国体」だが，西銘順治知事がいかにして開催地の費用負担問題を克服したのかを明らかにする。

【キーワード】：海邦国体，国民体育大会開催基準要項，第2次沖縄振興開発計画，高率補助の削減

1．はじめに

　国民体育大会は（以下，「国体」と表記），第二次世界大戦の敗戦で打ちひしがれた国民の気力を奮起させるために財団法人日本体育協会（現公益財団法人日本スポーツ協会）が企図した。その趣旨は「広く国民の間にスポーツを普及し国民の体力向上を図るとともに，地方スポーツの振興と地方文化の発展に寄与することを目的」[1]としたものである。また，1961年6月制定のスポーツ振興法によって，国体が国家の重要行事に位置付けられた。

　沖縄では，すでに国体が2度も開催されている。1度目の「若夏国体」（1973年）は，大会回数にカウントされない本土復帰記念の特別国体として開催された。

2 度目の第 42 回国民体育大会である「海邦国体」(1987 年) は，本土復帰 15
周年事業と全国一巡最後の国体として挙行された。特に「海邦国体」では，開
催準備に伴う運動施設および道路網の整備や那覇空港の滑走路の拡張工事など
が行われた一方で，大会規模の肥大化による自治体の財政負担の増大，日の丸・
君が代問題，そして自衛隊問題などが相まって混乱が見られた。

　「海邦国体」に関連する先行研究としては，正津聡と藤原建固は海邦国体の
新聞報道における扱いを調査し，「スポーツを前面に押し出した記事が非常に
少なく，国体に纏わる政治的・経済的・社会的な問題を報道した記事が多かっ
た。また国体がスポーツ以外に利用されていることと指摘した新聞記事と併せ
て，国体開催によって得られる付加価値が求められた大会だった」[2] と分析
している。加藤大仁は，海邦国体で起きた日の丸焼却事件についてその政治・
社会的背景を分析し，スポーツと政治の関係について論じた[3]。

　本章では，沖縄県の西銘順治知事がいかにして「海邦国体」の費用負担問題
を克服し，国体を成功に導いたのかについて読み解くことを目的とする。筆者
は，日の丸・君が代問題に焦点が当たっていたこれまでの先行研究とは異なり，
経済的側面に焦点を当てることにした。その理由は，沖縄県が経済振興の一環
として「海邦国体」を誘致したにもかかわらず，国体開催をめぐる自治体費用
の負担が問題となっていたからである。

2. 一巡で見えてきた国体問題の本質

　国体は国・日本スポーツ協会・開催地都道府県の三者共催で，各都道府県の
持ち回り方式によって毎年開催される。1955 年の第 10 回大会からは，開催
方針を定めた「国民体育大会開催基準要項」に基づき，①開催地は一都道府県
とすること，②開催順は関東→近畿→中部→九州→東北・北海道→中国・四国
とすることが決定された[4]。こうして，国体が国民のスポーツ振興に寄与し
てきた一方で，問題点も徐々に浮き彫りになってきた。

　1956 年の第 11 回大会では，国体の開催が地方財政を圧迫している実態が

明らかになった。この問題を受けて，政府は「地方財政再建団体，いわゆる赤字県での開催は認めない。また，地方開催は認めるが，東京またはこれに準ずる県と隔年開催する」[5] ことを閣議決定した。1957 年 7 月には，「財政状態が著しく改善され，国体開催に影響を及ぼさない場合は，何分の考慮を払う」[6] として先の閣議決定の内容を変更した。

　1960 年代に入って，「国民体育大会開催基準要項」が 2 度も改正された。1961 年の改正では，参加人員や施設基準などが明確化され，さらに全国を西・東・中の 3 地域に分けて開催することになった[7]。さらに，沖縄の正式参加も決定した。1966 年に「国民体育大会開催基準要項」の 2 度目の改正が大幅になされ，新規に国体開催の目的，大会の開催規模，開催の地域区分の順序，集団演技の導入，種目別総合優勝第 1 位に大会会長のトロフィーを授与することなどが盛り込まれた[8]。

　前述の先行研究に列挙されている国体の日の丸・君が代問題や自衛隊問題は，日本教職員組合が 1975 年 6 月に「国民体育大会改革の提言」を発表してから問題視されるようになった。その提言は，1973 年〜 75 年の 3 年間にわたる国体問題の調査研究により，健全なスポーツ振興に寄与する国体の民主的な在り方を追求したものである[9]。提言を読み返して見ると，筆者には，日の丸・君が代問題よりも，国体開催県および市町村の財政負担の比重が大きいと捉えることができるので，沖縄県議会の議論や『西銘順治日記』などを通じて，沖縄への国体誘致における懸案事項が何であったのかを次節で確認する。また，その懸案事項が国体問題の本質と通底する事柄であったのかどうかについても検討する。

3. 「海邦国体」の沖縄誘致に至るまで

(1) 平良幸市知事時代

　第 42 回国体の沖縄誘致は，1976 年の佐賀国体がきっかけだった。沖縄県体育協会の吉田正善事務局長によれば，「沖縄より人口の少ない佐賀が立派に

成功させたのを見て，沖縄でもやろうじゃないかという雰囲気になった。県内スポーツ界の競技力は全国最下位に甘んじていた。国体を契機にスポーツ施設を整備し，競技力を向上させたいという思いがあった」[10] という。

そうした思いを受けて，沖縄県体育協会の大里喜誠会長が先頭に立って沖縄への国体招致に向けた機運を盛り上げようと各界へ働きかけを行った。1977年には，沖縄県町村議長会，そして8か所の各市町村議会などを含めて計10カ所の公共団体から1987年の国体誘致についての陳情要請があった[11]。

1978年3月6日の沖縄県議会で自民党の村山盛信議員が「現在抱えている水資源の開発，あるいはモノレールの問題，あるいは中城湾開発の問題等たくさんのプロジェクトを抱えて，さらにまた10年後の国体を控えるということに対して確かに荷物過重負担になろうかとは思うが，しかしながら今回の知事提案事項で『祖先伝来の根性と偉大な魂を受け継いで』，『英知と創造力をもってすれば，いかなる難関も突破できる』ということをはっきりと謳っている。この勢いをもってすれば国体誘致に何ら問題はないと思う」[12] と述べて，平良知事の答弁を求めた。平良知事は「国体誘致の問題だが，申し上げるまでもなく国民体育大会を県において開催するということは，どの面から見ても望ましいことである。問題は競技場の場所，その財源が問題になる」[13] と答弁し，1987年の国体誘致に前向きな姿勢を示した。

1978年4月，平良知事は県庁内に国体誘致検討委員会を設置した[14]。しかし，平良知事が脳血栓で緊急入院したことで結論が先送りされ，後任の西銘順治知事の判断に委ねられることとなった。

(2) 西銘順治知事時代

①国体誘致検討委員会における検討

1979年1月中旬，国体誘致検討委員会の中村栄座長が知事室に呼ばれ，西銘知事から「国体を沖縄で開催できるのか」問われると，「十分やれます」と中村は答えた[15]。そして中村は，同検討委員会で特に問題になった事案は，「自衛隊の参加・協力と天皇の出席問題であったこと」を伝えた上で，「馬術やヨッ

ト競技など自衛隊の力を借りなければならない種目がある。協力要請すれば沖縄県教職員組合などから反発が予想されるが，最小限の協力にとどめることで可能です」[16] と説明した。

同年2月8日，国体誘致検討員会が西銘に最終報告した後，定例部長会議で「1987年に国体を誘致する方向で検討してほしい」[17] と指示した。そして，同年2月29日の臨時庁議で国体誘致が正式決定し，沖縄県議会へ舞台が移った。

②沖縄県議会における国体誘致決議

1979年3月3日の沖縄県議会では，第42回国民体育大会の誘致に関する決議及び陳情16件を一括議題とした。冒頭で，伊波広定文教厚生委員長が，これまで県議会文教厚生委員会でなされてきた国体誘致に関する質疑内容について報告した。質疑のポイントは主に以下の2点に集約される[18]。

・国体を開催するには県費負担が非常に大きい，そこで財政上のしわ寄せをさせないため1987年は復帰15周年に当たり，また1979年は県制移行後100周年を迎えるので国体をこれらの記念事業として意義づけることによって国庫補助や起債などで有利な条件に持って行けると思うがどうか。

・国体の競技種目のうち本県では余りなじまない種目もある，そのような施設の整備も図らなければならないが，その施設の跡利用をどのように考えているか。

上記の質疑からは，国体開催費用の自治体負担と国体開催後の競技施設の利用方法が，国体誘致における課題となっていたことが読み取れる。こうした課題に対して沖縄県が，「第2次沖縄振興開発計画（1982年〜1991年）」の中で，県民のスポーツ振興と健康増進の観点から，社会体育施設や学校体育施設・設備の充実化などを図ることによって，国体開催費用の自治体負担をできるだけ軽くしようとしていた[19]。そのことは，「第2次沖縄振興開発計画」に「学

校教育施設・社会教育施設・社会体育施設の整備を進めるほかに，文化財の保存にも努める」[20] と記述されており，国の沖縄振興政策にも列挙されていたことなどからも窺える。

　つぎに，伊波文教厚生委員長は国体の沖縄誘致に対する各党の意見表明や要望の中身を以下のように説明した[21]。

・沖縄社会大衆党は，「国体誘致に賛成であるが，県や市町村の財政に大きなしわ寄せのないよう万全の措置をとってもらいたい」。
・日本社会党は，「国体の開催に異論はない。しかし，その手段と方法について問題がある。国体が華奢になりすぎ，本来のアマチュアリズムを逸脱したお祭り騒ぎになって，国体が終わると台風の去った後のようにならないよう気をつける必要がある。また県民が喜んで迎えるという態勢をつくらなければならないので，懸案になっている自衛隊の問題，選手養成の方法，学校教育に及ぼす影響の問題等については，国体開催に主要な役目を果たす地方公務員，県職員，教職員等の労働団体と綿密に詰めて実施すべきである」。
・革新クラブは，「誘致に賛成である。だが，できるだけ県内の各種団体を利用し自衛隊の果たしている役目をさせること，会場は地方に分散しそれぞれの特色を生かすこと，多額の経費を使わずに見本となる国体とすること，ジプシー選手は参加させないことを要望する」。
・日本共産党は，「沖縄県は中城湾港の建設，那覇空港の国際空港へ向けての整備拡充，自動車道路の南進，復帰10周年記念を目標とした県立総合文化センターの建設等大きなプロジェクトを抱えている。このような中で100億円余を起債という形で持ち出すのは，県の財政能力から見て非常に懸念されることである。また市町村においても，島根県の例を見ると約70億円の財政負担をしている。市町村では潰れ地補償の事業も始まるので，市町村とも十分話し合う必要がある。つまり，県や市町村に負担をかけない方向で国体は誘致すべきであり，このことを国に強く要求すべきである」。

　以上のように，伊波文教厚生委員長が一連の委員会質疑の内容を報告した後，沖縄県議会は「沖縄国体誘致決議」を全会一致で可決した。

　1979年3月7日，西銘知事・沖縄県体育協会の大里会長・沖縄県教育委員会が連名で国体誘致に関する要望書を日本体育協会の河野謙三会長と内藤誉三郎文相に提出した(22)。その結果，沖縄県は国体一巡目最後の開催地として正式に名乗りを上げた。

③沖縄での国体開催決定

　1980年1月23日，日本体育協会が沖縄での1987年国体開催を満場一致で承認した(23)。それを受けて，同年4月18日には西銘知事を会長とする国体準備委員会を設立した。まずは，総務専門委員会でメイン会場の選定作業を行い，沖縄市泡瀬の軍用返還地跡と宜野湾市真志喜の埋立地の2カ所に絞った(24)。両者を比較検討した結果，最終的に沖縄市泡瀬の軍用返還地跡（工費：247億円，工期：5年8ヶ月）を選定し，同年9月12日に国体準備委員会へ答申した(25)。総務専門委員会の古堅宗徳委員長は，沖縄市泡瀬がメイン会場に選定された要因として，「沖縄市の桑江朝幸市長が地権者581人の同意を取り付けたことが大きいが，宜野湾市は埋め立てに必要な漁業権者の同意には不安材料を残した」(26)と振り返った。

　1980年9月12日午後，那覇市の沖縄県市町村自治会館で第2回国体常任委員会が開かれた。同委員会では当初，沖縄県体育協会の大里会長，スポーツ振興審議会の小橋川寛会長，陸連の玉城忠が泡瀬案に反対した。しかし，同日午前にヘリ視察を行った西銘知事が「当初，ソフト面，跡利用から宜野湾が良いと思った。しかし，埋め立てや漁業補償などの課題を抱えては，いつ完成するか分からない。1年前に完成させてゆとりのある国体を行う。跡利用については自動車道，幹線道路を整備すれば活用できる」(27)と自ら説明し採決を促した。採決の結果，泡瀬案に決定した。

4. 「海邦国体」の開催準備

1982 年 3 月 30 日，第 42 回国体の開催方針が決定し，施設整備計画が立て
られた。夏季・秋季大会の合計 36 種目が選定され，82 の競技施設が使用さ
れる[28]。82 の競技施設のうち，45 の競技施設が新設・特設されることになった。
沖縄県教職員組合(以下「沖教組」と表記)が 1985 年 2 月 5 日時点でまとめた「海
邦国体」の施設整備費は，「沖縄県事業（12 施設）が 215 億円，市町村事業（33
施設）が 300 億 1,700 万円で，計 515 億 1,700 万円に上った。このうち，国
庫補助金は 216 億 7,500 万円で，事業費総額の半分にも満たず，残りは沖縄
県と市町村自治体の負担になった」[29]。

1975 年の「沖縄国際海洋博」が沖縄経済の起爆剤となり，本土との経済格
差を埋めるきっかけとなると言われながら，実際には深刻な経済不況（倒産，
失業など）に見舞われた。沖教組や県政野党には，「海邦国体」が沖縄国際海
洋博の二の舞となることは避けなければならないとの思いが強く，競技施設の
建設費用などに起債を当てることは，後年に借金を残したり，住民福祉および
サービスの低下を招いたりする恐れがある[30]。

こうした懸念に対して，西銘知事は 1982 年 3 月 4 日の沖縄県議会で「国体
開催に必要な施設整備に当たっては，市町村の財政負担の軽減を図るため国の
特別措置を強く要請してきた。しかし，国の行財政改革のもとで遺憾ながらそ
の実現を見るには至らなかった。県としては，市町村の財政負担を幾らかでも
軽減し，国体成功に向けて必要な施設整備の促進を図るために県独自の補助措
置も講ずるべく予算を計上している」[31]と述べた。

5. 高率補助問題への対応

西銘知事は，1986 年度予算案において高率補助が 10％削減されるとの内示
を受けて，1985 年 12 月 24 日〜12 月 28 日に上京した。高率補助の削減は，「海

邦国体」の運営や今後の沖縄経済の行く末を左右する問題となるからである。それだけに西銘知事自ら先頭に立って，山中貞則元沖縄開発庁長官，藤仲貞一沖縄開発事務次官，自民党の金丸信幹事長，竹下登蔵相となどと相次いで交渉した。交渉の結果,「公共・非公共部門とも5％削減で了承。潰れ地, 不発弾探査，特殊病害虫特別防除などは対象外」[32]とされた。

　高率補助の削減の前に，西銘知事は既に国との折衝で財政問題の対策を講じていた。1985 年 3 月 1 日の沖縄県議会で「高率補助の 10 分の 10 のうちの 0.5 カットされたが，カット分は後年度，政府がちゃんと面倒を見るから一時立てかえをしてくれということで，結果としては沖縄にも地方自治体にも負担がかからないという結果が出た」[33]と答弁した。

6. 結　び

　本章では，沖縄県の西銘知事が「海邦国体」を沖縄振興の一環として誘致したが,自治体の財政負担問題をどのように乗り越えたのかを中心に読み解いた。本章で明らかにしたことを以下に記述する。
・国体の本質的問題は，日の丸・君が代問題ではなく，むしろ開催費用の肥大化による自治体の財政負担が問題であった。
・西銘知事は，予め「第 2 次沖縄振興開発計画」に社会体育施設の充実化や県民の健康増進などの文言を盛り込むことで，自治体負担が過度にならないように対策を講じた。
・国から高率補助の削減の内示を受けた時は，西銘知事自ら先頭に立って，山中貞則元沖縄開発庁長官，藤仲貞一沖縄開発事務次官，自民党の金丸信幹事長,竹下登蔵相などと相次いで交渉した。その結果,公共・非公共部門とも 5％削減で了承する代わりに，カット分は地方財源措置を講じてもらうことで折り合いをつけた。

【引用文献】

(1) スポーツ庁「国際競技力の向上：国民体育大会」。https://www.mext.go.jp/sports/b_menu/sports/mcatetop07/list/1372074.htm（2023年8月14日アクセス）。

(2) 正津聡, 藤原建固（1989）「新聞報道からみた海邦国体の研究」『日本体育学会大会号：第40回大会（社団法人日本体育学会）』, p.123。

(3) 加藤大仁（2001）「スポーツとナショナル・アイデンティティー：沖縄海邦国体『焼き捨てられた日の丸』事件を手掛かりに」『体育研究所紀要（慶應義塾大学体育研究所）』, 第40巻1号, pp.31-38。

(4) 沖縄県労働組合協議会（1985年11月）「第42回沖縄国体の現状と課題」, pp.5-6（読谷村史編集室所蔵）。

(5) 同上資料, p.6。

(6) 同上。

(7) 同上。

(8) 同上。

(9) 沖縄県教職員組合（1985年2月25日）「『沖縄国体』民主化のために」『沖教組月刊情報』, p.33（読谷村史編集室所蔵）。

(10) 琉球新報社編『西銘順治日記―戦後政治を生きて―』, pp.322-323。

(11) 『昭和53年第2回沖縄県議会（定例会）第4号』（1978年3月6日）。

(12) 同上。

(13) 同上。

(14) 琉球新報社編, 前掲書, p.321。

(15) 同上書, p.322。

(16) 同上。

(17) 同上。

(18) 『昭和54年第2回沖縄県議会（定例会）第3号』（1979年3月4日）。

(19) 同上。

(20) 内閣府沖縄総合事務局「第2次沖縄振興開発計画」, p.56。

(21) 『昭和54年第2回沖縄県議会（定例会）第3号』（1979年3月4日）。

(22) 琉球新報社編, 前掲書, p.323。

(23) 琉球新報社編, 前掲書, p.368。

(24) 同上。

(25) 同上。

(26) 同上書, p.369。

(27) 同上。

(28) 沖教組国体対策委員会（1985年2月5日）「『沖縄国体』民主化のために（中間報告）」, p.6（読谷村史編集室所蔵）。

(29) 同上資料, p.4。

(30) 沖縄県労働組合協議会（1985年11月）, 前掲資料, p.13。

(31) 『昭和57年第2回沖縄県議会（定例会）第5号』（1982年3月4日）。

(32)　琉球新報社編，前掲書，p.458。

(33)　『昭和 60 年第 3 回沖縄県議会（定例会）第 2 号』（1985 年 3 月 1 日）。

（村岡 敬明）

第8章　地域文化ブランドの構築
——中国の文化祭りの事例研究を中心に——

【要旨】

　経済発展とともに，地域文化ブランドの重要性はますます注目になっている。コロナ後の2023年，中国山東省の淄博バーベキューはネット上で熱いキーワードとなり，バーベキューという食文化を通じて，淄博は一時的に全国人民の憧れの観光リゾート地となった。「淄博バーベキュー」というブランドは淄博の都市観光発展と経済建設に巨大な利益と活力をもたらした。本章では，中国で有名なかつ長年の歴史を持つ文化祭のイベントを例に，地域文化ブランドの構築過程におけるい方法と経路をまとめてみようと考える。

【キーワード】：地域文化ブランド，伝統文化の伝承，文化祭

1.　はじめに

　グローバル化の発展に伴い，地域文化ブランドは観光客の誘致，経済成長の促進，地方のアイデンティティの強化に重要な役割を果たしている。しかし，地域文化ブランドに対する研究はまだ早い段階だと考える。現在の研究は主に地域文化ブランドの定義と特徴，地域文化ブランドの影響力，地域文化ブランドの戦略とマーケティング，地域文化ブランドの管理と保護のいくつかの方面に集中している。その中で，地域文化ブランドの構築に関する研究が相次いでいる，例えば：「文化ブランド構築における革新的思考研究」（張広宇，2017），『文化ブランドの構築と伝播戦略の研究』（陳春明，2018），「文化ブランド構築

の実践研究——故宮博物院を例に」（楊春暉，2016），『文化ブランドに基づく
旅行先のイメージ形成研究』（黄清華＆付琳琳，2015）など。これらの研究はあ
る程度的に進展を遂げているが，依然として多くの解決すべき問題が存在して
いる。例えば，地域文化ブランドの商業化と伝統文化の保護のニーズをどのよ
うにバランスさせるか，異なるターゲットの視聴者に対して効果的な戦略をど
のように制定するかなどである。要するに，地域文化ブランドの研究はまだ発
展段階にあり，より多くの学術的関心と深い研究が必要である。本章では，中
国の農村振興戦略の視点から，中国で成功した既存の文化祭を事例として，地
域文化ブランドの構築方法を研究する。

2. 地域文化ブランドの構築の必要性

　現在までに，中国の地域振興戦略は多少的に積極的な効果を得ているが，
やはり挑戦や問題などが存在している。地域振興戦略には次のような問題点が
あると考える：

　（1）資金不足：地域振興には大量の資金支援が必要だが，現実には資金不
足の問題に直面することが多い。政府は資金投入をより重視する必要があると
同時に，より多くの社会資本の参加を誘致する必要がある。

　（2）人材流出：地域により発展機会と待遇が限られているため，特に大都
市以外の地域から人材流出は深刻な問題となっている。地域振興には人材の還
流を誘致するか，地域に残って発展させ，より良い職業発展の機会と生活環境
を提供する必要がある。

　（3）地域の格差：地域振興戦略が直面する重要な問題の1つは地域の格差
が徐々に大きくなることである。大都市と小都市，小都市と農村の間に発展の
バランス崩れによる問題は，措置をとることで格差を縮小し，小都市や農村の
発展レベルを高める必要がある。

　（4）市場需要不足：地域振興は地域に適した産業発展方向を見つける必要
があるが，市場需要の面では一定の不足がある。市場調査を行い，地域の特徴

と需要に適した産業を確定し，地域の経済活力を高める必要がある。

　(5)　インフラ整備の遅れ：地域のインフラ整備の格差は地域振興の大きな問題である。小都市や農村にインフラ建設への投資を増やし，交通，水力発電などのインフラ条件を改善し，小都市と農村の発展潜在力を高める必要がある。

　以上の問題点は政府，企業，社会各界が共同で努力し，政策支援，資金投入，人材導入などの措置を通じて解決し，地域振興戦略の順調な実施を推進する必要がある。資金や資源，人材の導入過程においても，地域ブランドの知名度は大きな後押しになる。

3.　文化ブランドの構築に関する課題

　文化産業は国民経済の支柱産業であり，文化ブランド建設は第三次産業建設の発展の中で最も最前線の部分である。文化ブランドの研究は主に以下のいくつかの方面に集中している：観光文化ブランド研究，都市文化ブランド研究，民族文化ブランド研究，文学芸術文化ブランド研究と地域文化ブランド研究（馬哲明，肖艶，2014）。樊丁などの研究では，農村工芸品について「ブランド建設とルート開拓の意識が遅れ，製品ブランドの影響力，製品付加価値が現地の文化的地位に合わない」（樊丁，于四維，祝彬，2020）と指摘した。地域文化ブランドの役割は主に 5 つある：「産業クラスターの価値チェーンの絶えず改善を推進する」，「産業クラスター内の各主体の有効な協同分業を促進する」，「クラスター内の企業革新発展に対して激励の役割を果たす」，「産業クラスターの埋め込み性と根植性を高める」，「クラスターの国際化レベルを高める」（高式英，姚家万，欧陽友権，2014）。汕尾地区には宝石や銀装飾を主とするジュエリー産業があり，農業や海産物産業もあるが，これらの産業の発展はまだ比較的早期の貿易段階に属しており，まだ大型ブランドが形成されておらず，地域文化と結びつけてブランドの影響力を高めて知名度を高める必要がある。

4. 地域文化ブランドの事例研究

(1) 中国山東省濰坊凧祭り

　山東濰坊凧祭りは中国山東省濰坊市で毎年開催される伝統文化祭である。以下は山東省濰坊凧祭りに関する情報である：

　時間：山東省濰坊凧祭りは通常，毎年4月から5月に開催され，具体的な日付は旧暦と天気の状況によって決まる。

　開催する場所：濰坊市濰城区の新華広場は凧祭りの主要な開催地である。

　開催する内容：凧祭りの期間中，各地から凧作りの家や凧愛好家が濰坊に集まり，さまざまな形，色，造形の凧を展示します。参加者は凧のパフォーマンスを鑑賞したり，凧作りワークショップに参加したり，さまざまな試合やゲームに参加したりすることができる。

　イベント：凧祭りの期間中には，凧創作コンテスト，凧文化展覧会，凧ダンスショー，凧競速コンテストなど，一連の特色あるイベントも開催される。他にも，様々な民俗芸能，芸術展覧会，伝統的なグルメフェアなどがある。

　オリジナリティー：山東濰坊凧祭りはその多彩な凧文化と独特な凧作りの技術で知られている。濰坊の凧作りは歴史が古く，中国凧の故郷と呼ばれている。

　山東省濰坊凧祭りの構築は地域文化ブランド建設の一例である。具体的な方法は次のとおりである。

　①地方文化の理解：濰坊地区の風俗習慣，芸術公演，手工芸品などを含む濰坊の歴史，伝統と特色文化を深く理解する。これは濰坊の独特な文化資源を発掘するのに役立つ。

　②企画案の制定：濰坊の文化資源に基づいて，凧祭りのテーマ，時間，場所，規模と活動内容などを確定するための詳細な企画案を制定する。同時に，どのように農村振興戦略と結びつけて，濰坊農村の特色を際立たせるかを考える。

　③投資とパートナーの誘致：凧祭りの成功には一定の資金と資源の支援が

必要である。濰坊地区の企業，機関，個人を探して，投資家とパートナーになっ
て，凧祭りの建設に参加するように誘致する。

　④宣伝・普及：メディア報道，ソーシャルメディア普及，オフライン宣伝など，
さまざまなルートを利用して広く宣伝する。濰坊凧祭りの独特な魅力と魅力を
展示し，より多くの観光客と参加者を引き付ける。

　⑤開催イベント：企画案に従って，濰坊凧祭りを組織し，開催する。活動内
容は凧の展示，凧の制作と試合，芸術演技，民俗活動などを含むことができる。
豊富で多様な活動内容を通じて，観光客と参加者を誘致し，濰坊凧祭りの知名
度と影響力を高める。

　⑥継続的な改善：各凧祭りの経験とフィードバックに基づいて，活動内容と
組織方式を絶えず改善し，濰坊凧祭りの品質と吸引力を高め，持続的な影響力
と持続可能な発展を持つ文化ブランドにする。

　以上は山東省の濰坊凧祭りを構築するためのいくつかの提案であり，地元の
文化を深く掘り下げ，計画案を制定し，投資とパートナーを誘致し，宣伝・普
及と持続的な改善を通じて，地域文化ブランドの建設を実現することができる。

(2) 中国青島ビール祭り

　青島ビール祭りは中国青島市で毎年開催される盛大なビール文化祭である。
青島ビール祭りに関する情報を以下のようにまとめる。

　開催期間：青島ビール祭りは通常，毎年8月中旬から9月初めにかけて複
数日開催される。

　開催する場所：青島ビール祭りは主に青島市李滄区ビール城で開催され，こ
の地域は中国ビール産業の重要な基地である。

　開催する内容：青島ビール祭りには，大型ビール文化展覧会，ビール品評と
コンテスト，音楽公演，舞台公演，美食展示など，多彩なイベントや娯楽が含
まれている。参加者はさまざまなビールを味わったり，音楽やパフォーマンス
を楽しんだりすることができる。

　オリジナリティー：青島ビール祭りは世界各地からの観光客とビール愛好家

を引きつけ，中国最大規模のビール祭りの一つであり，青島の観光業の発展とイメージ宣伝を推進する重要なイベントの一つでもある。

　青島ビール祭りは青島市がビール文化を普及させ，観光と経済発展を促進するために作った盛会である。通常夏に開催され，国内外の観光客や参加者を引きつけている。

　青島ビール祭りの構築ポイントは主に以下のいくつかの方面を含む。

　①まずは場所の建設：ビール祭りを開催するために，青島市は適切な場所を選択する。通常は広い公共の空き地や公園である。この会場には，出展者や観客を収容するためのさまざまな施設やブースが設置されている。

　②次はビールの展示：ビール祭りの核心は様々なブランドや味のビールを展示することである。出展者はブースを設置し，彼らのビール製品を展示し，試食と販売を提供している。観客はさまざまなビールを味わい，異なる風味や製造技術を知ることができる。

　③それからは文化公演活動の開催：ビール展示のほか，ビール祭りでは音楽公演，ダンスショー，遊園地イベントなど，さまざまな文化公演や娯楽活動が組織される。これらのショーやイベントは祭りの雰囲気を高め，参加者がより多くの娯楽や楽しみを楽しむことができるようにした。

　ゲームとコンテスト：ビール祭りでは，ビール試食コンテスト，ビール制作コンテスト，ビール文化知識コンテストなど，さまざまなゲームやコンテストも開催されます。これらのイベントは相互作用性と参加度を高め，参加者がビール文化をよりよく体験できるようにした。

　④そのほかには周辺セット：より多くの観光客を誘致するために，ビール祭り周辺には通常，美食屋台，手工芸品市場，娯楽施設など，他のセットイベントや施設がある。これらのセットは祝日の内容を豊富にし，参加者がより全面的な体験を得ることができるようにした。

　以上の方法を通じて，青島ビール祭りは展示，体験，娯楽と交流を一体化した盛会となり，青島市の観光業と経済発展に積極的な貢献をした。

(3) ハルビン国際氷雪祭

　ハルビン国際氷雪祭は中国ハルビン市が毎年開催する盛大な氷雪文化祭であり，中国ひいては世界で最も大きく，最も影響力のある氷雪祭の一つでもある。以下はハルビン国際氷雪祭に関する情報のまとめである。

　開催する期間：通常 1 月 5 日から 1 ヶ月程度継続する。

　開催する場所：主にハルビン市の太陽島と氷雪大世界で活動している。

　氷雪彫刻芸術：氷雪祭はその美しい氷雪彫刻芸術で有名で，出展した彫刻作品は建築，動物，人物などを含むさまざまなテーマと形式をカバーし，幻想的な感じを与えている。

　氷灯芸術：氷灯は雪祭りのもう一つのハイライトであり，精緻な氷灯芸術作品を制作し，大型氷灯展示エリアは観光客に人気のスポットである。

　氷雪イベント：氷雪彫刻芸術と氷灯を観賞するほか，スケート，スキー，氷上結婚式，氷上パレードなど，観光客が氷雪の楽しさを肌で感じることができるように，さまざまな氷雪体験イベントがある。

　文化交流：ハルビン国際氷雪祭は国際的な文化交流プラットフォームでもあり，世界各地から芸術家と観光客を誘致し，氷雪文化の魅力を一緒に分かち合うことができる。

　ハルビン国際氷雪祭の成功経路は以下のようにまとめられる。

　①場所の選択：氷雪イベントの開催に適した場所を選択し，通常はハルビン市中心部の主要な公園や広場，例えば太陽島公園，中央通りなどを選択する。

　②氷雪建築：氷雪彫刻，氷雪城，氷灯など，さまざまなテーマと造形を展示し，観光客の見学と写真撮影を誘致する。

　③氷雪活動：氷雪滑り台，氷雪滑走路，氷雪雪車などの各種氷雪活動を手配し，観光客が自ら氷雪運動の楽しみを体験できるようにする。

　④文化公演：氷上バレエ，氷上コンサートなど，さまざまな氷雪をテーマにした文化公演を組織し，祝日の雰囲気を高める。

　⑤食品ブース：アイスキャンディー，冷麺焼き，ソーセージ焼きなど，伝統的なハルビングルメを提供する様々なブースを設置し，観光客が地元の特色

あるグルメを味わうことができるようにする。

　⑥安全保障：活動場所の安全を確保し，適切な警告標識と安全施設を設置し，安全管理措置を制定し，観光客の活動参加の安全を保障する。

　⑦宣伝・普及：広告，パンフレット，ソーシャルメディアなどのルートを通じて活動の宣伝・普及を行い，より多くの観光客を誘致する。

5．事例研究の啓示

　以上の事例研究はすべて文化祭の構築を通じて地域ブランドを形成し，毎年の文化祭の展開を通じて地域ブランドの知名度をさらに向上させる。ここで，上記事例は中国の他の地域（例えば筆者の勤める汕尾市^(注-1)）の文化祭の構築への啓示を以下のようにまとめる：

　（1）テーマの選択：独自のテーマを決定し，現地の文化，歴史，または特色に関連するテーマであってもよい。（例えば，汕尾の海洋文化，潮汕文化，特色ある美食をテーマに選ぶことができる。）

　（2）組織チーム：活動の企画，組織，実行を担当する専門的な組織チームを設立する。チームメンバーは関連分野の専門知識と経験を備え，各仕事を効果的に管理し，調整することができるべきである。

　（3）パートナー：現地の観光，文化，商業機関などとパートナーシップを構築し，文化祭の成功を共同で推進する。パートナーは，サイト，リソース，スポンサー，その他のサポートを提供できる。

　（4）イベント内容：デザインが多様化し，魅力的なイベント内容，文芸ショー，展覧会，文化体験，工芸品展示即売，美食祭など。イベントの内容はテーマに関連し，観光客や参加者の興味を引くことができる。

　（5）宣伝・普及：有効な宣伝・普及計画を制定し，ソーシャルメディア，テレビ，ラジオ，新聞などの各種ルートとメディアを利用して宣伝する。同時に，旅行会社やオンライン旅行プラットフォームなどと協力することで，より多くの観光客を誘致する。

　(6) 安全保障：場所の安全，交通機関，救急施設などを含む活動の安全保障措置を確保する。関連部門と協力し，対応する応急対策を制定すること。

　(7) 継続的な改善：毎年文化祭に対して評価と改善を行い，参加者と観光客のフィードバック意見に基づいて，活動の質と吸引力を絶えず向上させる。

6.　結　び

　本章は中国の既存の比較的に有名ないくつかの地域文化祭活動を通じて，農村振興戦略の背景の下で地域文化ブランドの建設を実現する成功経路についてまとめた。まず，地元文化資源を発掘，保護，伝承してテーマを作成する必要があり，次に地元の資源を統一的に計画して文化製品とサービスの品質を向上させ，それから現地及び周辺メディアと協力して宣伝と普及を強化する必要があり，活動を展開する過程で各業務分野のパートナーシップを絶えず構築し，最後には活動の展開を通じて文化クリエイティブ産業の発展をさらに育成することである。注意する必要なのは，地域文化ブランドの建設を実現するには長期的な努力と持続的な投入が必要である。同時に，文化の本真性と伝統的な特色を維持し，過度な商業化と文化同質化の問題を避けることを重視する必要がある。

付記：

　本研究は，2021 年度汕尾職業技術学院のプロジェクト「SKQD2021B － 007」による研究助成を受けたものである。

【注釈】
(注 - 1) 汕尾市：中国深センのとなりにある中国廣東省にある町である。豊かな自然条件に恵まれているけど，経済の発展が遅れて，地域ブランドの構築が迫っている地域だとみられる。

【参考文献】

［1］张广宇. (2017). 文化品牌打造中的创新思维研究. 经济问题探索, 5, pp.64-70.

［2］陈春明. (2018). 文化品牌打造与传播策略研究. 中国文化传媒导刊, 10(11), pp.31-34.］

［3］杨春晖. (2016). 文化品牌打造的实践研究——以故宫博物院为例. 管理世界, (12), pp.162-163.

［4］黄清华, & 付琳琳. (2015). 基于文化品牌打造的旅游目的地形象塑造研究. 涉外经济与管理, 37(7), pp. 42-47.

［5］魏小龙, & 李学新. (2019). 大众文化品牌打造的策略研究. 四川广播电视大学学报, 31(2), pp.90-94.

(廖 筱亦林)

第9章　デジタル経済による中国青海省
農村産業の発展

【要旨】
　近年，デジタル経済 ^(注-1) は質の高い経済発展を牽引する新たなエンジンとなっており，デジタル経済と農業の融合が進んでいる。デジタル経済が農業の質の高い発展に力を与えることができるのか，どのように力を与えることができるのかを探ることは，現実的な意義がある。政府は，デジタル経済を利用した農村産業の発展と農村の活性化の過程において，有利な産業と特殊産業の発展に力を入れ，デジタル経済を利用した農村産業を促進するための施設と人材の保護ための指導を強化すべきである。

【キーワード】：デジタル経済，青海省，農村産業

1.　はじめに

　青海省はチベット高原に位置し，長江，黄河，瀾滄江の発祥の地であることから「三江源流」と呼ばれ，「中国の給水塔」とも呼ばれている。2022 年度の国内総生産（GDP）は 3610.1 億元であり，産業別に見ると，第一次産業が 380.18 億元で GDP の 10.5％を占め，第二次産業は 1585.69 億元で GDP の 43.9％を占め，第三次産業の付加価値は 1644.20 億元で GDP の 45.6％を占める。第一次産業のシェアは，第二次産業や第三次産業に比べれば高くはないが，中国の農業の発展において極めて重要な位置を占めている。現在，農村産業は，産業システムの不完全な構築，困難な土地譲渡などの問題がある。また，

伝統的な意味での農産物の付加価値の低さなどの問題に直面しており，その発展がボトルネックとなっている。

　本稿では，研究課題の合理的な解決策を提示するために，デジタル経済における農村産業活性化の機会と課題を論じる。

2.　青海省における農村産業の発展の現状

　国家統計局によると，2022 年度に青海省の国内総生産（GDP）は 3610.1 億元を達成し，前年より 263.47 億元，7.87％増加し，全国 30 位となった。そのうち，第一次産業は 380.2 億元で，前年比 26.6 億元，約 7.52％増加し，全国第 27 位で，全国（8 兆 8,345.1 億元）に占める割合は約 0.43％，青海省の GDP に占める割合は約 10.53％である。全国 GDP に占める割合は約 0.41％（9,258.2 億元），省 GDP に占める割合は約 10.66％。

　2023 年 4 月現在，全国で合計 8 ロット，323 の国家現代農業工業団地の設立が承認されており，そのうち 5 ロットは青海省にあり，主に野菜，大麦，ヤク，チベット羊，クコの実などの農産物が対象となっている。

図表 9-1　青海省 " 国家現代農業工業団地 "

年度	名称	主要開発産業
2023	青海省互助県現代現代農業工業団地	-
2022	青海省共和県現代現代農業工業団地	野菜
2021	青海省門源県現代現代農業工業団地	ハダカムギ，ヤク
2019	青海省沢庫県現代現代農業工業団地	ヤク，チベット羊
2017	青海省都蘭県現代現代農業工業団地	クコ

（出所）農業農村部『情報センター - 全国情報ネットワーク』。

　青海省の農村産業は大きく発展しているが，不完全な農業流通チェーン，農畜産企業のコスト増加，開発意欲の欠如，予備プロジェクトの建設の遅れ，デジタル人材の不足などの問題が残っている。

図表 9-2　青海省 " 国家現代農業工業団地 "

	地区生产总值(亿元)		第一产业增加值(亿元)
广东	129118.6	山东	6298.6
江苏	122875.6	四川	5964.3
山东	87435.1	河南	5817.8
浙江	77715.4	广东	5340.4
河南	61345.1	湖北	4986.7
四川	56749.8	江苏	4959.4
湖北	53734.9	湖南	4602.7
福建	53109.9	河北	4410.3
湖南	48670.4	广西	4269.8
安徽	45045	云南	4012.2
上海	44652.8	黑龙江	3609.9
河北	42370.4	安徽	3513.7
北京	41611	福建	3076.2
陕西	32772.7	贵州	2861.2
江西	32074.7	内蒙古	2653.7
重庆	29129	辽宁	2597.6
辽宁	28975.1	陕西	2575.3
云南	28954.2	新疆	2509.3
广西	26300.9	江西	2451.5
山西	25642.6	浙江	2324.8
内蒙古	23158.7	重庆	2012.1
贵州	20164.6	吉林	1689.1
新疆	17741.3	甘肃	1515.3
天津	16311.3	海南	1417.8
黑龙江	15901	山西	1340.4
吉林	13070.2	宁夏	407.5
甘肃	11201.6	青海	380.2
海南	6818.2	天津	273.2
宁夏	5069.6	西藏	180.2
青海	3610.1	北京	111.6
西藏	2132.6	上海	97

（出所）国家統計局『2022 年度国家経済社会開発統計速報』。

3. 青海省における農村産業の発展の問題点

(1) 農業流通チェーンにおける顕著な問題点。農業の流通チェーンが不完全であることも，青海省農業の発展における現在の制約となっている。伝統的な農産物の生産と供給の過程では不必要な中間段階が多い。このような現象が起こる理由は，青海省の農業従事者の大半が個人または家族単位で仕事をしており，大規模な統一生産が行われていないからである。そのため，個々の農業経営者は農産物の品質，価格，需要についてほとんど知識がなく，生産から消費への移行を完了させるためには，あらゆるレベルの中間業者や最終消費者である小売業者の参加が必要である。しかし，中間業者の数が多すぎるため，農産物から得られる利益は各段階に分配され，個々の農家にはほとんど行き渡らない。農産物の需給はタイムラグが生じやすい。

(2) デジタル経済の不均等な発展。第一に，都市部と農村部の間にデジタルデバイドが存在する。統計によると，中国の農村部のインターネット・ユーザー数は，全体の約1/4に過ぎない。インターネットによる資産管理，オンライン・ショッピング，オンライン決済などの活動は，依然として都市部の住民が中心であることがデータから示されている。電子商取引の規模や発展のスピードにおいて，中西部地域の農村は東部の農村と大きな差が存在するなど農村のデジタル化発展のアンバランスも顕著である。第二に，デジタル経済の各分野への統合が不均衡である。現在，中国でデジタル経済が最も広く発展しているのは電子商取引とモバイル決済の分野であるが，これらはいずれもデジタル技術によって伝統産業の効率を向上させる変革である。このようなデジタル技術は短期間で巨大な市場をカバーし，急速に発展することができる。産業レベルの応用という点では，デジタル技術を実際の生産管理に組み込んでいる中国企業の割合は非常に低く，産業レベルの応用を提供する組織はほとんど外資系企業に独占されている。

(3) デジタル経済に対する認識の低さと専門知識の不足。この問題は特に

農村部で顕著である。まず，農村人口の一部は都市人口に比べて教育水準が低く，ほとんどが中卒であるため，農民がデジタル経済や電子商取引などの新興技術について明確な理解を形成することが困難な場合がある。また，一部の農民は考え方が保守的で，新しい経済モデルを正しく理解し受け入れることができないため，農村での電子商取引の推進が障害となっている。最後に，農村のプラットフォームは，確かな専門知識と豊富な実務経験を持つ専門家を充分に確保できないため，農村の人材格差が徐々に形成されている。

4.　青海省の農村産業活性化を後押しするデジタル経済への実現経路

　（1）デジタルインフラの建設を加速させる。デジタル技術の台頭が世界的なうねりを生み出している今，デジタルインフラを加速させることは，わが国経済が回復し，経済発展の早道をスムーズに進むための重要な保証となる。従って，デジタルインフラの加速化は必須である。それ以来，デジタルインフラは青海省の重要な配備の一つとなり，現代の産業システムの発展を加速させる。

　（2）農村産業とデジタル技術の融合を促進する。農村産業の活性化を促進するために，デジタル経済の第一の課題は，農村産業とデジタル技術の融合を促進することである。同時に，現実の農村産業の情報データベースの構築を加速し，情報資源のオープンな共有を実現するために，農村と都市，農民と顧客の間の情報の統合を完成させる必要がある。別の見方をすれば，青海省のデジタル産業と情報産業はまだ発展途上の段階にあり，事例が豊富な農業と融合させることで，農業の発展力を引き出すだけでなく，農業に新たな活力を与え，両者の結合の下で，核心競争力を大幅に向上させることができる。

　（3）才能ある人材には，田舎に行って起業することを奨励する。青海省の一部の村は，資源が少ないため，デジタル経済の発展が難しく，人材の育成や導入が阻害されている。まず，農村の人材がその才能を発揮できるように，良いプラットフォームを構築する必要がある。青海省は国家が推進する農村活性化戦略の実施に緊密に追随しており，人材は重点ポイントを見つけ，専門知識

の優位性を十分に発揮し，デジタル農村の建設に貢献することができる。第二に，田舎に行く人材に対する起業インセンティブを高める必要がある。融資額を増やす，土地利用を優先するなどして人材に資源を傾斜させ，意欲的な若者が田舎に行って起業するよう引きつけるのだ。

　(4) デジタル農業開発への体系的な補助金。産業面では，青海省政府は農業と農村部におけるデジタル経済建設プロジェクトの発展に多額の補助金を出すことができ，同時に対応する発展戦略を実施することができる。財政面では，中央政府は，村落にデジタルインフラを構築し，デジタル農業のマーケティングと技術的助言を完了し，青海省政府がデジタル農業の基準を完全かつ正確に設定し，認証できるようにするために，十分な資金を配分する。税制面では，デジタル農業カテゴリーに属する企業や個人には，実際の状況に応じてさまざまなレベルの税制優遇措置が適用される。

5.　結　び

　本研究では，デジタル経済が農村の産業活性化を促進する役割を果たすための合理的な道筋を研究した。政府は，デジタル経済を利用した農村産業の発展と農村の活性化の過程において，有利な産業と特殊産業の発展に力を入れ，デジタル経済を利用した農村産業を促進するための施設と人材の保護ための指導を強化すべきである。青海省のデジタル産業と情報産業はまだ発展の初期段階にあり，農業との融合はそこから発展の勢いを引き出すだけでなく，農業に新たな活力を加えることができる。

【注釈】
(注 –1)　データ開発に基づく ICT がもたらす新たな経済形態。

【参考文献】
[1] Shi Meng(2020), "Digital Road and Industrial Model Selection for Rural Economic Revitalization" *Agriculture agro-economy*, pp.33-35.
[2] 胡一波，王铁山，牛文博「数字经济与乡村振兴新机遇」『今日财富（中国知识产权)』，2020（10），pp.47-48。
[3] 魏振锋，明海波，施星君，数字经济促进乡村振兴的路径与策略研究——以温州市为例 [J]. 山西农经，2020（14），pp.22-23。
[4] 陈兆清，徐昕，乡村振兴背景下发展农村经济的探索与建议——基于产业融合视角的分析 [J]. 安徽农学通报，2019，25（05），pp.1-19。
[5] 李翔，宗祖盼，数字文化产业：一种乡村经济振兴的产业模式与路径 [J]. 深圳大学学报（人文社会科学版），2020，37（02），pp.74-81。
[6] 孙克，促进数字经济加快成长：变革，问题与建议 [J]. 世界电信，2017（03），pp.31-36.
[7] 郭妍，立光，王馨，农村数字普惠金融的经济效应与影响因素研究——基于县域调查数据的实证分析 [J]. 山东大学学报（哲学社会科学版），2020（06），pp.122-132。
[8] 李资博. 数字经济推动乡村产业振兴的路径研究 [J]. 经济纵横，2021（08），pp.8-10。

(李　蹊)

第 10 章　持続可能なグリーンツーリズム産業戦略

【要旨】

　最近では，観光と旅行は柔軟かつダイナミックで成長を続ける業界とみなされている。スマートツーリズムデスティネーションのコンセプトは，スマートシティの進歩から生まれた。情報技術は都市の目的地における重要な競争要素と考えられているため，観光会社はスマート システムへの取り組みに広範に投資している。さらに，持続可能な環境を最適化するために，スマートシティの概念と関連アプローチが世界中の都市でますます認識されている。さらに，スマート観光都市には，特に新たな観光課題を抱える都市において，住民と観光客が一緒に体験できる都市圏を創出するという課題に直面している。本章は，持続可能なグリーンツーリズム戦略と政策のためのデータ駆動型持続可能なスマートシティフレームワーク（DDSSCF）を提案したい。 本章では，スマートシティやファッショナブルな観光地づくりに欠かせないテクノロジーについて解説する。気候，保護された文化遺産，天然資源の保存は，有害な汚染物質とエネルギー使用量を削減することにより，環境・経済的，社会的に持続可能な観光分野に貢献する。したがって，保存限界に基づいて，グリーン建築，グリーン廃棄物，グリーンエネルギーの 3 つの要素に分類され，同時にグリーン管理フレームワークの一部となる。それで，適切なグリーン管理活動を成功させるというビジョンには，グリーン マーケティングなどのマーケティング活動を含むグリーン ツーリズムが必要だろうと考える。結果については，提案された方法が他の既存の方法と比較して効率比を向上させることを示す。

【キーワード】：グリーンツーリズム，産業戦略，グリーン経営の枠組，
　　　　　　　　スマートシティ，スマートツーリズム，エネルギー効率の高い

1. はじめに

スマート アーバンのアイデアは最近，グリーン ツーリズム産業における目的地の存続可能性を高めるための潜在的かつ効果的な技術を示唆した[1]。 次に，エコツーリズムの特徴のいくつかを示す。訪問者の配慮と軽減された行動である。現地の習慣や生態系に敏感であり，それらを楽しむ。自然保護への取り組みも支援されている「グリーンツーリスト」という用語は歴史の中で発展し，さまざまな文脈で使用されてきた。調和のとれた生態系は長寿とよく関係がある。 時代のニーズに合わせた成長手順で，これらすべては，将来の世代が自らの要求を満たすという選択肢を危険にさらすことなく行われる。この旅行形態では，現在および予見される将来の経済的，文化的，環境的損害のあらゆる側面が考慮されている。 観光業界では，スマートツーリズムの概念は次のようになる。

2. スマートシティとは

スマートシティの開発は，過去 10 年間で劇的に増やした[2]。 これらの目標は，観光システムのデジタル化に先駆けて，モノのインターネット (IoT)，クラウドプラットフォーム，リモートエンドユーザーサービスなどのさまざまなテクノロジーを活用しており，観光の物理的な世界へのテクノロジーの導入は，観光客の競争力と地元住民の強化に終わります。モノのインターネット (IoT) では，日々の製品やアクセサリにインターネット アクセスを追加し，相互に通信できるようにする必要がある。これは，消費者に競争上の優位性を提供し，ビジネス手順を最適化できる機能に加えて，観光業界の誰にとっても多くの利点をもたらす。クラウド アーキテクチャを利用することで，観光組織はインフラストラクチャ，テクノロジー，IT 管理にかかる費用を節約できる。アプリは多くの場合，同等のフレームワークで開発されているため，複数のサー

ビス間でサポートとプログラムをリサイクルおよび再配布することが簡単になれる。

　全体的な業務は基本的に最終顧客に引き渡されるか納品され，最終顧客は地域開発事業とのみ連携して，最終顧客の要求や議題に合わせて具体的な取り決めが行われていることを確認する[(3)]。観光客は，観光体験を向上させるプロセスを通じて持続可能性を高めるための技術戦略を提供し，観光客の代謝，知識技術の効率化，エネルギーコスト削減における観光管理を促進する措置を講じることを求める[(4)]。持続可能性と知識の概念には，さまざまな同様の要素がある[(5)]。スマートな観光地の創出は，持続可能性の向上に大きく貢献する可能性もある[(6)]。スマートツーリズムの目的地については，研究論文や学術論文，取り組みの導入に関する観察研究などでさまざまな見解があり，都市の成長への効果はまだ不十分である[(7)]。スマートツーリズムの目的地が提供する持続可能性は，スマートシティの持続可能性の意味ですでに議論されているように，持続可能なレトリックを促進する戦略的取り組みや環境に優しい選択によって裏付けられている[(8)]。　インテリジェント システムだけでなく，センシング，コントローラー，ハンドセットを含む IoT システムの使用は，成長するコミュニティと大都市の成長の要望に応えるための非常に迅速かつ有用なリソースである。それで，スマート システムを確立するのは，ネットワークを通じて同時に相互に通信する数千の IoT システムを統合する必要がある。リアルタイムの都市情報を取得するために IoT システムを統合し，その後，そのような膨大なデータを効率的に処理して都市開発を構築することは困難な作業である。　ホーム オートメーション モニター，車両接続性，気候と水位，スマート スタビリティコントロール，監視項目，その他の検出器が導入される。

　著者は，経済的生産の決定要因を考慮することにより，スマートシティにおけるエネルギー安全保障問題を評価および決定するための発光ダイオード(LED) について議論した。　主要な手法は，LED システムによるスマート シティのエネルギー需要の削減につながるインフラ改善の経済分析である。　スマート LED 街路灯は，世界有数の大都市の「スマート」コミュニティの主要

コンポーネントの間で人気が高まっている。LED 街路照明の効果はスマート
シティでも活用される。

3. スマートツーリズムの向上性

スマートツーリズム動的応答システム（STDRS）である。 スマートツーリズ
ムは，旅行特有のニーズを満たす代替手段を観光客に提供するスマートシティ
の概念の一部として成長してきた。観光地であり，複数の関係者を誘致するた
めにスマートシティとスマート観光ネットワークを導入する。これは，スマー
トシティとスマートツーリズムにおけるベストプラクティスを認識するのに役
立つ。スマートツーリズムがスマート都市都市の中核要素であることを示す。
スマート観光目的地につながるスマートシティを構築するための実行可能な計
画を立てるのに一時間あれば，スマートシティが急速に成長している現状を理
解できるようになる。スマートシティにおける創造的な構造と利害関係者指
向のプロセスによって特定の優先事項がどのように達成されるかという点で，
情報通信技術（ICT）がスマートシティで使用される管理モデルに適用される。
観光，旅行，ホスピタリティの分野では，情報通信技術（ICT）が重要な影響
を及ぼす。

4. DDSSCF モデルにおける持続可能性とスマートツーリズム
目的地との関係の理論のモデル

DDSSCF モデルの分析方法の目的は，技術的解決策を促進する能力に応じ
て，観光分野におけるある観光地を特徴づけ，持続可能なものとして分類する
ことである。観光活動を伴うスマートチャイナタウンのモビリティに属する都
市によるスマート観光地やスマートシティ開発に関する多数のパイロットプロ
ジェクトが利用可能になった。いくつかの観光活動と戦略計画では，持続可
能な観光地のための DDSSCF 技術ソリューションに存在する革新性が強調す

る。目的地を計画，宣伝，宣伝するための既存のアプローチによる知識の創造
は，観光分野における戦略的な計画作成として知られる。戦略計画の策定は，
目的地の長期的な持続可能性と観光開発を確実にする上で重要なステップであ
る。さらに，ホスピタリティ部門は，生物学的影響を考慮しながら，受信した
データに基づいて評価，評価，推奨決定を作成する必要がある継続的なプロセ
スである。かつ，レクリエーション利用や観光地の開発も，さまざまな影響に
基づいて考慮される。観光地の存続は，プロセスの管理における民間セクター
に焦点を当て，移動管理，専門的な生産，利用，競争力などの影響に基づいて
評価される。

5.　地域および地域の観光地におけるスマートツーリズム DDSSCF モデル

　本モデルは，スマートシティの一般的な構造を作る。(1) スマートシティの
目標とスマートシティの開発。(2) スマートエコノミー, テクノロジー, スマー
トテクノロジー, スマートエネルギー効率。　(3)DDSSCF 手法に基づくスマー
ト観光振興。本モデルは，持続可能な成長につながるスマートな都市変革に取
り組むのに役立ちたい。スマートシティになるために必要な変化の具体的な
プロセスについて説明する。DDSSCF テクノロジーによる持続可能な戦略は，
新しい観光商品の生産，計画とプロモーション，コミュニティの成長などの観
光地の活性化と比較して，観光都市で代表されている。このアプローチの目標
は，計画された活動が都市の成熟期における観光の停滞を解決することを目的
としているため，持続可能性が重要な役割を果たす都市モデルを構築すること
が基本である。言い換えれば，テクノロジーを活用した都市効率の向上やガバ
ナンスを活用した知識の管理を追求するのではなく，観光を促進する分野（テ
クノロジー, スマートコミュニティ, スマートエコノミー, スマートエネルギー効率など）
を重視しているのである。

　DDSSCF モデルの係数について，以下を示す。Energy efficient は総合エネ

ルギー効率％で計算する。

Energy Efficient %$=\dfrac{B3\ 245}{3.254}$

計算の結果により，以下の図表 10-1 である。

図表 10-1　DDSSCF モデルに基づいて計算結果

トータルアクションのタイプ	i	ii	iii	iv	v	vi	vii	総合エネルギー効率 (%)
観光者のスマート観光目的地	93	82	52	86	62	62	50	82.88
スマートシーティー	128	90	52	198	80	110	76	89.35
トータルシーティー	220	152	88	13	23	16	13	90.23
平均値	23	10	8	9	11	11	16	95.85

（出所）本章計算の結果。

計算の結果を DDSSCF の因子を XY 軸で説明の場合は，以下の図表 10-2
となる。

図表 10-2　DDSSCF の係数から計算した図

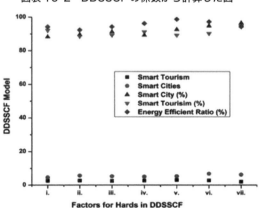

（出所）本章計算。

6. 結 び

　本章は，DDSSCF モデルを用いて，潜在的なスマートツーリズム計画を決定し，観光都市での都市開発計画を作成することである。観光における持続可能性に基づいたプログラムされた行動を通じて都市の長期的な成長を促進することが困難であることを証明しました。さらに，スマートなデザインは，持続可能性について実際よりも修辞的な見方を提供する。DDSSCF 計画には，持続可能な成長を促進するための取り組みが含まれており，持続可能な開発政策を細分化して明確に定義する。また，統合観光管理システムの設計，技術（拡張現実や仮想現実などによる）による観光商品への理解を向上させること，IT センサーや DDSSCF 設計手法を通じたビッグデータとオープンデータのフレームワークの構築を提案する行動もある。透明性のある観光を促進したい。計算の結果，提案手法は他の既存手法と比較して効率が向上することが示された。また，将来の都市にとっての課題は，新しい技術設備やスマートセンサーを地上の既存システムと組み合わせ，システム間の相乗効果や互換性を利用して，住民に付加価値のあるサービスを提供し，エネルギー効率を高めることができるかどうかである。

【引用文献】
(1) Sodhro AH, Pirbhulal S, Luo Z, de Albuquerque VH. Towards an optimal resource management for IoT based Green and sustainable smart cities. J Cleaner Prod 2019; 20 (220) :1167–79.
(2) Sarkar SK, Toanoglou M, George B. In: The Making of Data-Driven Sustainable Smart City Communities in Holiday Destinations. In Digital Transformation in Business and Society. Cham: Palgrave Macmillan; 2020. pp. 273–96.
(3) Shangguang Wang, Ao Zhou, Mingzhe Yang, Lei Sun, Ching-Hsien. Service Composition in Cyber-Physical-Social Systems. In: IEEE Transactions on Emerging Topics in Computing.
(4) Yigitcanlar T, Kankanamge N, Vella K. How are smart city concepts and technologies perceived and utilized? A systematic geo-twitter analysis of smart

cities in Australia. J Urban Technol 2020 May;16:1–20

(5) Bali RS, Kumar N. Secure clustering for efficient data dissemination in vehicular cyber–physical systems. Future Gener Comput Syst 2016;56:476--492.

(6) Treiblmaier H, Rejeb A, Strebinger A. Blockchain as a driver for smart city development: application fields and a comprehensive research agenda. Smart Cities 2020 Sep;3 (3) :853–72.

(7) García Ferna´ndez C, Peek D. Smart and sustainable? Positioning adaptation to climate change in the European Smart City. Smart Cities 2020 Jun;3 (2) :511–26.

(8) Battarra R, Gargiulo C, Zucaro F. Future possibility of smart and sustainable cities in the Mediterranean Basin. J Urban Plann Dev 2020 Dec 1;146 (4) :04020036.

（盧駿葳）

第 11 章　ベトナムの工業化と産業構造の変化
——産業政策の分析を中心に——

【要旨】

　近年，米中対立の激化によりグローバルなリスク分散を図るため，外資企業の進出先としてベトナムが注目を集め，ベトナムの電子産業関連への投資が増加している。一方，ベトナムでは企業が人件費高騰や人材確保難などの問題に直面しており，労働集約型生産の見直しも始まっている。ベトナムでは市場経済と社会主義との調和を図る社会主義志向市場経済が導入されており，国は法律や政策を利用して経済管理を行い，市場機能を通じて需給調節と価格調節が行われるため，ベトナムの経済成長や産業発展にあたって，国の産業政策の分析がいかに重要であるかは明らかである。

　本章では，ベトナムの社会主義市場経済体制における近年の経済成長と産業構造の変化を概観し，社会・経済発展計画の産業政策を中心に分析を行う。また，工業団地の建設を進める未来型工業衛星都市の事例研究を通して，スマートシティ開発の取り組みについて，産業の競争力を向上するために持続可能な産業発展を考察する。最後はベトナムの「質の高い外国直接投資」と「裾野産業の育成」，デジタル技術の活用による労働集約型産業のアップグレードなど，持続的な産業発展の方向性を論じる。

【キーワード】：外国直接投資，産業，政策，工業化，ベトナム

1. はじめに

　ベトナムは 1980 年代後半から「ドイモイ（刷新）政策」の実施により，市場経済化を進め，高い経済成長率を継続的に達成している。南北統一後のベトナム政府は，社会主義国建設を目指した。国がモノの売買を制限し，食料は配給制で，政府主導の計画経済の導入により経済は低迷し，国民生活は困窮に悩まされた。そこで政府は 1986 年に開かれたベトナム共産党大会で，「ドイモイ政策」と呼ばれる刷新政策を打ち出した。この政策により，市場メカニズムや対外開放政策が導入され，ベトナムの工業化は進め，農業の生産量も飛躍的に増加した。2009 年には，（低位）中所得国の仲間入りを果たした。2011 年以降，マクロ経済安定化への取組に伴い，世界でもトップクラスの成長率を記録した。政府は 2030 年までに「近代的な工業を有する上位中所得国」になること，そして 2045 年までに「高所得国」になる中・長期目標を掲げている。

　ベトナム政府は国際経済統合という方針のもと，2007 年には WTO へ正式加盟し，積極的に FTA 戦略を展開しており，2014 年以降はそれまでの「ASEAN プラスワン」の FTA だけでなく，「環太平洋パートナーシップに関する包括的および先進的な協定（CPTPP）」や「欧州ベトナム自由貿易協定（EVFTA）」の締結を積極的に展開している。

　ベトナムは FTA によって輸出を拡大し，外資を呼び込み，経済を発展させるという戦略を取っており，輸出品目も電話，同部品，コンピュータ・電子部品など工業部品の金額が大きくなっている。FTA への参加は，対外的に経済関係を拡大し，ベトナムの輸出を増加させること，またそのためには外国企業を誘致して産業を育成すること，つまり輸出志向工業化政策の下での経済発展を目指していると言える [1]。更なる経済成長を図るに当たっては国内産業主導の産業構造に転換する必要性がある [2]。

　一方，ベトナムでは急速に都市化も進行しており，現在，首都ハノイ市や最大商業都市のホーチミン市では，交通渋滞などの様々な社会問題が発生して

いる。こうした社会問題に対して，AI や IoT 等のデジタル先端技術を活用し，住民の生活の質の向上や新たなビジネスの機会を創出しようとするスマートシティ建設のニーズが高まっている。

　現在，ベトナム政府は各種優遇制度を設け，数多くの工業団地が整備されている。しかし加工貿易が牽引する経済構造のため，依然として地場産業が未発達で，裾野産業が成熟していない。海外直接投資を受けることで，ベトナムは持続的産業発展ができるのか？本研究は，ベトナムのドイモイ政策後，特に近年の産業構造の変化を概観し，政府が示した持続的な成長を可能にする政策の分析を行う。また，工業団地の建設を進める未来型工業衛星都市「ビンズオン省のスマートシティ」の事例研究を通して，スマートシティ開発の取り組みについて，産業の競争力を向上するために持続可能な産業発展の考察を行う。

　次節からベトナム経済成長と産業構造の現状を概観し，産業構成の変化と特徴を述べる。3節では工業化新都市建設を進めているビンズオン省の事例を取り上げ，4節では政策分析を行い，最後にスマートシティ建設による，労働集約型産業のアップグレードなど，今後の持続的な産業発展モデルになる可能性を示したい。

2.　ベトナムの経済成長と産業構造の現状

(1) ベトナム経済成長の現状

　ベトナムは近年，高い経済成長を続ける。ベトナムは，2021 年の新型コロナ感染症の影響により 10 年ぶりの低水準の成長率 2.6% だったが，2022 年の実質 GDP 成長率は 8.02% で，アジア圏ではトップレベルだった（図表 11-1）。

　貿易状況を見ると，輸出の 7 割を進出外資系企業が担っている。例えば，韓国サムスン電子の電話機・電子製品輸出の伸びが著しい。相手国別内訳では，輸出は米国が，輸入は中国が最大であり，経済成長が海外直接投資（FDI）に依存していることがわかる。また，数多くの自由貿易協定（FTA）／経済連携協定（EPA）を発効し，ODA を活用したインフラ整備，低賃金の労働力を背景に，

外資の製造業を誘致など，輸出主導型の経済成長を続けている。FTA は，特定の国や地域の間で，物品の関税やサービス貿易の障壁等を削減・撤廃する協定である。加えて，EPA は，FTA を柱に，ヒト，モノ，カネの移動の自由化，円滑化を図り，幅広い経済関係の強化を図る協定である。特に，近年の米中対立の激化を受け，外資企業が中国から生産拠点を分散して投資するチャイナ・プラスワンから，生産移転先の最有力国となっていることが象徴的である。

（2）産業構成の変化と特徴

　ベトナムでは「農林水産」「鉱工業・建設業」「サービス業」の３つが基幹産業となり経済を支えている。図表 11-2 に示す第 1 ～ 3 次産業の構成比の推移から，1980 年代半ば以降のベトナム経済の産業構造をみると，第 1 次産業の GDP 構成比の低下，製造業部門を中心とした第 2 次産業比率の上昇，第 3 次産業の高いシェアの継続等の特徴がある。

図表 11-1　ベトナムの経済指標

項目	2020 年	2021 年	2022 年
実質 GDP 成長率	2.9（%）	2.6（%）	8.0（%）
名目 GDP 総額	346.62 （10 億ドル）	366.14 （10 億ドル）	441.38 （10 億ドル）
一人当たりの名目 GDP	3,586（ドル）	3,756（ドル）	4,110（ドル）
鉱工業生産指数伸び率	3.3（%）	4.7（%）	7.8（%）
消費者物価上昇率	3.2（%）	1.8（%）	3.2（%）
失業率	3.9（%）	4.3（%）	2.3（%）
輸出額	282,629 （100 万ドル）	336,167 （100 万ドル）	371,304 （100 万ドル）
輸入額	262,691 （100 万ドル）	332,843 （100 万ドル）	358,902 （100 万ドル）
直接投資受入額	31,045 （100 万ドル）	38,854 （100 万ドル）	27,72 （100 万ドル）
政策金利	4.00（%）	4.00（%）	6.00（%）

（出所）ベトナム統計総局，JETRO のベトナムの概況・基本統計により著者作成。

図表 11-2　産業の構成比の推移

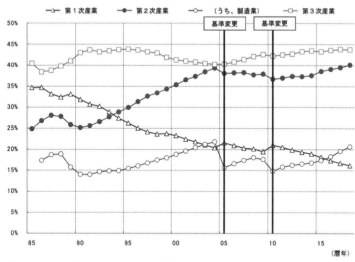

(出所) ベトナム統計総局，JBIC 銀行 [3]。

　コメはベトナムの農林水産物の中でもっとも生産量の多い作物であり，コメの輸出はコーヒーに次いで高いシェア率を獲得している。南部地域にある広大なメコンデルタ地域では，肥沃な土地に加えて水利に恵まれているのが特徴で，コメの生産地である。

　第 2 次産業において，グローバリゼーションが進展する中で，ベトナムは「工業化・近代化」という大きな国家目標に取り組んでおり，労働集約型かつ輸出志向型の直接投資を大量に誘致することである。第 2 次産業に含まれる製造業の GDP の構成比は年々上昇している。第 3 次産業では，卸売・小売と情報通信の伸びが顕著である。

　現在のベトナムの経済成長は海外直接投資（FDI）に依存している。政府が示した持続的な成長を可能にする「環境配慮型の投資を促進」と自国産業を基礎となる「裾野産業の育成」が課題となり，また，賃金上昇による労働生産性のアップ，技術移転，デジタル化の活用などは今後の持続的な産業発展に期待されるベトナム南部地域は，工業生産額ではベトナム全体の 5 割以上，米や

水産生産量ではメコンデルタを中心として6割以上を占めており，ベトナム経済全体に大きな影響を与えている地域である。また，ベトナム最大の商業都市であるホーチミン市をはじめとし，近年の経済成長により国内消費が高まっており，進出日系企業も内需の成長に期待を寄せている。日系企業のベトナム南部地域への進出は，従来は簡易的な加工・組立を行い日本へ輸出する輸出加工型が中心だったが，近年は経済安全保障の観点からのグローバル・サプライチェーンの構築を背景に，現在多種多様な進出パターンが増えている[4]。

　次に，ベトナムの主要な製造拠点である南部主要経済圏の中心に位置し，高い経済発展が続けるホーチミン市に隣接するビンズオン省の事例を取り上げ，製造拠点の工業団地開発から，技術移転を誘致し，ICT の導入によるスマートシティ建設の取り組みについて，今後の産業発展の方向性を論じる。

3.　ビンズオン省の産業発展と新都市開発の事例

　ベトナムの南東部に位置しているビンズオン省は，隣接するホーチミン市を中心とした南部経済圏の主要な省の一つである。人口は約 250 万人，人口増加率は前年度比 5% 増と全国第 1 位（2020 年）。同省の GRDP は 127 億米ドル（2020 年），これはベトナム経済全体の 4% に相当する。一人当たり GDP は 6,818 ドル（2020 年）。

　同省の経済構造は，農林水産業が 1 割未満，製造・建設業が約 6 割，サービス業が約 3 割をそれぞれ占めている。第 1 次産業の占める割合が小さく，製造企業を中心とした企業の集積地として第 2 次産業の比重が大きい点が特徴である。同省は，工業団地の集積と多数の外資企業の進出により発展した場所であり，現在では，29 個工業団地があり，ベトナム南部を代表する経済産業拠点となっている[5]。

　ベトナムの工業団地の多くは，現在，電気，水，廃棄物処理などの基本的なインフラ条件を満たしているが，将来的には労働集約型産業から，環境にやさしく，付加価値の高いハイテク工業分野への投資を期待され，工場団地

での管理システムやセキュリティシステムなど ICT の導入により，環境を保護してコストを節約する工業団地運営の最適化に，スマートシティの建設を推進している。ビンズオン省で工業団地と商業・住宅の複合地域を開発している Becamex 社 [6] は，工業化からイノベーションまでを創出する未来都市の将来像であるスマートシティ戦略を描き，持続可能性を提唱するビジネスエコシステムを推進している（図表 11-3）。

　2014 年，新省庁舎が省都トゥーザウモット市内北部の「ビンズオン新都市」に移転されたことに伴い，公共交通機関，医療機関や教育機関など暮らしに必要なインフラ整備が加速している。ビンズオン新都市はビンズオン工業・都市・サービス複合地区に位置し，ベトナム政府の中央直轄市に格上げされた。日本政府は ODA を通じて，同省における公共交通を中心としたまちづくり（ビンズオン公共交通管理能力強化プロジェクトなど）を実施している他，生活インフラ

図表 11-3　Becamex 社のビジネスエコシステムの概念

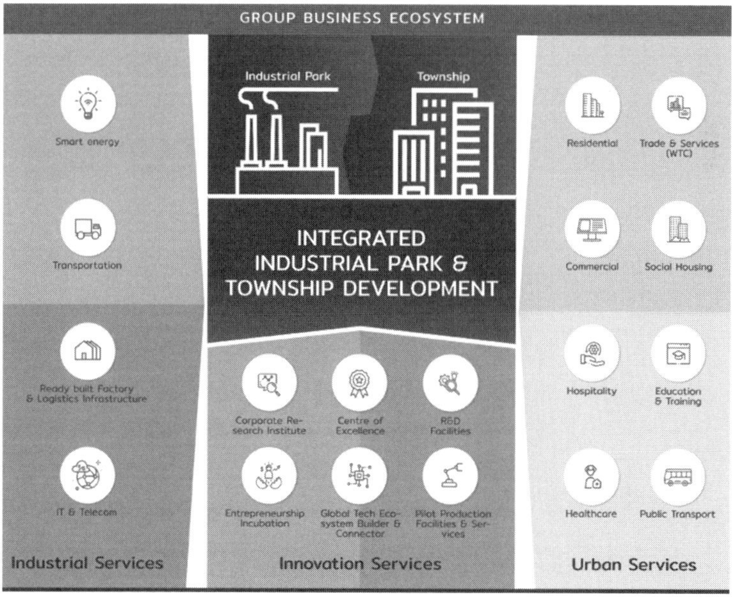

（出所）Becamex 社のホームページ。

に不可欠な上下水道の整備も実施している。今後，インフラ整備が更に進み，働くだけでなく豊かな暮らしが実現できるまちとして，省の魅力が高まることが期待される。これまで，ホーチミン市から同省に所在する工業団地に片道1時間強かけて通勤していた労働者の一部が同省に生活の拠点を構えることで，職住近接型の暮らしを実現できる持続的な産業発展モデルと思われる。

4. 政策分析と考察

(1) 産業政策の分析

1986年より「ドイモイ（刷新）政策」を導入し，計画経済から市場経済へ移行して，急激な経済成長を続けている。2011年1月の第11回共産党大会で「社会経済発展10か年戦略（2011-20年）」が採択された。これは今後10年間の社会経済開発に関する指針を示す重要な文書であり，持続的な発展と短期間での成長方針を掲示され，ベトナム工業化戦略を推進している。

また，2016年1月の第12回共産党大会では，上記10か年戦略を補完する形で，過去5年間の社会経済発展の実施結果評価及び今後5年間の社会経済発展任務の方向性に関する報告書が採択された。2025年（南北統一50周年）までに，近代的工業を有する発展途上国として，下位中所得国を脱する，2030年（党設立100周年）までに，近代的工業を有する上位中所得国となる，2045年（建国100周年）までに，高所得の先進国となる中長期の目標を挙げている。

2021年1月25日から2月1日にかけて開催された第13回共産党全国代表者大会では，2021～2025年の社会・経済発展の指標を示し，2045年に先進国入りを目指している。2022年11月10日に，2023年の主要な社会・経済目標の15項目を定めた「2023年社会・経済発展計画」の決議を採択した。GDP成長率の目標を約6.5%，消費者物価指数（CPI）上昇率の目標を約4.5%に設定した。主要な社会・経済発展目標15項目は次の通りである（図表11-4）。

図表 11-4　2023 年の主要な社会・経済発展目標（2022 年の目標値）

1	GDP 成長率	約 6.5%（約 6 〜 6.5%）
2	1 人当たり GDP	約 4,400 ドル（約 3,900 ドル）
3	GDP に占める製造業の割合	約 25.4 〜 25.8%（約 25.5 〜 25.8%）
4	CPI 上昇率	約 4.5%（約 4%）
5	労働生産性	上昇率は約 5 〜 6%（約 5.5%）
6	農業就業者の割合	26.2%（27.5%）
7	訓練を受けた労働者の割合 資格・修了証を有する労働者	68%（67%） 27.5%（約 27 〜 27.5%）
8	都市部の失業率	4%未満（4%未満）
9	貧困率約	1 〜 1.5 ポイント減（1 〜 1.5 ポイント減）
10	1 万人当たりの医師数	約 12 人（9.4 人）
11	1 万人当たりの病床数	約 32 床（29.5 床）
12	健康保険の加入率	93.2%（92%）
13	新農村基準（注 3）を満たす村の割合	78%（73%）
14	都市部の日常生活における固形廃棄物の収集・処理の割合	95%（89%）
15	環境標準を満たす集中型排水処理システムが整備された工業団地・輸出加工区の割合	92%（91%）

（出所）ベトナム「2023 年社会・経済発展計画」より著者作成。

　ベトナムは，世界のなかでは後発国ながら，チャイナ・プラスワンとして日本をはじめ先進国からベトナムへの投資が活発化し，産業構造も変化しつつある。今後も輸出主導によって高い経済成長を続けられ，持続的な成長を可能にする「環境配慮型の投資を促進」と自国産業を基礎となる「裾野産業の育成」，さらに生産性の向上，技術移転，デジタル化による産業のアップグレードなどが課題と考えられる。

（2）スマートシティ開発の考察

　スマートシティとは，ICT 等の新技術を活用しつつ，マネジメント（計画,整備,管理・運営等）の高度化により，都市や地域の抱える諸課題の解決を行い，また新たな価値を創出し続ける，持続可能な都市や地域であり，Society 5.0 の

先行的な実現の場と定義されている⁽⁷⁾。

ベトナムにおいて，ハノイ市北部では，スマートシティ開発に向けた日本コンソーシアムがある。住友商事，NTT コミュニケーションズ，東京電力，日本電気，博報堂，三菱重工の 6 社は，技術とノウハウを結集し，ベトナムの社会課題を解決するまちづくりと 50 年にわたって持続的に成長する街の開発を推進している。

南部のホーチミン市では，2017 年 11 月に「2017 〜 2020 年のホーチミン市スマートシティ建設計画 2025」を策定し，スマートシティ建設を優先する分野として，公共サービスの改善，政策意思決定への応用，行政の透明性確保，情報アクセスの向上，環境保全，災害対策，交通インフラの効率化を掲げている。2019 年に「インテリジェントオペレーションセンター（IOC）」と「統合緊急対応センター」を設置した。現在，韓国大手ロッテグループとシンガポール大手ケッペルランド・グループが市内で近代的複合施設を建設している。

ビンズオン省では，より高い経済価値をもたらすため，工業団地，サイエンスパック，そして持続可能性を提唱するビジネスエコシステムを推進するスマートシティの建設を目指している。

5．結　び

以上のように，近年のベトナム産業構造の変化を概観し，これまでの経済成長は外国直接投資（FDI）に依存している輸出主導型の経済成長モデルと確認した。それは，低賃金，積極的な貿易協定等の締結，先進国は中国依存の低下を図る動きという要因が，ベトナムへの外国投資の優位性を高め，急速な経済成長につながったといえる。

しかし，ベトナムが中長期的においても安定的な経済発展を遂げるには，低付加価値分野での下請け的な存在から脱し，より高付加価値な産業の育成を強化していくことが求められる。ビンズオン省の新都市開発の事例から，今後人材育成や技術移転など可能にする「質の高い外国直接投資」と「裾野産業の育

成」，AI や IoT 等の ICT 技術を活用による労働集約型産業のアップグレード，スマートシティ建設の取り組みは今後の持続的な産業発展モデルになるだろうと考える。

【引用文献】
(1) 佐藤進（2008）「ベトナムの FTA 戦略の展開とその現状〜貿易収支からの考察〜」『アジア太平洋討究』No. 31。
(2) 奥村豪（2021 年）「ベトナムの産業構造と輸出による経済効果」産業連関 2021 年 29 巻 1 号 p.1-15。
(3) 国際協力銀行（JBIC）『ベトナムの投資環境』2023 年 2 月。
(4) ジェトロ『ベトナム南部投資環境調査』2023 年 4 月。
(5) 在ホーチミン日本総領事館，
　　https://www.hcmcgj.vn.emb-japan.go.jp/itprtop_ja/index.html（2023.9.1 閲覧）
(6) Becamex 社のホームページ
　　https://becamex.com.vn/ja/project/binh-duong-new-city/　（2023.9.1 閲覧）
(7) 内閣府・総務省・経済産業省・国土交通省スマートシティ官民連携プラットフォーム『スマートシティガイドブック』2023 年 8 月。

（ディン・ティ・タァン・フォン）

第 12 章　日本の政策が金融市場に与えた影響
──マルコフ・スイッチング・モデルによる TOPIX と J-REIT の比較──

【要旨】

　1990 年代以降日本経済は，長期にわたり停滞してきた。2014 年に経済産業省がまとめた「伊藤レポート」では，バブル崩壊後 30 年以上にわたる日本企業の持続的な低収益性を指摘し，企業価値向上のための策を講じている。

　本章では，経済産業省の「伊藤レポート」を研究の背景に，政府の政策の変更や金融政策が金融市場の活性化にどのような影響を与えたかを検証するため実証分析を行った。分析の結果，J-REIT のリターンは，金融政策の導入により相場が上昇し，その後も持続的に上昇相場を推移していたことが確認された。これから，政府の介入が J-REIT には，有効であったと考えられる。TOPIX は，政府の政策の変更によって相場が一時的に上昇するものの，その推移は持続性は欠けていたことが明らかとなった。

【キーワード】：政策の変更，金融政策，TOPIX，J-REIT，MS モデル

1.　はじめに

　「伊藤レポート」とは，経済産業省が行う日本企業の資本効率性や長期成長を課題とする対話研究会の報告をまとめたレポートである。同レポート第 5 章の「中長期投資の促進」では，日本の株主構成保有は，外国人投資家の比率が 30％と高まる一方で，銀行比率は急速に減少し 5％以下となっていることを指摘している。また，日本の金融資産構成が欧米諸国と比較して，現預金の

割合が非常に高くその比率はここ 20 年から 30 年の間，固定化されていることを日本銀行統計局の資料を用いて示している。政府は，日本の金融市場の活性化を期待するが日本の大企業で構成された TOPIXCORE30 の指数は低迷が続いている。伊藤レポートは，こうした現状に国が寄与していく必要性を提言している。この提言を受け政策の変更の一環として，年金積立金管理運用独立行政法人（Government Pension Investment Fund：以下，GPIF）のポートフォリオの資産構成が，2013 年の第 3 期中期計画から大幅に変更された。国内債券の比率が 67％から 35％になり，国内株式は 12％から 25％に変更となった。2022 年度の運用総額は，192 兆円で現在世界最大の年金ファンドである GPIF が，日本の株式市場の買い手となることで TOPIX の相場が 2013 年に上昇する結果に繋がる。

　本章は，「伊藤レポート」を研究の背景に政府の金融市場への介入が有効であったのかを検証するため，マルコフ・スイッチング・モデル（以下，MS モデル）を用いて実証分析を行った。分析対象は，株式市場のベンチマークである東証株価指数（以下，TOPIX）と，不動産投資信託の東証 REIT 指数（以下，J-REIT）である。分析の結果から J-REIT のリターンは，金融政策導入により上昇相場を持続的に推移していたことが確認でき，このことから政府の介入が J-REIT には有効であったと考えられる。一方で TOPIX は，政府の政策の変更によって相場が一時的に上昇するがその推移は継続的ではなかったことが明らかとなった。政府の介入が金融市場に与えた影響について，MS モデルを用いて実証分析を行うことは本研究の新規性であり，得られた結果は金融市場の活性化を検討する上で重要な知見を与えると考えられる。

　本章の構成は以下のとおりである。第 2 節で分析に使用した MS モデルの詳細を説明する。第 3 節は，実証分析に用いたデータと推定結果を示し，第 4 節で結論を述べる。

2. マルコフ・スイッチング・モデル

(1) MS モデル（Markov Switching Model）

　本研究は，MS モデル（Markov Switching Model：以下，MS モデル）を用いて
J-REIT と TOPIX の分析を行う。MS モデルの先行研究としては，Hamilton
[1989] の景気変動に関する分析が有名である。本研究の分析対象である
J-REIT と TOPIX においても，MS モデルによって市場の上昇期と下降期を
捉えることができるのか，Hamilton [1989] の手法を参考にして分析を行う。
MS モデルは，状態変数がマルコフ過程に従い，それに応じてパラメータが変
化するモデルである。t 時点のリターンを y_t とする平均と分散がマルコフ過程
に従って確率的に変化するモデルは以下で表される。

$$y_t \ = \ \mu_{St} + e_t \qquad e_t \sim N(0, \sigma_{St}^2) \tag{1}$$

$$\mu_{St} \ = \ \mu_1 S_{1t} + \mu_2 S_{2t} + \cdot \cdot \cdot + \mu_M S_{Mt} \tag{2}$$

$$\sigma_{St}^2 \ = \ \sigma_1 S_{1t}^2 + \sigma_2^2 S_{2t} + \cdot \cdot \cdot + \sigma_M^2 S_{Mt} \tag{3}$$

　本研究でのモデルの表記は，Kim & Nelson［1999］の p.64 に書かれてい
るモデルに従った。S_t は 1 階のマルコフ過程に従う状態変数である。(2)，(3)
式は，$S_t = m$ のとき，$S_{mt} = 1$ それ以外は $S_{mt} = 0$ となる。したがって，例えば
状態の数を 2 としたとき（$M = 2$），(1) 式の μ_{St} と σ_{St}^2 は，$S_t = 1$ のときに
μ_1, σ_1^2, $S_t = 2$ のときに μ_2, σ_2^2, という値をとる。μ_{St} はリターンの定数項であり，
$\mu_1 \gt \mu_2$ という制約を置くと，状態 1（$S_t = 1$）を相場の上昇期，状態 2（$S_t = 2$）
を相場の下降期と解釈することができる。一般に，相場の上昇期はブル相場，下
降期はベア相場と呼ばれる。

(2) 平滑化確率

　モデルのパラメータの推定値が与えられると，すべての観測値を所与とした

各時点の状態の確率を求めることができる。これは $Pr[S_t = i | \psi_r]\,(t = 1,2,...,T)$ と表記され，平滑化確率と呼ばれる。観測できない状態を全観測値に基づいて各時点でどの状態にあったかを評価できる平滑化確率は， MS モデルを用いた分析において非常に重要な役割を果たす。

平滑化確率を求めるには最初に，すべての観測値を条件としたとの同時確率を考え，次のように変形する。

$$Pr\ [S_t = j, S_{t+1} = k | \psi_T]$$
$$= Pr\ [S_{t+1} = k | \psi_T] \times Pr\ [S_t = j | S_{t+1} = k, \psi_T] \tag{4}$$

ここで， $T > t$ について， $h_{t+1,T} = (y_{t+1},\ y_{t+2},...,\ y_r)$， つまり時点 $t+1$ から T までの観測値のベクトルを定義すると，右辺の $Pr\ [S_t = j | S_{t+1} = k,\ \psi_T]$ は次のように書き換えられる。

$$Pr\ [S_t = j | S_{t+1} = k, \psi_T] = Pr\ [S_t = j | S_{t+1} = k, \widetilde{h}_{t+1,T}, \psi_t]$$

$$= \frac{f\ (S_t = j, \widetilde{h}_{t+1,r} | S_{t+1} = k, \psi_t)}{f\ (\widetilde{h}_{t+1,T} | S_{t+1} = k, \psi_t)}$$

$$= \frac{Pr\ (S_t = j | S_{t+1} = k, \psi_t)\ f\ (\widetilde{h}_{t+1,T} | S_{t+1} = k, \psi_t)}{f\ (\widetilde{h}_{t+1,T} | S_{t+1} = k, \psi_t)} \tag{5}$$

$$= \frac{Pr\ (S_t = j | S_{t+1} = k, \psi_t)\ f\ (\widetilde{h}_{t+1,r} | S_{t+1} = k, S_t)}{f\ (\widetilde{h}_{t+1,r} | S_{t+1} = k, \psi_t)}$$

$$= P_r\ (S_t = j | S_{t+1} = k, \psi_t)$$

途中式で $f\ (\widetilde{h}_{t+1,T} | S_{t+1} = k, S_t = j, \psi_t) = f\ (\widetilde{h}_{t+1,T} | S_{t+1} = k, \psi_t)$ が成立しているのは， S_{t+1} が条件として与えられているときに S_t には S_{t+1} と ψ_t を含んでいる以上の情報は含まれていないからである。(5) 式の結果を使うと，(4) 式は次のように展開できる。

$$Pr\ [S_t = j, S_{t+1} = k | \psi_T]$$
$$= P_r\ [S_{t+1} = k | \psi_t]$$
$$\times Pr\ [S_t = j | S_{t+1} = k, \psi_t]$$

$$= \frac{Pr\ [S_{t+1} = k|\psi_T = k, \psi_t]\ \times Pr\ [S_t = j, S_{t+1} = k|\psi_t]}{Pr\ [S_{t+1} = k|\psi_t]} \tag{6}$$

$$= \frac{Pr\ [S_{t+1} = k|\psi_T]\ \times Pr\ [S_t = j|\psi_t]\ Pr\ [S_{t+1} = k|\psi_t]}{Pr\ [S_{t+1} = k, \psi_t)}$$

$Pr\ [S_{t+1} = K|S_t = j]$ $(j,\ k = 1,2)$ は推移確率である。そして，S_{t+1}について足し合わせると，すべての観測値を条件としての状態確率を求めることができる。

$$Pr\ [S_t = j|\psi_T] = \sum_{k=1}^{2} Pr\ [S_t = j, S_{t+1} = k|\psi_T]$$

平滑化確率の計算は，上の2つの式を使って，t = T−1,T−2,....,1 の順で後ろ向きに逐次的に行われる。まず，フィルタリングの手順から，すべての時点の $Pr\ [S_t|\psi_t]$ と $Pr\ [S_t|\psi_{t-1}]$ の値を計算しておく。$T-1$時点で

(4) 式は

$Pr\ [S_{T-1} = j, S_T = k|\psi_T]$

$$= \frac{Pr\ [S_T = k|\psi_T]\ \times Pr\ [S_{T-1} = j|\psi_{T-1}]\ \times P_r\ [S_T = k|S_{T-1} = j]}{Pr\ [S_T = k|\psi_{T-1}]}$$

となるが，右辺の $Pr\ [S_T = k|\psi_T]$, $Pr\ [S_{T-1} = j|\psi_{T-1}]$, $Pr\ [S_T = k|\psi_{T-1}]$ はフィルタリングから，推移確率 $Pr\ [S_T = k|S_{T-1} = j]$ は最尤推定から推定値が得られているので，すべての観測値を条件としたS_{T-1}とS_Tの同時確率を計算することができる。そして，(7) 式は時点で

$$Pr\ [S_{T-1} = j|\psi_T] = \sum_{k=1}^{2} Pr\ [S_{T-1} = j, S_T = k|\psi_T] \tag{7}$$

となるので，$T-1$時点の平滑化確率が得られる。この手順を $t = 1$ まで繰り返すことによって，すべての時点の平滑化確率 $Pr\ [S_T = i|\psi_T]$ $(t = 1,2,..., T)$ を計算することができる。

3. データと推定結果

(1) 分析データと基本統計量

　本研究の実証分析には，「日経 NEEDS-FinancialQUEST」からダウンロードした J-REIT と TOPIX の月次データの終値を使用した。J-REIT は，東京証券取引所が算出，公表している東京証券取引所に上場している全銘柄（2021年10月末現在62銘柄）を対象にした指数（インデックス）であり，時価総額（発行済口数 × 投資口価格）に応じた組入れ比率である。TOPIX も同様に東京証券取引所が算出，公表しており，東京証券取引所に上場している全銘柄（2021年10月末現在2,200銘柄）を対象にした指数（インデックス）で，1968年1月4日の時価総額を100として，その後の時価総額を指数化したものである。実証分析に使用した期間は，2003年10月から2021年12月までの18.3年間（220カ月）である。

　実証分析に用いるリターンは，J-REIT 指数と TOPIX 指数の月次データの対数階差に100を掛けて％表示化したもの（連続複利リターン）を使用した。月次変化率の基本統計量は，図表12-1に示した通りである。期待値（平均）は，TOPIX の値が大きく，リスク（標準偏差）は，J-REIT のほうが高い値である。また，歪度は分布の対称性を示す値であるが，J-REIT の歪度は-1.009であり，負の値になっている。歪度が負であるということは，相場の下落時に極端な値をとるということであり投資の下方リスクの高さを示している。また尖度とは分布の尖り具合，もしくは裾野の伸び具合を示した数値であり，J-REIT の尖度の値は5.959であり TOPIX は1.703である。このことから J-REIT の月次変化率が TOPIX よりも尖った分布（データが平均付近に集中した分布）の形状であることがわかる。J-REIT の歪度が負であること，また最大値と最小値の幅も広いことから TOPIX と比較して J-REIT は，リスク資産であると考えられる。

図表 12-1　J-REIT と TOPIX の月次変化率（%）の基本統計量

	観測値数	平均	標準偏差	歪度	尖度	最大値	最小値
J-REIT	219	0.284	5.350	-1.009	5.959	21.630	-27.079
TOPIX	219	0.306	5.021	0.690	1.703	11.871	-22.638

注：分析期間 2003 年 9 月から 2021 年 12 月。

（出所）本研究作成。

(2) 単位根検定

　J-REIT と TOPIX の月次変化率データの定常性を確認するため単位根検定を行う。検定は，ADF 検定(augmented Dickey–Fuller test)で行った。ADF 検定は，真のモデルを AR（1）過程とする DF 検定を，AR（p）過程に拡張したモデルである。従属変数のラグを説明変数に含む回帰モデルを推定することで誤差項の自己相関に対処することができる。帰無仮説は「$H_0:\delta = 0$（単位根あり）」であり，対立仮説は「$H_1:\delta < 0$（単位根なし）」である。データの定数項（μ）や確定的トレンド（t）に考慮するためドリフトに加えてトレンドを含むモデルで検定を行った。

　ADF 検定のモデルは以下で表される。

$$\Delta y_t = \delta y_{t-1} + \mu + \gamma t + \sum_{i=1}^{p} \phi_i \Delta y_{t-1} + u_t$$

　単位根検定の結果は，図表 12-2 に示した通りである。ラグの次数は赤池情報量規準（AIC）により 1 期のラグがとられている。検定の結果から，分析に

図表 12-2　単位根検定

	J-REIT			TOPIX		
	係数	標準誤差	t 統計量	係数	標準誤差	t 統計量
δ	-0.773***	0.087	-8.869	-0.833***	0.090	-9.204
μ	-0.288	0.806	-0.357	-0.106	0.768	-0.138
γ	0.003	0.006	0.574	0.003	0.005	0.520
ϕ	0.004	***0.070	0.057	0.006	0.070	0.086

注：臨界値 1%: -3.99，5%: -3.43，10%: -3.13

　　有意水準 *** は 0.1% 水準，**1% 水準で，* は 5% 水準で有意にゼロと異なることを示す。

　　分析期間：2003 年 9 月から 2021 年 12 月，観測値数は 219 である。

（出所）本研究作成。

使用するデータが定常性をもつ過程であることが確認できた。この結果から本研究では，2003 年 10 月から 2021 年 12 月までの，J-REIT と TOPIX の月次対数階差の変化率データを使用して分析を行う。以降では，この変化率データをリターンという。

(3) 2 状態 MS モデルの推定結果

　2 状態の MS モデルの推定結果は，図表 12-3 に示した通りである（推定式：2 節（1）式）。分析の結果から J-REIT（μ_{S_t}=-0.60）と TOPIX（μ_{S_t} = -2.24）のベア相場のリターン（μ_{S_t}）以外は，全ての係数で 0.1% 水準の有意な結果が得られた。J-REIT の状態 1（ブル相場）の期待値と標準偏差は，それぞれ 0.82 と 2.57 であり，期待収益率は高く，ボラティリティは小さい値となっている。したがって状態 1 は，株式市場のパフォーマンスが良好で，リスクも小さいので，株式市場の中でも上昇相場であるブル相場を表していると解釈できる。状態 2（ベア相場）の期待値と標準偏差は，それぞれ -0.60 と 7.95 である。つまり，期待収益率は低く，ボラティリティが大きな値であることから状態 2 は，株式市場のパフォーマンスも悪く，リスクも大きいので，株式市場の下落相場であるベア相場を表していると解釈することができる。TOPIX の状態の解釈も同様である。

図表 12-3　2 状態 MS モデルの推定結果

	J-REIT		TOPIX	
	ブル相場	ベア相場	ブル相場	ベア相場
μ_{S_t}	0.82 (0.26)***	-0.60 (0.93)	1.53 (0.45)***	-2.24 (1.45)
σ_{S_t}	2.57 (0.08)***	7.95 (0.10)***	3.71 (0.09)***	6.24 (0.10)***

注：有意水準 *** は 0.1% 水準，**1% 水準で，* は 5% 水準で有意にゼロと異なることを示す。括弧内は標準誤差を示す，分析期間は 2003 年 9 月から 2021 年 12 月である。

（出所）本研究作成。

(4) 平滑化確率

　TOPIX の 2 状態 MS モデルのブル相場の平滑化確率の推定結果は，図表 12-4 に示した通りである。TOPIX の平滑化確率が 2013 年に上昇相場に推移

した背景は，アベノミクス経済成長戦略の一環として政府の政策変更が行われ，
GPIF 基本ポートフォリオの資産構成が大幅に変更されたことが起因すると考
えられる。

図表 12-4　TOPIX の平滑化確率

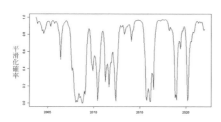

注：分析期間 2003 年 9 月から 2021 年 12 月。
（出所）本研究作成。

　GPIF は開設当初である 2001 年に，「基本ポートフォリオの考え方」の中で
5 つの資産（国内債券，国内株式，外国債券，外国株式，短期資産）の運用を公表した。
そして 2022 年は，短期資産を除く 4 資産での運用を公表し，短期資産の運用
は 5％を上限として，株式と債券にそれぞれ配分運用している。GPIF 基本ポー
トフォリオの構成割合は，厚生労働省の実施する財政検証や，厚労大臣から与
えられた中期目標と近年の経済情勢を踏まえて策定されている。第 1 期から
第 4 期の基本ポートフォリオの各資産の保有比率の推移は，図表 12-5 に示し
た通りである。第 1 期は 2001 年 4 月から 2006 年 3 月まで，第 2 期が 2006
年 4 月から 2013 年 6 月，第 3 期は 2013 年 10 月から 2020 年 3 月，第 4 期
は 2020 年 4 月である。

図表 12-5　GPIF 基本ポートフォリオの構成割合

	国内債券	国内株式	外国債券	外国株式	短期資産
第 1 期	67％	11％	8％	9％	5％
第 2 期	60％	12％	11％	12％	5％
第 3 期	35％	25％	15％	25％	非公表
第 4 期	25％	25％	25％	25％	非公表

（出所）GPIF 年金積立金管理運用独立行政法人，基本ポートフォリオの考え方，
　　　　年金積立金管理運用独立行政法人 (gpif.go.jp)。

　開設当初である第 1 期は，GPIF の前身である年金福祉事業団から業務を継承し公的年金の自主運用が開始された 2001 年 4 月から 2006 年 3 月までの 5 年間である。その期間の基本ポートフォリオの構成割合は，国内債券が 67％（±8％），国内株式 11％（±6％），外国債券 8％（±7％），外国株式 9％（±5），短期資産 5％で運用されている。運用開始当初から第 2 期中期計画の 2013 年 6 月までは，安全資産である債券での運用比率が高いポートフォリオである。

　2013 年の第 3 期中期計画基本ポートフォリオから運用の構成割合が，大幅に変更された。国内債券は 67％から 35％と約半分のウェイトに変わり，株式比率が 24％から 2 倍以上の 50％のウェイトに変更された。2013 年以降の基本ポートフォリオの資産構成は，債券運用の割合を大幅に減らし，その分をリスク資産である株式に運用をシフトしている。この大胆な資産構成の変更は，第二次安倍政権下で公的年金の運用をリスク資産（株式）でというアベノミクスの方針を政府の政策として反映したものである。192 兆円（2022 年度）を運用する GPIF ポートフォリオの，この株式保有率の大幅な変更が，株式市場に与えた影響は大きく GPIF が日本株式の買い手となることで，TOPIX の平滑化確率が 2013 年に上昇相場に推移したと考えられる。しかしその後の TOPIX のブル相場の平滑化確率の推移は，乱高下を繰り返し継続的ではないことが確認できる。この結果から政府の介入は，TOPIX の持続的な上昇トレンドに寄与していなかったことが明らかである。

　J-REIT の平滑化確率の推定結果は，図 12-6 に示した通りである。J-REIT のブル相場の平滑化確率は，金融緩和政策の一環である日銀の J-REIT 買入が市場に与えた影響に焦点をあて，推定結果と比較する（参照：日本取引所グループ『REIT レポート・ガイドブック』）。

　日銀が初めて J-REIT 購入を行ったのが，2010 年 10 月である。この時期から J-REIT の平滑化確率が上昇トレンドに推移していることが確認できる。買入限度額は，当初 500 億円に設定されていたが，2011 年 3 月に 500 億円を増額し，同年 8 月に更に 100 億円が増額され，買入限度額の総額は 1,100 億円となった。2013 年 4 月の量的・質的金融緩和政策の導入により年間で約 300

億円の買入が行われる。2014 年 10 月は同政策強化のため，年間購入額を 3
倍の 900 億円に増額する。2015 年 12 月の量的・質的金融緩和政策補完措置
により購入限度が 5％から 10％に引き上げられる。2016 年 1 月のマイナス金
利導入により下落する。2020 年にコロナの影響で下落し，2020 年 3 月に買
入限度額が 1800 億円に増額され上昇する。J-REIT のブル相場のリターンは，
政府の金融政策の一環である日銀の継続的な J-REIT 買入によってブル相場を
持続的に維持していることが明らかである。平滑化確率の推定結果と金融政策
導入の推移を比較すると，2 状態 MS モデルはその時系列の挙動を的確に捉え，
相場の上昇期と下降期を正確に識別していることが確認できる。

図表 12-6　J-REIT の平滑化確率

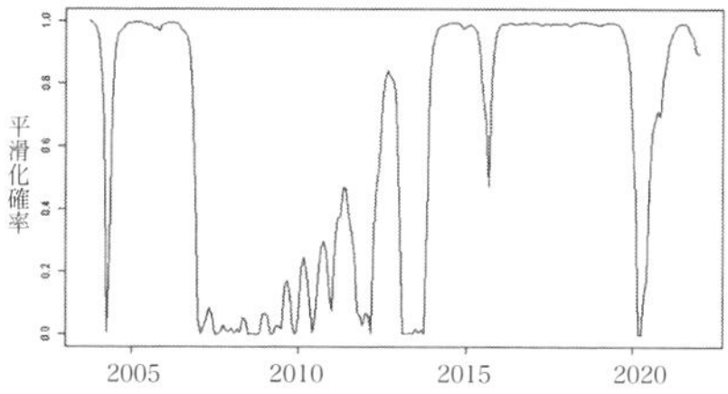

注：分析期間 2003 年 9 月から 2021 年 12 月。
（出所）本研究作成。

4.　結　び

　本研究は，政府の政策の変更や金融政策が金融市場の活性化に与える影響を
を検証するため MS モデルを用いて実証分析を行った。分析の結果から，政府
の介入は J-REIT の持続的な上昇相場の維持に寄与していたと考えられる。一
方で TOPIX の上昇相場の推移は，継続的ではなかったことが明らかとなった。
一時的な市場への介入では，持続的な上昇相場の維持に繋がらないと考えられ
る。株式市場を活性化させるためには，長期的に継続した政府の介入が必要で
ある。

　本章では，近年，経済の実証分析で盛んに用いられている MS モデルで分析を行い，政府の政策の変更や金融政策の有効性の有無を確認することができた。今後の日本経済を考えるうえでも，金融市場の動向は重要であり計量的分析は継続していくべきであると考えられる。

【参考文献】
［1］Hamilton, J. D. ［1989］, "A new approach to the economic analysis of nonstationary time series and the business cycle", Econometrica : *Journal of the econometric society*, 357-384.
［2］Kim, C. J., & Nelson, C. R. ［1999］, *State-space models with regime switching : classical and Gibbs-sampling approaches with applications*, MIT Press Books.
［3］経済産業省『伊藤レポート 2.0』。
https://www.meti.go.jp/press/2022/05/20220513001/20220513001.html, 2022年8月10日取得。
［4］日本取引所グループ『REIT レポート・ガイドブック』。
https://www.jpx.co.jp/ equities/products/reits/reports/index.html, 2021年4月10日取得。
［5］GPIF 年金積立金管理運用独立法人, https://www.gpif.go.jp, 2021年4月1日取得。

（千葉 美加）

第 2 編　東アジアの経営

第13章　荀子の管理思想とその現実的意義

【要旨】

　荀子（本名は荀況）は中国の先秦時代に承前啓後［先人から受け継いだものがあるから現在があり未来を切り開けるという教え］の意義を持つ思想家である。彼は置かれた時代の中国の社会政治や経済構造などの問題に対して深い思考と研究を行い，前期の儒家学説を継承した上で，またその他の各学説の長所を吸収し，そして総合・改造・発展を加え，それによって独自の管理思想体系を構築した。彼の管理思想体系は中国の社会政治や経済構造に合致していたために，後世の二千年余りの間に深い影響を与えてきた。荀子の管理思想は主に①礼法相済（礼と法が互いに助け合うこと）の行政管理思想，②上下共に豊かになる経済管理思想などに集中している。彼が提案した管理方策には深い哲学観念が現れ，しかもそれは広い解釈性と深い表現力を持っている。特定の歴史と段階の印が刻まれた彼のこれらの思想の中には，管理の一般的な法則を反映する精華と科学的認識が隠されている。そのため，彼の管理思想を真剣に学び，積極的に研究することは理論的にも実践的にも非常に現実的意義がある。

【キーワード】：荀子（荀況），『荀子』，礼法相済，管理思想，現実的意義

1.　はじめに

　1992年12月頃，筆者は中国・復旦大学経済管理研究所に留学している時に，蘇東水先生が執筆された論文「弘揚東方管理文化，建立中国管理体系（東洋管理文化の発揚と中国的管理体系の確立）」を拝読して独自性のある素晴らしい論文

であると感動したことを今でも鮮明に記憶している。この論文の重要な論点を筆者が抽出すれば，つぎの通りである（原口俊道・蘇勇編著『東亜企業経営』中国・復旦大学出版社，1994 年，127 ～ 133 頁）。

「管理も一種の芸術文化である。現代管理の中でどのように効果的に伝統文化の遺産を利用し，特色に富んだ中国的管理体系を確立するかは，我々が直面している差し迫った任務である。特色ある中国的管理体系を確立するためには，まず中国の伝統文化の核心は何であるかをはっきり認識しなければならない。現在，学術界で中国伝統文化の核心問題についての見解に相違があるけれども，歴史の事実，あるいは長期的影響のいずれから見ても，儒家思想は中国の歴史的伝統文化の幹である点についてはいささかの疑いもない。

中国的管理の伝統的意義は『修己』から『安人』へのプロセスの中に存在するのである。しかし，歴史的背景と社会的基盤の違いによって，西側の管理思想は理論の着眼点にせよ，あるいは実践方法にせよ，いずれも中国の管理思想とは大きな差異がある。

中国の歴史的伝統が論述している管理の本質は，最も簡潔な方法で概括すれば，『人為，為人』であると思う。中国の特色ある現代的管理体系を確立させるためには，①『修己』と『安人』，『人為』と『為人』の意義を十分に認識すること，②管理の根本精神は『中庸』，即ち『中庸の道』にあること，③管理の最良の原則は『情，理，法』三者の有機的結合であること，④管理の最高の境地は『無為にして治めること』，即ち自動化管理であること，などの問題に注意する必要がある。」

この論文は 1990 年代に蘇東水先生によって創始された中国の東洋管理学の出発点となった記念すべき問題提起の論文である。中国の東洋管理学は中国の伝統的文化を重視した管理思想を中心に，これと西洋の管理思想や華僑の管理思想との融合をはかるものである（蘇東水主編『管理学』中国・東方出版中心，2001 年）。東洋管理学の神髄は「管理若水，有永恒之道。乃以人為本，以徳為先，人為為人」という蘇東水先生のお言葉に表れており，儒家思想が東洋管理学体系の中心に据えられている。

　さて，筆者は中国の管理思想で特に優れたものは春秋時代（約紀元前 770 ～
前 403 年）～前漢時代（約紀元前 202 ～約紀元 7 年）に登場した諸子百家の思想
であると考える。その中でも春秋時代の老子，孔子及び孫子の思想は後世に大
きな影響を及ぼしてきたと考える。筆者はすでに老子，孔子，孫子及び司馬遷
の管理思想を整理し明確にしたので，本章では戦国時代末期の著名な思想家で
ある荀子の管理思想を整理し明確にする。荀子は元来儒家思想家であり，礼を
重視したが，同時に法も重視した。礼と法を重視した荀子の管理思想は弟子の
韓非や李斯による法家思想の確立に対して大きな影響を及ぼした。

　荀子（約紀元前 313 ～前 238 年）は荀卿とも孫卿とも称し，趙国の人で，戦
国末期の思想家である。荀子は彼の政治的願望を実現させるために，孔子・孟
子にならって，列国を周遊した。また，彼は「儒者は秦に入らず」という慣例
に反し，秦国に行き，秦昭王と王候范雎に会っている。彼は何度も斉に行き，
一時大いに名を上げた稷下宮で講義をし，かつて「三為祭酒，最為老師（三度
祭酒〔学宮の長〕になり，最も上の教師になった）」（『史記・孟荀列伝』）といわれた。
後に，讒言<ruby>讒言<rt>ざんげん</rt></ruby>されて罪に落とされ，斉を離れ楚に行った。楚相春申君から蘭陵令
に任ぜられたが，後に春申君が殺されると，彼も罷免された。その後蘭陵に定
住し，寿命を終えるまで，専ら著書の執筆と講義に従事した。韓非と李斯は彼
に師事した。その著作で現存しているのに『荀子』32 篇があり，彼の管理思
想を研究する主な根拠となっている。

2．荀子の管理思想

（1）礼と法が互いに助け合う行政管理思想

　戦国末期は，群雄割拠の局面がようやく終わりを告げ，全国の統一が大勢の
赴くところとなった時期である。このような歴史的条件の下で，荀子は各家の
思想の長所を総合し，また融合し，礼と法が互いに助け合う行政管理思想を打
ち出したのである。彼は「治之経,礼与刑（世を治める経典は,礼と刑である）」
（『荀子・成相』）と言った。即ち，礼と法の両者が国家を管理する際の根本であ

ると説いたのである。荀子は国家制度の核心である「礼」の起源を分析して，人間がこの世に生まれ出る時からすでに欲望を持っており，欲望を満たすことができない場合はそれを追求し，追求に際限が無いと争奪が生じ，したがって，社会の混乱を引き起こすことになる。だから，礼・義を制定し，人の名分を確定しなければならず，それによって人々は各自の名分内で欲望を満足させなければならないと主張した。彼は「礼者，貴賎有等，長幼有差，貧富軽重皆有称者也。(礼なる者，貴賎の等級あり，長幼の差あり，貧富軽重皆有るものを称す者なり。)」(『荀子・富国』)と言っている。それが故に，荀子は礼節を以て王朝の秩序を維持し，法律と制度を用いて官府を整頓し，礼・義の教化を通じて国民に忠・信・愛・利等の道徳的品位を持たせなければならないと主張した。

　荀子の具体的な管理措置は主につぎのとおりである。

　Ⅰ.教化をもって善にいたらせる。

　荀子は人間の本性は悪であり，善は人為的なものであり，教化（教育）がなければ国民の性質を転換させることはできないと主張した。聖人・君子・農夫・工匠・商人のいずれも生まれつきのものではなく，長期間の教化の結果である。したがって，教育を重要視し，人間の悪を善に，愚を智に転換させなければならない。統治者は厳しく自らを律しなければならず，己を律し，修身することによって，初めて「斉家，治国，平天下（家を治め，国を治め，天下を統一すること）」に達することができると主張した。

　Ⅱ.政治を安定させ民を愛する。

　荀子は国の君主を「舟」に例え，民を「水」に例え，管理者は正確な国策を採用しなければならず，さもなければ舟が転覆する災いに出会うと戒めている。彼は「故有社稷者而不能愛民，不能利民，而求民之愛己，不可得也。(国土を持ちながら民を愛さず，民に利を与えることができないならば，民に己れを愛するように求めるのは，できることではない。)」(『荀子・君道』)と言い，民が政治に安心してこそ，初めて君子が位に安心することができ，君子が安泰を欲するならば，政治を安定させ，民を愛さなければならないと言う。

Ⅲ. 賞罰を明らかにする。

　荀子は，教育を行わずして処罰を実行するならば，悪人を善人に転換できないと主張した。ただ処罰だけに頼り，褒賞をしなければ，勤勉な人は激励されることがない。賞罰が明らかでなければ，気風が悪くなり，国民は何に従えば良いかが分からなくなる。礼・義を尊崇し，賞罰を明らかにし，法制を完備してこそ，初めて国家の正常な秩序があり得る。賢者の尊重，有能者の登用は民をして道筋を整えさせ，方向を明確にさせることができる。独断専行をせず，民の議論を重視するならば，民は疑いをもつことがなくなる。功有る者を賞し，罪有る者を罰すれば，民は怠ることはない。各方面の意見を聞き入れ，すべての事情をはっきりと見定めれば，天下は自ずから順調に運ぶと主張した。

(2) 上下ともに豊かになる経済管理思想

　荀子は製品の生産・交換・分配・消費の四つの部分を有機的に統一させて，彼の経済管理思想をはっきりと述べている。その主な内容はつぎの通りである。

Ⅰ. 根本の強化と富国。

　荀子は，生産を発展させることが製品を獲得する前提で，国を豊かにし，民を豊かにするためには，まず「根本の強化」，即ち農業を強化しなければならないと主張した。どのようにして根本を強くさせるか？彼の措置はつぎの通りである。①「省工賈，衆農夫（工商を減らし，農夫を多くする）」（『荀子・君道』）。各業種の人員の比率と数量を確定し，農業生産に必要な労働力を保障し，農民に一心不乱に農業に従事するよう要求し，生産の能率を向上させること。②「軽田野之税，平関市之徴，……罕突力役，無奪農時（土地の税を軽くし，関税を低くし……労役の提供をなくし，農時に争うことを無くす）」（『荀子・富国』）。徭役を軽くし，租税を減らすことは儒家の伝統的経済思想である。しかし，荀子はそれを生産の発展を促す重要な手段として提出したのである。③農業水利建設を重視し，強制的手段を用いて自然資源を保護すること。④季節を把握し，農時を外すことなく，農時では土地柄に合わせて適当な措置をとること。

II．財貨の流通。

荀子は農業の重視を主張したが，決して工商を軽視してはいない。彼は，工・商業も農業と同様に社会の役割分担上必要なものであると主張した。手工業は軍隊のために兵器と軍需品を提供し，さらに重要なのは農業生産のために良質の農具を提供するものである。「器用功便（機器の使用は巧みで便利である）」は手工業生産の目標として彼が提出した基本原則である。彼は，商業は社会の製品を売れ残らせることなく，製品の交換を順調に進めることを保障するものであり，人々は財貨の交換を通して各自の消費の需要を満たすものであると主張した。商業の発展を有利にし，順調な製品交換を保障するため，彼は①「関市几而不徴（工商業者の税収の減免）」を主張し，②「質律禁止而不偏（適正な物価とごまかしを無くすこと）」を要求し，③「理道之遠近而致貢（道の遠近を整理し，それらによって産物を納めさせる）」（以上いずれも『荀子・王制』から引用した）。即ち，各地区間の製品流通の促進を主張した。

III．費用の節約による民の裕福。

荀子は，生産と消費の相互関係において，前者が決定的働きをし，消費と生産は相互に制約すべきものであり，相互に促進し，同時に増減するものと主張した。彼は生産，節約，貯蓄の三つの間の関連を十分に重視し，生産の発展を富・財の源とし，富・財の管理は経済をコントロールする方法と見なし，「節流開源（収入の道を開き支出を切り詰める）」の見解を提出した。荀子が言う開源とは，財政的な手段で富・財を節約するだけでなく，生産を大幅に発展させることを立脚点に置いているのである。彼は，根本を強化し費用を節約し，その剰余を巧く貯蔵してこそ，初めて再生産に貯蓄を提供することができ，国家と国民のために備蓄を提供し，上下とも豊かになる目的に達することができると主張した。

3．荀子の管理思想とその現実的意義

荀子は中国古代の重要な思想家を代表する人物の一人であり，昔から続く一代の宗師である。彼の思想は中国の伝統的な思想・文化の発展のチェーン上で

越えられない重要な一つの思想である。荀子の管理思想に対する研究は中国の
伝統的な思想・文化の発展に関する多くの重要な問題に関連するだけでなく，
中国の伝統的な思想・文化に対する現代の理解と検討にも関連している。荀子
は当時の戦国末期の各家の理論・学説問題を解決するために，多くの管理思想，
例えば「礼」と「法」を提出した。彼は私たちが世界的視点から現代世界の調
和社会をどのように構築するかに対して，参考になる重要なパラダイムを提供
した。現在の世界情勢は荀子が生きていた時代とは大きく異なるが，荀子が提
案した社会秩序の形成・維持の方法は，現在も局所的な戦争と衝突に悩まされ
ている世界各国がどのように良好な社会秩序を構築するかについて，有益な考
え方を提供している。そのため，荀子の管理思想の研究は，深い理論的意義を
持つだけでなく，重要な現実的意義も持っている。主に次のような点に表れて
いる。

　第一に，荀子の管理思想体系の中で礼法相済の行政管理思想は，私たちが
「法に基づいて国を治める」方策を実施すると同時に，「礼によって国を治める」
方策をよりよく実施するのに有益である。荀子の考えでは礼と法の価値は対等
であり，それぞれにその役割があるが，根源は同じである。荀子は中国の伝統
的な思想・文化の中で礼法相済の行政管理モデルの基礎を築いた。荀子の礼法
相済の行政管理思想は現代国家の治国方策と本質的に異なるが，荀子の管理思
想には，行政と国家統治における極めて重要な経験総括が含まれていることに
着目すべきである。中国の改革開放以来，経済分野の市場化とグローバル化の
プロセスが加速する中で，物質的利益と精神的追求の二元的張力がかつてない
勢いで現れている。具体的には，人々は日増しに目先の利益を重視し，長期的
な利益を軽視し，ツールの合理性を重視し，価値の合理性を軽視し，物質的享
受を重視し，精神的追求を無視するようになった。荀子は儒家の礼治原則を堅
持するだけでなく，同時に人々の物質的欲求を重視し，経済発展と礼治法治の
結合を主張した。荀子は自然を尊重した上で自然を利用し，改造することを強
調し，人々の主観的能動性を肯定した。このことから，荀子が提唱した礼法相
済の行政管理思想は，法による国家統治と礼による国家統治が並行している現

代において，依然として非常に重要な現代的価値を持っており，現在の世界の政治文明建設に対して依然として有益な啓示と参考の役割を果たしている。

　第二に，荀子の管理思想体系の中にある上下共に豊かになる経済管理思想は，マクロ構造の上から中国の封建国民経済制度に対して系統的な理論分析を行った後に提出された。人々の欲望の分析から出発して，荀子は経済問題の内在的な起源を検討し，理論的に「欲は多いが物は少ない」という矛盾を解決する方法を提案した。荀子はどのように「富国」や「富民」を作るかという問題に対する答えとして，源［収入の道］を開いて節流［節約］し，農業を基本とし，税金を軽くするなどの一連の具体的な経済管理政策を提出した。荀子の上下共に豊かになる経済管理思想の最大の特徴は，富国と富民の問題における先人の矛盾と混乱を解消し，理論・概念の上で富国と富民を結びつけ，統一したことである。荀子は，富国と富民は一致し，互いに補完し合っており，両者の間には根本的な利益の衝突は存在せず，いずれも経済管理の最終目標であると主張した。この目標を実現するには，まず民を豊かにしてから国を豊かにしなければならないが，それをどのように実践するかについて，荀子はそれを「強本節用」という公式に要約した。「強本」とは，社会生産を発展させることを指し，主に農業生産を指す。節用とは，消費の節約，特に国の様々な使用料の節約を指す。実際，先秦諸子は一般的に倹約を重視しているが，荀子は中国史上初めて倹約を生産の発展と成長に結びつけて考察した思想家である。荀子の経済管理思想の中では，重農は富国の手段として重要である。荀子は彼以前の各重農思想を吸収・総合・改造し，先秦の重農思想に，生産技術や経営・管理の制度を加え，理論的な説明と論証が完備した体系にまで発展させた。また，荀子は「源を開いて節流する」という財テク活動の原則を提示した。荀子は，国民経済と国家財政の関係は本と末，源と流の関係であり，国家財政収入を増やす唯一の方法は国民経済を発展させることであり，税収を増やす手段だけで国庫を充実させることはできず，財政は国民経済の発展に重大な補助的な役割を果たすことができると主張した。荀子の一部の理論は中国の封建社会の歴代統治者によって重視され，運用されただけでなく，今日の経済建設の中でも現実的な

意義を持っている。

4. 結　び

　以上より，荀子は先秦思想史上の集大成者であり，荀子の管理思想の内容は非常に豊富で，彼の見解は独特で，それらは中国社会の歴史・発展の各段階に重大な影響を与えてきたし，今でも人々に吸収され，参考にされている。荀子はマクロ構造上から中国の封建経済制度に対して系統的な理論分析を行った第一人者である。荀子は他の学派の思想を融合させることで儒家思想を発展させた。荀子が他の学派思想を融合させた目的は，理論的に儒家学説を強化し，この学説を彼の時代により強い説得力と操作性を持たせ，それによって儒家の道徳と政治理想をより効果的に実現するためであった。

　現代管理学の角度から考察すると，荀子の管理思想には以下の特色がある。第一に，荀子は「富民」が富国強国の第一条件であることを強調した。第二に，礼法を重んじる管理思想である。荀子は，秩序ある社会秩序を構築するためには，すべて一定の礼・義に従うべきであり，また一定の法度が必要であり，社会生活の中で人々が礼・義を尊重し，法令を遵守してこそ，国に秩序があることを強調した。

【参考文献】
[1] 王先謙 (1986)，『諸子集成 2—荀子集解』上海，上海書店。
[2] 廖名春 (1994)，『荀子新探』台北，文津出版社。
[3] 王軍 (2010)，『荀子思想研究—礼楽重構の視角』北京，中国社会科学出版社。
[4] 孫偉 (2010)，『重塑儒家の道—荀子思想の再考察』北京，人民出版社。
[5] 高春花 (2004)，『荀子の礼学思想とその現代的価値』北京，人民出版社。
[6] 呉復生 (1998)，『荀子思想新探』台北，文史哲出版社。

（俞 进・原口俊道）

第14章　中国高齢者産業への事業展開
——日本式介護サービスを中心に——

【要旨】

　2013年に中国政府は『高齢者サービス産業の発展加速に関する若干の意見』を発表し，外資系企業を含め，高齢者施設分野への民間資本の参入を奨励する方針を発表した。先に高齢化社会に入った日本には，ある種の共通性を見いだすことができ，日本の高齢化社会の先行事例としてのノウハウ提供が期待されている。しかし，福祉事業の海外展開に関しては，現地の法律や文化が異なるため，課題も多くなっている。

　本章では，中国の高齢者産業の市場規模の拡大が予想されるなか，介護サービスを展開する日本企業の分析や介護施設を運営する中国の地場企業のヒアリングを通じて，介護ビジネスに取り組む上での課題を把握した。高齢化が進み関連需要の増大が見込まれる中国の高齢化産業において，日本式介護サービスの中国展開の可能性を探ることを目的としている。

【キーワード】：高齢者産業，介護，福祉，中国市場，日本企業

1．はじめに

　近年，高齢者人口の増加は顕著であり，世界は高齢化問題に直面している。総務省の統計データ（令和4年9月）によると，2022年の人口を占める65歳以上の高齢者の割合は日本が29.1％で，世界200の国・地域の中で最も高い。特に2025年には日本の全人口の2割弱が75歳以上という世界一の超高齢化

社会が到来する[1]。

　世界の高齢化社会が進んでいる中，特にアジアでは日本の介護サービスに対するニーズが高まっている。日本においては，2000年に介護保険が制定され，高齢者向けの介護サービス事業が民間事業者に開放され，ビジネスとしてのマーケットは大きく拡大してきた。近年，長年培ってきた介護・リハビリケアの手法，施設設計（バリアフリー等），運営，管理のノウハウ，および人材研修・育成などの経験をもとに，中国の沿海部の大都市を中心に老人ホームの運営や介護人材の育成を目的とした日本の介護事業者が増えつつある。しかし赤字で苦戦している企業は少なくない[2]。日本を代表する大手介護企業が，約10年間苦戦した末に相次いで中国から撤退した事例もある[3]。

　そこで，中国の介護市場に進出する日本の介護事業者が増えつつあるなか，本研究は日本の市場だけではなく，中国への高齢者産業へのサービスや商品を提供する事業展開を図る可能性を考察したい。本章では次の構成で進められ，第2節は高齢化の国際動向について概観し，第3節と第4節は中国高齢者産業の現状と特徴について分析し，日系企業の事業展開について考察する。そして第5節はまとめとする。

2．高齢化の国際動向

　世界の高齢化は急速に進行しており，2050年には世界の60歳以上の人口が20億人に達すると言われている。特に中国，韓国においては，日本以上の速さで高齢社会を迎えており，高齢者の健康・福祉及び社会保障ニーズへの対応などが課題となっている。

　国連の定義[4]では，65歳以上の人口比率が7％を超えると「高齢化社会」，14％を超えると「高齢社会」，21％を超えると「超高齢社会」とされている。日本は1970年に高齢化社会に突入し，1994年の時点で高齢化率14.6％を超え，高齢社会に突入した[5]。日本と中国の高齢化率という視点でみると，日本と中国の時間差はおよそ30年ほどである。中国は1999年に高齢化社会に

入って以来，高齢者人口の増加スピードは総人口の増加スピードを上回っている。2021 年の中国統計年鑑によると，65 歳以上の高齢者が 2,056 万人となり，国の人口の 14.2% を占めることになった[(6)]。

　高齢化社会から高齢社会に突入するのにかかる時間について，日本が 24 年であるのに対し，中国が 22 年，韓国が 18 年と日本を上回るスピードで高齢化が進んでいることがわかる（図表 14-1）。

図表 14-1　日中韓の高齢化速度の比較

国	7% 到達年	14% 到達年	所要年数
日本	1970	1994	24
韓国	2000	2018	18
中国	2002	2023	22

（出所）総務省の統計データ（2022 年 9 月現在推計）により著者作成。

3.　中国高齢者社会の特徴と高齢者産業

　中国は世界で二番目に人口の多い国であり，高齢化の進展に伴い，世界で最も高齢者人口の多い国にもなっている。「高齢者の絶対数が多い」，「高齢者の増加率が高い」，「高齢化のスピードが速い」，さらに，先進諸国と異なり，経済成長の途上状態の中で高齢化社会を迎えていることから，「未富先老（富む前に年老いてしまう）」，「地域格差」などの特徴が挙げられる。現在，中国の農村部では，都市部より高齢化が進んでいる。この主な理由の一つは，農村部の若年・中年層の労働者が大量に都市部に流入していることである。一方，都市部の出生率は，それ以前の一人っ子政策の影響により，農村部の出生率より低くなっている。

　このような急激な高齢化は，中国の経済，財政，社会保障，地域社会などあらゆる面において問題を引き起こすおそれがある。高齢者向けの医療，保健，生活支援，リハビリ介護に関する需要も高まりつつ，高齢者福祉介護サービス

システムの構築と強化が喫緊の課題となっている。

　従来，高齢者の介護は主に家族の責任で行われてきた。中国の近代化，都市化，人口構造の変化に伴い，家族世帯の規模が縮小し続けていることから，高齢者介護の問題をさらに悪化させている。中国は高齢化が急激に進む中，国レベルの計画，政策 [7], [8] を設定し，今後も消費拡大は見込まれる高齢者事業 [9] に取り組んでいる。

　中国において高齢者産業とは，高齢者の生活，健康，安全及び社会発展への参加を保障・改善することにより，高齢者の扶養，医療，社会参加，学習，娯楽，安寧を確保する（原文は「老有所養，老有所医，老有所為，老有所学，老有所楽，老有所安」）の目的で，各種の養老及び関連製品とサービスを提供する生産活動を含む。中国の国家統計局による「国民経済産業分類」[10] をもとに，以下の12の大分類に分けて定義する：

- ・介護ケアサービス
- ・高齢者健康促進・社会参加
- ・高齢者関連教育訓練・人材サービス
- ・養老科学技術・スマート養老サービス
- ・その他養老サービス
- ・高齢者用品・関連製品販売・リース
- ・高齢者医療衛生サービス
- ・高齢者社会保障
- ・高齢者関連金融サービス
- ・養老公共マネジメント
- ・高齢者用品・関連製品製造
- ・養老施設建設

4. 高齢化対策における日中協力と中国進出の考察

(1) 高齢化政策

　高齢化が急速に進展している中国において，中国政府はその対策としての高齢者向け福祉介護サービス政策の企画策定を強化している。政府は 2006 年から高齢者政策を講じ始め，2011 年 9 月には「中国老齢事業発展第 12 次五カ年計画」を発表し，高齢者のうち 90％は在宅で訪問サービスを中心に，7％は社区（コミュニティー）でコミュニティーサービスセンターを中心に，3％は施設で過ごすという具体的な「9073」目標を打ち出した。高齢化の深化に伴い，

在宅介護サービスの向上，地域密着型介護サービスの充実，高齢者介護施設の医療機関への連携が急務となっている。

2017年2月に「第13次五カ年計画」国家高齢者事業発展及び養老体系の構築計画が策定された。中国の小康社会（ゆとりある社会）の全面的実現の成否を左右する時期であり，中国の高齢者事業改革の発展及び養老体系構築にとって重要な戦略である。医療と介護の一体化を強化し，高齢者介護サービスシステムを構築し，高齢者の健康生活水準を向上させることを提案している。

中国国務院は2022年2月，「第14次五カ年（2021〜2025年）計画期間の国家高齢者事業の発展と養老サービス体系に関する規画」を発表した。2025年までに高齢者向けサービスの供給拡大，高齢者の健康支援システムのさらなる整備，高齢者サービスに関する多様な業態の融合発展などについて目標を設定した。以下の事項を重点的に取り組んでいる。

- ・ 社会保障の整備とボトムアップ型高齢者サービスの強固なネットワークの構築，
- ・ 包括的な高齢者サービスの適用範囲の拡大，
- ・ 自宅と社区（コミュニティー）の高齢者サービス能力の強化，
- ・ 高齢者の健康支援システムの改善，
- ・ シルバー経済の発展

以上のことにより，高齢者介護サービスシステムの構築は，中国政府が人口高齢化に対処し，社会の発展を維持するため重視する民生事業である。

(2) 日中協力

日本は中国に先駆けて高齢化社会が進展しており，その豊富な経験をもとに，両国の政府関連機関はこれまでもさまざまな形で協力してきた。国際協力機構（JICA）は中国の民政部と2016年5月から2020年5月までの4年間にわたり技術協力プロジェクト（日中高齢化対策戦略技術プロジェクト）を展開した。厚生労働省と中国国家衛生健康委員会は，2018年10月に「日本国厚生労働省と中華人民共和国国家衛生健康委員会との間の高齢者介護の協力に関する行

動計画（2018〜2022年）」に署名した。経済産業省は中国国家発展改革委員会との協力のもと，「日中介護サービス協力フォーラム」を北京，東京で開催した。

　近年の急速な高齢化に伴って政府が高齢者産業における民間ビジネスを積極的に推進している。日本の介護サービス，福祉機器・用品及び関連製品の事業者と中国現地の事業者とのネットワークの構築を通じたビジネスチャンスの創出，日本のサービス・製品の認知度の向上及び優位性のアピールを目的に，JETROは，高齢者関連産業の政策動向について調査し，2013年から日中高齢者産業交流会を開催した（図表14-2）。

図表14-2　2013-2019　JETRO主催の日中高齢者産業交流会の回数

年度	2013	2014	2015	2016	2017	2018	2019	合計
東京				1	1	1	1	4
北京	1	1	1	1	1	1	1	7
上海			1	1	1	1	1	5
大連		1	1	1	1	1	1	6
南京		1	1	1	1	1	1	6
天津			1	1	1	1	1	5
広州			1	1	1	1	1	5
瀋陽				1	1	1	1	4
成都			1		1	1	1	4
重慶				1	1	1	1	4
西安				1	1	1		3
済南		1	1				1	3
青島					1	1		2
煙台				1	1			2
杭州			1	1				2
秦皇島						1	1	2
武漢			1				1	2
ハルビン					1			1
長春				1				1
威海						1		1
鄭州						1		1
長沙						1		1
太原							1	1
合計	1	4	10	13	14	16	14	72

（出所）JETROのデータにより著者作成。

(3)「日本式」介護サービス

　日中両国は世界の高齢者人口大国であり，高齢化への挑戦に直面している。中国では，1980年より「一人っ子政策」が全国的に実施され，核家族化が急激に進んだ。子世代が年老いた親世代の面倒をみるという従来の高齢者扶養機能が低下している中，要介護・要支援高齢者数の増加が続いている。また，高齢者福祉施設ではなく，自宅で老後を過ごしたいと考える高齢者も少なくない。このため，いわゆる「空巣高齢者」の問題は近年，中国の大きな社会問題になっている。

　このような状況の中で，日本で培ってきたノウハウ，経験といった強みを有する日本企業は中国の沿海部の大都市を中心に，老人ホームの運営を主としながら，介護人材の育成など日本式介護サービス分野で事業展開を進めつつある。しかし，日本式の介護サービス事業を展開している日系企業はいまだに中国市場に浸透していない。その理由は以下のように考えられる。

1）介護に対する理念

　高齢化の進展に伴い，要介護高齢者の増加，介護期間の長期化など，介護ニーズはますます増大していく。介護サービスの理念は単に介護を要する高齢者の身の回りの世話をすることを超えて，高齢者の自立を支援することを理念としている。

　自立支援とは高齢者一人一人が住み慣れた地域で，その能力に応じて自立した日常生活を営むことができるように支援することである。利用者の意欲を引き出し，潜在能力，利用者の強み，できそうなことなどを見出し，それを最大限発揮できるような支援を行う。また，利用者の要介護状態等の軽減または悪化の防止に役立つような支援を行うことである。高齢者の自立は，高齢者自身の生活の質の向上，健康寿命の延伸，尊厳の回復に繋がるだけでなく，家族にも社会にも有益となる。

　日本の予防介護サービスは，ますます増加する健康保険料や介護費用の削減を目的としていることが特徴的である。高齢者への老化防止対策やリハビリテーションの知識，できるだけ自分の力で自立できるように促すこと，在宅介

護予防や通所介護予防などの予防サービスを通じて半身不随者の心身の健康を回復させることに重点を置いている。予防介護サービスは，居宅，地域，施設サービスを通じて提供することができる。

　中国において高齢者介護は家族にとって負担が重くなるという問題は認識しているが，介護については身の回りの世話といった誰でもできる仕事という解釈にとどまり，「できないことを手助けするのではなく，できるように導く」という「自立支援」の概念はなかった。高齢者が少しでも自分らしく生活できるようにすることの理解は非常に希薄である。

２）中国富裕層のニーズ

　日本企業は富裕層を対象とする事業展開が特徴であるため，中国の富裕層のニーズを把握することが重要となる。また，介護保険も制度化されていないため，日本のビジネスモデルをそのまま移行することが難しい。

　これからの高齢者は豊かな暮らしをしてきた人たちで，実用性より豪華さを好み，日常生活を他人の介助に頼る富裕層高齢者も多く，要介護者の人権を尊重し，残った身体機能の維持を重視する，丁寧できめ細かな日本式介護サービスの特徴を理解できない。在宅サービスについては，ほとんどが家政婦サービスの延長と思われている。入居者の家族が高齢者に無理をさせたくないことから必要以上に介助を求めることが多く，日本式介護サービスに強く反発することも少なくない。

　従って，これからの中国における介護職養成は非常に重要であると思われる。サービス業の海外展開では日本の特色を維持しながらも，現地ニーズに合わせて生き残るための現地化経営が欠かせないと思われる。

　中国の『高齢者介護サービスシステム構築計画（2011 ～ 2015 年）』では，高齢者介護サービスの内容として，高齢者のリハビリケア，生活介護，緊急時の救援，精神的な安らぎ，社会参与などの高齢者介護サービスを提供すると説明されている。高齢者介護サービスの内容を，生活養老，健康養老，文化養老の３つの分野に分けている。

3）介護政策の実施

中国では今後更なる高齢化の進展に伴い，要介護状態の高齢者が更に増えると予想されている。中国における高齢者介護サービスの問題点としては，中央政府の政策は目標にとどまっており，地方政府に対して法的拘束力がないことがある。現在，高齢者向けの法律は 1996 年 10 月に施行された「中華人民共和国老人権益保障法」しかない。中国は 2020 年から中国版介護保険である「長期介護保険制度」のパイロット事業の展開にあたり，法的な規定を特に出していない。

また，中国各地域で経済水準が異なり，中央が発行する政策の実施状況にも差がある。今後全国統一版の介護保険制度を構築する際，地域間の調整がかなり深刻な課題になる。介護サービス事業者への資金援助も，事業者の監督管理も，まだまだ問題が多い。地方政府は独自の高齢化対策を策定し民間資本参入のための支援拡大を計画しているものの，財源の確保が課題となっていることが挙げられる。

4）介護人材の育成

中国の高齢者数（65 歳以上）は日本の総人口を上回る規模となっている。要介護者数が増加する一方，介護人材不足が深刻と言える。現状では，介護の主な担い手は内陸部や農村部出身の比較的貧しい家庭の 40 〜 50 歳代の低学歴の中年女性がほとんどで，介護分野への従事資格には明確な決まりがなく，専門知識を身につけた人材が少ない。そのため，高齢者の身の回りの世話はできるが心理面のケアを含めた高度な介護が難しいという問題に直面している[11]。

介護サービスの水準を向上させるため，政府は 3 年制の職業技術大学で，介護分野の複数の専攻を積極的に開設し，高度な高齢者介護サービス人材の育成を促進している。しかし，介護業界に対してきつい・汚い・危険の「3K」のイメージを持っている方は依然多いのが現状で，中国では高齢者介護の仕事は重労働の割に待遇があまりよくないため，Z 世代の若者は，親も子供が高齢者の世話をすることを敬遠し，介護施設への就職を希望する大卒生が少ないのが現状である。現場で働く介護人材の確保・育成の重要性も一段と高まる。

　中国政府は，高齢者事業を管轄する民政部だけでなく，教育部，人力資源社会保障部などの部門でも介護人材の育成策を相次いで発表しているが，介護人材の募集難，定着難を解決する有効な解決策は，介護人材の待遇改善，介護職の社会的地位の向上などがいえる。

　日本と同様に「介護人材の確保」は多くの事業所にとって共通の課題だろう。介護業界では人手不足によるサービス低下や労働環境の悪化による離職率の上昇，経営状態の悪化が危惧される。したがって，高齢者介護サービスの人材チームを安定させるためには，単に採用を強化するだけではなく，制度を充実させることで，離職率の低減や新たな人材の採用につながることが期待される。

　具体的な対策手法としては，介護業界のIT導入などが挙げられる。例えば，日々の日報や管理の書類作成は，紙ベースからデータ化や，タブレットデバイスの導入による作業時間の低減，見守り支援ロボットなどのIoT機器の導入による業務負担の低下などがある。これらの作業にペーパーレス化・ITサービスを導入することで，負担軽減による労働環境の改善だけでなく，作業に費やしていた時間を介護サービスにあてることができ，施設利用者の満足度の向上も期待できる。

5.　結　び

　中国では今後も高齢化が進むと推計されている。急速に高齢化が進んでいる中国において，日本の介護サービスに対するニーズが高まっている。しかし，介護に対する理解は，中国と日本とでは隔たりが大きい。日本では高齢者の自立支援を重視する介護サービスの傾向にあるのに対し，中国では「至れり尽くせり」の配慮を求める高齢者が多い。

　このように，福祉事業の海外展開には多くの課題があり，その中で中国の社会保険に関する法制度，文化，慣習などの理解，事業パートナーの選定，介護人材の育成などに対応する必要がある。中国向け介護サービス事業を展開するため，特に高齢者の「自立支援」に焦点を当てる日本式介護の理念の理解，マー

ケティング力，あるいは日本式介護の現地化など対応が求められる。

　今後の研究としては，「日本型福祉サービス」をいくつかの要素に分類し，要素別に中国移転を検討すると同時に，①撤退企業，②成功企業，③赤字企業など事例の比較分析を行う予定である。

【引用文献】
(1) 内閣府（2023），『令和 5 年版高齢社会白書』。
(2) ダイヤモンド・オンライン編集部「中国で日本の介護会社が苦戦，『日式』の強みを生かせない理由」，2017 年 8 月 4 日，https://diamond.jp/articles/-/137493（2023 年 10 月 1 日閲覧）。
(3) 王青，中国の介護市場で生き残った日本企業が酷評され，撤退企業が尊敬される理由，ダイヤモンド・オンライン，2022.11.18，https://diamond.jp/articles/-/312994，（2023 年 10 月 1 日閲覧）。
(4) 内閣府（2021），『令和 3 年版高齢社会白書』。
(5) 内閣府（2020），『令和 2 年版高齢社会白書』。
(6) 中国統計局，『中国統計年鑑 2021』。
(7) 包敏（2020），「中国における高齢者介護サービスの現状と今後〜「国務院弁公庁による高齢者介護サービスの発展推進に関する意見」を中心に〜」東京医科歯科大学教養部研究紀要第 50 号：13-29。
(8) 張継唐，高橋文行（2022），「中国における高齢者福祉介護サービス政策の考察：介護サービスの提供方式と内容を中心に」政策情報学会誌，第 16 巻第 1 号。
(9) 高橋海媛（2020），「拡大する中国・高齢者消費市場」三井物産戦略研究所。
(10) 中国国家統計局「国民経済業界分類」（GB/T 4754-2017）（2017 年国民経済行业分类（GB/T 4754—2017））
(11) 呉冬梅「介護人材不足が深刻（中国）」，JETRO 地域・分析レポート，2021 年 3 月 30 日。

（高橋文行・徐 雪青）

第 15 章　ブランドイメージの消費者購買意図への影響
——インド市場における日本家電メーカーを中心として——

【要旨】

　本章では，ブランドイメージが消費者の購買意図にどのような影響を与えるのかを明らかにすることを目的とする。分析結果，既存の高性能・高品質ブランドというイメージが消費者の購買意図に大きな影響を与えていることが明らかになった。また，インド消費者が日本家電メーカーに対し持っているブランドイメージが堅固で，購買意図につながる影響力が高く，知覚品質が購買意図に有意な影響を与えていることが分かった。

【キーワード】：ブランドイメージ，知覚品質，購買意図，家電メーカー，
　　　　　　　　インド市場

1．はじめに

　インドは，2014 年に誕生したモディ政権の大胆な規制改革や製造業育成政策，IT 分野における豊富な労働力などから，多くのグローバル企業の進出が相次いでおり，高い経済成長を実現している有望な市場である。また，インド市場は価格感度の高い市場として認識されてきたが，高度経済成長に伴う所得の増加や消費パターンの多様化，購買力の高い中間層の増加により従来の低価格製品中心の購買傾向から，グローバルスタンダードの品質を備えた海外ブランド製品への選好度や購買意図が高まっている傾向が見られる。このように変化しているインド消費者の購買意図に，価格のみならずブランドイメージなど

の様々な要因が影響を与えていると予測される。

　ブランドイメージは，消費者のリスク認知や製品評価，購買意図に影響を与え，消費者の知覚品質や購買意図に重要な手がかりになるということは多くの研究によって明らかになっている。一方，ブランドイメージに関する研究は，これまで先進国を対象として数多く行われてきたが，最近は先進国のみならず新興国を対象とする研究が活発に行われている。Zarantonello et al.(2020)は，ブランド認知や知覚品質，ブランド価値，ブランドロイヤルティなどの様々なブランド要因と市場シェアとの関係について先進国と新興国を比較分析し，市場シェアとの関係性は先進国では地場ブランドが強く，新興国ではグローバルブランドが強く現れることを明らかにしている [1]。しかし，新興市場に関する研究の観点から，インドは世界で最も急速に経済成長を遂げている発展途上国の一つであるにもかかわらず，他の国々に比べ研究者の関心が薄いのが現実である [2]。特に，日本国内では新興国でのブランドイメージ要因と関連して地理的に距離が近く，貿易依存度の高い中国市場を対象とした研究がほとんどである。インド市場に関する日本国内の研究は，2004年以降重要性が高まっているブリックス（BRICS）市場の一国として，あるいは中国とインドを同一の研究対象として捉えた分析が行われてきた。たとえば，中国とインドの消費者が日本製品を選択する際の製品の機能，ブランド個性の影響に関する比較分析や，ブリックス諸国での消費者態度に関する研究などである。一方，先進国市場や中国市場に関する研究に比べ，インド市場におけるブランドイメージが消費者行動に与える影響に関する研究は量的にも質的にも非常に少ないのが現状である。

　したがって，本章ではインド市場のみを対象として，多くの産業分野の中でも速いスピードで成長している家電市場を選定し，インド消費者が持つ日本家電メーカーに対するブランドイメージ，知覚品質，購買意図について，インドに進出している日本を代表する家電メーカーのソニー，パナソニックを選定し，実証分析を行う。

2．仮説および研究モデルの設定

　以下では，先行研究に基づき，研究仮説を設定し，測定項目を選定する。その後，研究モデルを構築し，分析方法を提示する。

（1）研究仮説の設定

1）ブランドイメージが知覚品質に与える影響

　Cretu and Brodie（2007）の研究では，ブランドイメージが知覚品質，消費者価値，顧客ロイヤルティに肯定的な影響を与えるという研究結果を導き出しており [3]，Keller（1993）の研究によると，広告は消費者にブランドの機能的性能と象徴的価値に関する情報を提供し，ブランドの機能的・象徴的要因に関する情報を得た消費者がその後製品の知覚品質に影響を受ける。したがって，製品イメージが良ければ良いほど，製品の知覚品質において肯定的になり，広告などを通じて形成された好ましいブランドイメージは，消費者の知覚品質に影響を与え，差別的な企業競争力を高める要素となる [4]。

　このような論理を検証するために，ブランドイメージの測定要因として象徴的要因と機能的要因で構成し，知覚品質は製品要因とサービス要因で構成する。

　【仮説 1】は，インドの家電市場におけるブランドイメージと知覚品質との間には有意な正の相関関係があり，ブランドイメージの各要因が知覚品質要因に影響を与えるという仮説を以下のように設定する。

　【仮説 1】：ブランドイメージは，知覚品質に正の影響を与える。

　【仮説 1-1】：ブランドイメージの象徴的要因は，知覚品質の製品要因に正の影響を与える。

　【仮説 1-2】：ブランドイメージの象徴的要因は，知覚品質のサービス要因に正の影響を与える。

　【仮説 1-3】：ブランドイメージの機能的要因は，知覚品質の製品要因に正の影響を与える。

【仮説 1-4】：ブランドイメージの機能的要因は，知覚品質のサービス要因に
　　正の影響を与える。

２）知覚品質が購買意図に与える影響

　知覚品質について多くの研究が行われており，上述のブランドイメージと知
覚品質間の仮説設定で検討したように知覚品質は製品に対する消費者の判断に
よる全体的な評価と定義することができる。Dodds et al. (1991) の研究では，
好意的な態度が製品の品質と価値に肯定的な影響を与え，最終的には当該製品
を継続的に購入しようとする購買意図に肯定的な影響を与えることが明らかに
なっており [5]，Apil et al. (2007) は，外国製品を購買しようとする消費者は，
放送媒体，印刷媒体，販売員が提供する情報により製品の品質を知覚し，その
後他人への推奨，購買意図，プレミアム価格の支払い意向などの製品評価に影
響を与えると述べている [6]。

　以上の先行研究に基づき，媒介変数である知覚品質が従属変数である購買意
図にどのような影響を与えるかを調べるため，次のように仮説を設定する。

【仮説 2】：知覚品質は，消費者の購買意図に正の影響を与える。

【仮説 2-1】：知覚品質の製品要因は，消費者の購買意図に正の影響を与える。

【仮説 2-2】：知覚品質のサービス要因は，消費者の購買意図に正の影響を与
　　える。

図表 15-1　研究モデル

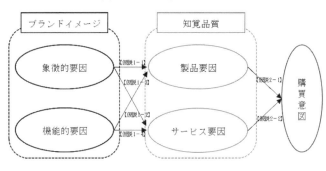

（出所）筆者作成。

(2) 研究モデルの設定

　上記の仮説をもとに，インド家電市場において日本家電メーカーのブランド
イメージが知覚品質にどのような影響を与え，購買意図にどのような影響を与
えるのかについて調べるために研究モデルを図表 15–1 のように設定する。

　本研究モデルは，ブランドイメージを独立変数に設定し，知覚品質を媒介変
数，購買意図を従属変数に設定する。また，ブランドイメージを象徴的要因と
機能的要因にわけ，媒介変数の知覚品質は，製品要因とサービス要因を含めて
測定し，従属変数は購買意図を通じて測定する。

(3) 研究方法

1）変数の操作的定義と測定

　研究モデルを検定するために選定した各変数の概念的定義のみならず，測定
可能な操作的定義も必要である。本研究の実証分析で用いられる各変数の操作
的定義と測定方法は，既存の研究をもとに修正・補完し，「強く同意する・や
や同意する・どちらともいえない・やや同意しない・まったく同意しない」の
5 段階のリッカート尺度を用い測定する。

ア）ブランドイメージ

　ブランドイメージとは，意味を持って組織化された連想の集合で，単に複数
の連想を集めたものではなく，組織化された連想がある意味を持つように形成
された結晶体と定義される。ブランドイメージをより具体的に区別してみると，
機能的イメージと象徴的イメージ，経験的イメージの 3 つに分けることがで
きる[7]。また，Dobni and Zinkhan (1990) は，ブランドイメージを包括的
定義，象徴的定義，意味・メッセージの定義，擬人化の定義，認知的・心理的
要素の定義の 5 つのカテゴリーに分類している[8]。

　上記の先行研究に基づき，ブランドイメージを測定するために，Keller
(1993)，Dobni and Zinkhan (1990) の研究で使用された項目をもとに，6
項目で測定する。

図表 15-2　ブランドイメージの測定項目

測定要因	測定項目
象徴的要因	1. 該当ブランドは，新しく流行をリードする。 2. 該当ブランドは，私が誰であるかを反映する。 3. 該当ブランドは，他の人に誇示できる。
機能的要因	1. 該当ブランドは，価格が合理的である。 2. 該当ブランドは，価格に比べ品質が良い方である。 3. 該当ブランドは，消費者のニーズとユーザーの機能的なニーズを十分に満たしてくれる。

（出所）Keller（1993），Dobni and Zinkhan（1990）をもとに筆者作成。

イ）知覚品質

　Zeithaml（1988）の研究によれば，知覚品質は，製品・サービスがもともと意図することに応じて消費者の心の中に形成される全体的な優秀性・卓越性について消費者が判断するものと定義している[9]。また，Garvin（1987）は，知覚品質を測定するために，性能，外観，信頼性，調和，耐久性，サービス能力，美的感覚，イメージの8項目を使用している[10]。

　上記の先行研究に基づき，知覚品質とは，製品・サービスに関して消費者が認識する全体的な品質レベルであり，消費者の心の中に形成された全体的な優秀性・卓越性について消費者が認識し，喚起された集合間の相対的優位性に関する判断と定義する。また，知覚品質を測定するために，Garvin（1987），Zeithaml（1988）の研究で使われた項目に基づき，図表15-3のように6つの

図表 15-3　知覚品質の測定項目

測定要因	測定項目
製品要因	1. 該当ブランド製品の技術は他の製品よりも先進的である。 2. 該当ブランド製品は堅固で他のブランドに比べ頻繁に修理する必要がない。 3. 該当ブランド製品は他のブランドに比べ種類が多様である。
サービス要因	1. 該当ブランド製品は優れたアフターサービスを提供する。 2. 該当ブランド製品は私が欲しいアフターサービスを提供する。 3. 私が投資した費用や時間と同じくらい良いアフターサービスを提供してくれる。

（出所）Garvin（1987），Zeithaml（1988）をもとに筆者作成。

項目で測定する。

ウ）購買意図

Fishbein and Ajzen（1980）の行動意図モデルによると，行動意図は行動態度と主観的規範によって規定される[11]。そして，行動は特定の行動意図の結果として形成され，それ自体では行動を予測することはできないが，行動意図を予測することはできる。また，Assael（1995）の消費者行動研究では，購買意図は実際の購買行動に関連しており，購買に最も近い概念であり，購買行動を予測できる重要な予測変数と見做されている[12]。既存の先行研究が明らかにしたように，サービス品質，購買態度，満足度など様々な要因が購買意図に影響を与える。

このような先行研究に基づき，購買意図を消費者の信念や態度が行動につながる可能性と定義し，Fishbein and Ajzen（1980），Assael（1995）の研究を参考にし，3 つの項目を 5 段階のリッカート尺度を用いて測定する。

図表 15-4　購買意図の測定項目

測定要因	測定項目
購買意図	1. 私は該当製品を買う意思がある。 2. 私は該当製品を確実に買おうと思う。 3. 私は該当製品が他の製品に比べ値段が高くても買う意思がある。

（出所）Fishbein and Ajzen（1980），Assael（1995）をもとに筆者作成。

（4）資料収集および分析方法

資料収集は，2022 年 4 月から 6 月までオンラインとオフラインでアンケートを配布する方式で行われた。標本の抽出は非確率標本抽出法の中で便宜的抽出法を用い，適切な調査対象を選定するためにアンケートを実施する前に国籍，居住地域，英文の読解力の有無について質問した。2022 年 4 月，デリーと首都圏地域のショッピングモールでアンケート 200 部を配布して回収し，5 〜 6 月には，オンラインアンケート Google フォームを介してニューデリー地域在住の消費者に 200 部を配布し，140 部を回収した。合計 400 部のアンケートが配布され，回収された 340 部のうち無効な回答と判明した 35 人のデータを

除いた 305 部が分析に使われた。

　本章の仮説とモデルを検証し分析するために，SPSS 25.0 および AMOS 25.0 プログラムを用い統計分析を行い，本章で設定した仮説は，各変数間の構造的な関係を探索しなければならず，構造方程式モデルを通じて分析を行っている。

3．実証分析および結果

　研究モデルでは，潜在変数間の影響関係を検証するために経路分析を行い，その結果は，図表 15-5 のようになった。

図表 15-5　研究モデルの経路分析結果

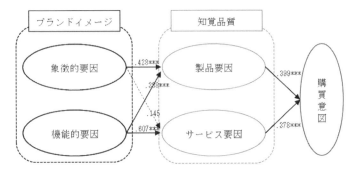

注）支持された仮説は実線で，棄却された仮説は点線で示されている。
（出所）筆者作成。

　ブランドイメージの機能的要因は，知覚品質のサービス要因に P 値 0.001 レベルで有意な正の影響を及ぼすことが示された（β =0.607, p<0.001）。すなわち，ブランドの機能的要因が高いほど知覚品質のサービス要因が高く評価されることが分かった。また，知覚品質の製品要因（β =0.399, p<0.001）とサービス要因（β =0.378, p<0.001）は購買意図に有意な正の影響を及ぼすことが明らかになった。

　本研究で設定された仮説のうち，研究モデルの仮説を検定するために経路分

析を行い，その結果は図表 15-6 のようになった。

図表 15-6　研究モデルの経路分析および仮説検定

仮説	B	S.E.	β	C.R.	p	結果
1-1	0.395	0.093	0.428	4.052***	<0.001	採用
1-2	0.174	0.116	0.145	1.464	0.136	棄却
1-3	0.253	0.055	0.388	4.540***	<0.001	採用
1-4	0.531	0.078	0.607	6.662***	<0.001	採用
2-1	0.563	0.127	0.399	4.323**	*<0.001	採用
2-2	0.409	0.091	0.378	4.384***	<0.001	採用

（出所）筆者作成。

　ブランドイメージと知覚品質に関連する【仮説 1】は，ブランドイメージの象徴的要因と機能的要因が知覚品質の製品要因とサービス要因に有意な影響を与えるかを検証するためのものである。【仮説 1-1】と【仮説 1-2】は，象徴的要因が製品要因に P<0.001 レベルで有意に影響を与えることが示され，【仮説 1-1】のみが採用された。【仮説 1-3】および【仮説 1-4】の場合，機能的要因は製品要因とサービス要因の両方で P<0.001 レベルで統計的に有意な結果を示し，【仮説 1-3】と【仮説 1-4】の両方が採用された。

　【仮説 2】は，知覚品質の 2 つの要因が購買意図に有意な影響を与えるか検証するためのものである。【仮説2-1】と【仮説2-2】はいずれも P 値有意水準.001 で有効であったので採択された。

4．分析結果の要約

　分析結果をまとめてみると，次の通りである。第一に，ブランドイメージの象徴的要因と機能的要因が知覚品質の製品要因に統計的に有意な影響を与えており，知覚品質のサービス要因には，機能的要因のみが影響を与え，インド消費者が日本企業の製品品質を知覚する上で，ブランドイメージの象徴的，機能的イメージがすべて影響を与えていることが分かった。

　第二に，ブランドの象徴的イメージが知覚品質に与える影響においては，機能的イメージより係数値が高く現れている。このような結果は，これまで日本

企業が構築してきたブランドイメージに起因すると判断される。日本家電メーカーは，これまで新興市場へ進出する際，富裕層を主要ターゲットとして，高品質・高性能の製品に注力してきた。ブランドイメージの毀損にかなり慎重な姿勢を示し，中・低価格の製品の生産には消極的だったのである。また，現地市場の特性を反映した製品を発売するのではなく，先進国市場で構築されたものを若干修正し発売した。これは日本企業の新興国市場進出の失敗につながり，インド消費者に日本製品は先進国市場同様に販売されている高級製品というイメージを与えたと判断される。その結果，日本の企業ブランドイメージ要素のうち，象徴的要因が知覚品質の製品要因に与える影響の係数値が高く現れていると考えられる。

　最後に，知覚品質のサービス要因には，機能的要因のみが有意な影響を与えることが示され，サービスの側面において日本の企業ブランドに対し象徴的要因を通じて知覚するサービス品質，機能，価格が大きな影響を及ぼさないと判断される。ただし，企業ブランドイメージの機能的要因が知覚品質のサービス要因に向かう経路の係数値が高く現れている。このような結果は，インド消費者が日本の企業ブランドの機能的要因を通じ，品質のサービス要因により多くの影響を受けていることを示している。

5．結　び

　従来の研究は，インド市場の価格感度のみに集中してきた傾向がある。しかし，インド中間層の成長と規模の拡大に伴い，消費パターンが変化し，価格以外の要因，特にブランドイメージに影響を受ける現象が現れつつある。このような変化を踏まえ，本章では，インド市場における日本企業のブランドイメージ要因が知覚品質を通し，購買意図にどのような影響を与えるのかを明らかにした。インド市場におけるブランドイメージが購買意図に与える影響に関する先行研究は，国内外においてまだ体系的に研究されていないのが現状であり，本研究が学術的に寄与することがあると判断される。特に，中国や開発途上国，

BRICS などに括り付けることなく，インド単一市場のみを対象として分析を行い，インド中間層消費者が認識している日本の企業ブランドイメージについて実証分析を通じて明らかにしている点でも戦略的意義があると考えられる。

　さらに，今後インド市場へ進出しようとする企業にとって効果的なマーケティング戦略やブランドイメージの強化戦略を提示するなど幾つかの戦略的示唆を提供している。ブランドイメージの強化戦略については，本研究の分析結果，日本の企業ブランドイメージは，機能的要因が知覚品質の製品要因とサービス要因に統計的に有意な影響を与えていることが分かった。これは，インド消費者がブランドの機能的に優れたイメージに影響を受けることを意味する。このようにインド消費者にとってブランドの機能的要因が重要であることから，第 4 次産業革命の時代の最先端技術を活用し，企業ブランドの機能的イメージ要素をより堅固に構築する必要があると推察される。

【引用文献】

(1) Zarantonello, LGrappi, S., Formisano, M., & Brakus, J (2020), "How consumer-based brand equity relates to market share of global and local brands in developed and emerging countries" *International Marketing Review 37 (2)*, pp.345-375.

(2) Kumar, A., Lee, H.-J. & Kim, Y.-K (2009), "Indian consumers' purchase intention toward a united states versus local brand" *Journal of Business Research 62 (5)*, pp.521-527.

(3) Cretu, A. E., & Brodie, R. J (2007), "The influence of brand image and company reputation where manufacturers market to small firms: A customer value perspective" Industrial marketing management 36 (2) , pp.230-240.

(4) Keller, K. L (1993), "Conceptualizing, measuring, and managing customer-based brand equity" *Journal of marketing 57 (1)*, pp.1-22.

(5) Dodds, W. B., Monroe, K. B., & Grewal, D (1991), "Effects of price, brand, and store information on buyers' product evaluations" *Journal of marketing research 28 (3)*, pp.307-319.

(6) Apil, A. R., Kaynak, E., & Yalcin, S (2007), "Foreign product purchase behavior in transition economies: An empirical analysis of product information sources among Georgian consumers" *Journal of Promotion Management 13 (3-4)*, pp.321-337.

(7) Park, C. W., Jaworski, B. J., & MacInnis, D. J (1986), "Strategic brand concept-image management" *Journal of marketing 50 (4)*, pp.135-145.

(8) Dobni, D., & Zinkhan, G. M (1990), "In search of brand image: A foundation analysis" *ACR North American Advances 17*, pp.110-119.

(9) Zeithaml, V. A (1988), "Consumer perceptions of price, quality, and value: a means-end model and synthesis of evidence" *Journal of marketing 52 (3)*, pp.2-22.

(10)　Garvin, D. A (1987), "Competing on the Eight Dimensions of Quality" *Harvard Business Review*, pp.101-109.

(11)　Fishbein, M., & Ajzen, I (1980), "Prediction of goal directed behavior: Attitudes, intentions, and perceived behavioral control" *Journal of Experimental Social Psychology 22*, pp.453-474.

(12)　Assael, H (1995), Consumer behavior and marketing action, Ohio: South-Western College Pub.

（李　君在）

第16章 グローバル企業に係る税務上の課題
——外国法人税等の範囲を中心に——

【要旨】

　本章では，外国税額控除制度における「外国法人税等」の概念とグローバルミニマム課税制度における「対象租税」の概念の異同点を明らかにするため，日本の法人税法等とOECD租税モデルなどを対象に分析した。

　その結果，①両概念は，反対給付を要しない支払額であり，徴収方法・関連法令の名称に関連しないという共通点を有し，②「対象租税」は所得のほか，収益・利益に対して課される租税も含むため，「外国法人税等」の範囲より広いという結論に至った。

In order to clarify the differences between the concept of "foreign corporate tax, etc." in the foreign tax credit system and the concept of "Covered Taxes" in the global minimum tax system, This chapter has examined Japan's corporate tax law and the OECD's tax model and reached the following conclusions. ① Both concepts have something in common: a compulsory unrequited payment to General Government and are unrelated to collection methods, ② "Covered Taxes" also refers to taxes levied on income and profits. The scope is broader than that of "foreign corporation tax, etc."

【キーワード】：外国税額控除，外国法人税等，グローバルミニマム課税制度，
　　　　　　　対象租税

1. はじめに

　日本企業が外国に子会社等を設けて事業を行い，当該子会社等が所得を稼得した場合，源泉地国である外国で所得に係る法人税等を納付する義務がある。日本にある子会社の親会社は，外国にある子会社の所得も含め，全世界の所得に対して，居住地国である日本で法人税を納付する義務がある。この場合，外国の子会社の所得に対し，源泉地国での課税のほか，その親会社の居住地国でも課税され，二重課税が生じる。

　上記の二重課税の排除方法として，外国所得免除方式（exemption method）及び外国税額控除方式（foreign credit method）がある。外国所得免除方式は，居住地国（源泉地国同士の競合による二重課税の場合は，片方の源泉地国）が課税権を放棄する方法であり，外国税額控除方式は，子会社が稼得した外国源泉の所得を親会社の課税対象にしながら，子会社等が外国での納付税額を控除する方法である。日本では，外国子会社から受け取る配当等などを益金不算入（外国子会社配当益金不算入）としており，外国税額控除方式と外国所得免除方式の折衷方式を採用している。

　グローバルミニマム課税制度とは，国家間の税率引き下げ競争に歯止めをかけるため，実効税率が15％以下である国で事業を行う子会社等を所有する親会社は，当該子会社などが15％の税率で計算された税額との所得源泉地国での実際納付税額との差額を親会社の居住地国で納付する制度をいう。国別の実効税率の計算方法は，「特定の国での納付税額（調整後対象租税額）÷特定の国における純所得の金額」による。

　ところで，外国税額控除制度における税額控除可能な「外国法人税等」の範囲とグローバルミニマム課税制度における「対象租税」の範囲が一致しているか否かが明らかではない問題がある。両概念の異同点は，外国で子会社等を設けながら事業を展開する日本企業にとって，重要なことである。その理由は，①同一の子会社等が外国で納付した税額であるなら，外国税額控除制度の下で

の税額控除可能な「外国法人税等」とグローバルミニマム課税制度の下での「対象租税」も一致しなければならない前提が成り立たないほか，②実務上，両制度に基づく日本企業（親会社）の事務負担の増大につながることになる。

　そこで，本章では，①外国税額控除制度における税額控除可能な「外国法人税等」の範囲と②グローバルミニマム課税制度における「対象租税」の範囲の明確化を目的に，日本の法人税法等及び OECD のモデル条約等を分析する。

2. 外国税額控除制度の控除可能な「外国法人税等」

(1) 外国税額控除制度の概要

　外国税額控除とは，日本の親会社の居住地国で子会社が稼得した外国源泉の所得を課税対象に合算して納付税額を計算し，当該納付税額から子会社等が外国での納付税額を控除する方法をいう。外国子会社の所得を有する日本の親会社は，外国税額控除に係る制度に従って，外国子会社の所得を含む全世界からの所得を計算したうえ，納付すべき税額から外国子会社の所得に係る所得源泉地国での納付税額を差し引いた金額を，日本の課税当局に納付することが多い[注-1]。

　外国税額控除の役割について，金子宏教授（2020）は，「国内源泉のある所得と国外に源泉のある所得との間の課税の公平の維持に役立つのみでなく，投資や経済活動を国内において行うかそれとも国外において行うかについて税制の中立性を維持することにも役立つ…」と述べている[1]。

(2) 外国税額控除制度における控除可能な「外国法人税等」

　外国税額控除法制度における外国法人税は，控除可能なものと控除不可能なものがある。

　法人税法施行令第 141 条 1 項によると，外国の法令に基づき外国又はその地方公共団体により法人の所得を課税標準として課される税を外国法人税といい，①超過利潤税その他法人の所得の特定の部分を課税標準として課される税，②法人の所得又はその特定の部分を課税標準として課される税の附加税，③法

人の所得を課税標準として課される税と同一の税目に属する税で，法人の特定の所得につき，徴税上の便宜のため，所得に代えて収入金額その他これに準ずるものを課税標準として課されるもの，④法人の特定の所得につき，所得を課税標準とする税に代え，法人の収入金額その他これに準ずるものを課税標準として課される税は，外国法人税に含まれる。

　一方，①税を納付する者が，当該税の納付後，任意にその金額の全部又は一部の還付を請求することができる税，②税の納付が猶予される期間を，その税の納付をすることとなる者が任意に定めることができる税，③複数の税率の中から税の納付をすることとなる者と外国若しくはその地方公共団体又はこれらの者により税率の合意をする権限を付与された者との合意により税率が決定された税（当該複数の税率のうち最も低い税率を上回る部分に限る。），④外国法人税に附帯して課される附帯税に相当する税その他これに類する税は，外国法人税に含まれない。

(3) 控除可能な「外国法人税等」の特徴

　外国税額控除制度における控除可能な外国法人税等の特徴は，次の通りである。①外国法令に基づき外国又はその地方公共団体が徴収するもの，②外国子会社の所得のすべて又は一部を課税標準としていること，③租税債務が確定しており，納付税額の変更，納付時期の変更，適用税率の変更可能性がないことが必須である。

　さらに，渡辺淑夫教授（1997）によると，①租税であり，②国または地方公共団体が徴収するもの，土候国の場合は王の勅令に従って徴収するもの，③外国の法令に従い，所得を課税標準として課されるもの，④申告納税，賦課課税又は源泉徴収課税といった徴収形式に係らず，物納，印紙納付又は金銭納付といった納付物に係らず，外国子会社が納付したもの，⑥対象となる租税が外国現地で，課税所得計算上の損金として認められた場合も外国法人税等に該当し，⑦事業所規模に係る応益税と考えられるものは除外されることを，外国法人税に該当するか否かの線引き基準と考えられる[(2)]。

　具体的に，外国子会社の所得に係る外国の法人税，超過利潤税及びこれらの附加税，所得の代わりに収入金額等を課税標準として課される租税，利子・配当等に係る源泉徴収税額等は，控除可能な外国法人税に包含される。

3. グローバルミニマム課税制度における「対象租税」の範囲

(1) グローバルミニマム課税制度の概要

　外資誘致を目的とした国家間の税率引き下げ競争に歯止めをかけること，グローバル企業が実効税率の低い国家に所得を移転して意図的に納付税額の減額による租税回避を防止すること目的に，2021 年 10 月に，経済協力開発機構（Organisation for Economic Co-operation and Development, 以下「OECD」と略了する）の「税源浸食と利益移転（Base Erosion and Profit Shifting, 以下「BEPS」と略了する）に関する包摂的枠組み」のメンバーである 136 カ国・地域は，グローバルミニマム課税について合意した。すなわち，当該課税制度を国内法に導入した場合，年間売上高が 7.5 億ユーロ以上を稼得しているグローバル企業に対し，実効税率が最低法人税率（15%）より低い税率で課税される国（軽課税国）で子会社等の所得を有する場合，15%の税率で計算された納付税額から実際に支払った税額との差額を，親会社の居住地国で課税できるようにする制度である。この制度を導入した国は，OECD の租税モデルをそのまま導入した場合のみ有効であるとされる。日本でも，2024 年 4 月 1 日から，グローバルミニマム課税制度の国内法への導入として，「各対象会計年度の国際最低課税額に対する法人税」が施行される予定である[3]。

　国別実効税率は，「（その国又は地域を所在地国とする全ての構成会社等の調整後対象租税額の合計額）÷（国別グループ純所得の金額）」で計算される。ここでいう「対象租税額」は，企業グループの属される外国子会社等が所得源泉地国で納付した税額を意味する。

(2) グローバルミニマム課税制度における「対象租税」の範囲

　グローバルミニマム課税制度における「対象租税」の定義は，OECD モデル条約コメンタリーの第4.2節で明かにされている。

　対象租税であるか否かを判断する場合，租税が課される対象が何であるかが焦点である。源泉徴収などの徴収方法，租税を徴収する根拠法令名称，当期利益又は当期までの累積利益のいずれかを対象にするかは関連性がない[4]。

　租税は，一般的に政府に対する義務的かつ反対給付のない支払額である。したがって，政府が提供する特定権利・サービス・財産・その他便益に対する手数料及び納付額は租税のほか，罰金や過怠料，延滞税なども租税に当たらない[5]。

　対象租税に包含されるものは，次のとおりである。①外国子会社等の所得・利益に係るものであり，かつ所得税など会計勘定として記録されているもの[6]，②外国子会社等が出資持分に係る所得・利益に対する税金[7]，③適格配分税制における配分利益に対する租税[8]，④法人の所得税の代わりに課される租税[9]，④留保利益の額と資本の額に基づいて課される租税（所得及び資本に基づく複数の要素に対して課される税金を含む）[10]。

　対象租税から除外されるものには，①純利益又は資本と関連のない売上高税，付加価値税，②所得の増加と関連のない特別消費税，③デジタルサービス税，④特定取引に課される印紙税，従価税，⑤従業員の雇用と関連のある給与税，社会保障分担金，⑥財産の所有と関連のある財産税がある。これらの租税が課されるか否かは，企業の所得，純利益，資本の増加と関連がない[11]。

(3) グローバルミニマム課税制度における「対象租税」の特徴

　グローバルミニマム課税制度における「対象租税」は，政府からの反対給付を要しない支払額であり，収益，利益，出資割合及び所得を基に計算され，財務会計上ものである。また，徴収方法，根拠法令名称，当期の利益に課税するか又は累積利益に課税するかという点とは，関連性がない。

4. 考　察

　外国税額控除制度は，国際的な二重課税の排除を目的とし，ここでの外国法人税等は，外国子会社等の所得を課税標準とした場合，租税であるか否かが重要視される。すなわち，財務会計上の利益ではなく，税務会計上の所得を課税対象にした租税である否かが重要視される。

　グローバルミニマム課税制度は，国家間の税率引き下げ競争に歯止めをかけることが目的であり，ここでの「対象租税」は，財務会計上の収益・利益，資本のほか，税務上の所得に基づき課される所得税等である。

　外国税額控除制度における「外国法人税等」とグローバルミニマム課税制度における「対象租税」ともに，①企業が政府に対する反対給付を要しない支払額であること，②徴収方法，課税と関連のある法令名称と関連を有しない共通点がある。

　企業利益は，期間収益から期間費用を差し引いた差額であり，所得は，企業利益に税務調整を加えて計算された結果であることを前提にした場合，「対象租税」の範囲は「外国法人税等」のそれよりも広いといえるであろう。

5. 結　び

　本章では，外国税額控除制度における「外国法人税等」の概念とグローバルミニマム課税制度における「対象租税」の概念の異同点を明らかにするため，日本の法人税法等と OECD 租税モデルなどを対象に分析した。

　その結果，①両概念は，反対給付を要しない支払額であり，徴収方法・関連法令の名称に関連しないという共通点を有し，②「対象租税」は所得のほか，利益に対して課される租税も含むため，「外国法人税等」の範囲より広いという結論に至った。

　本章では，日本の法人税法等と OECD 租税モデル等に限定し考察している

ため，日本の租税条約も対象にした結論に至っていない。このことを今後の課題としたい。

【注釈】

(注 -1)　BEPS に関する包摂的枠組のメンバー国が合意された課税制度は，次の２つの内容からなる。①電気通信事業を利用したネット配信サービスなどを提供する企業は，所得が発生している市場国と企業の居住地国が相違することが多い。従来，恒久的施設を有する場合，所得源泉地国での課税が可能であるとされた。このことは，所得が発生している市場国での課税ができなくなる問題を招いた。この問題を解決するため，所得が発生する市場国で恒久的施設を有しない場合も課税できるようにした。②グローバムミニマム課税制度の導入である。

【引用文献】

(1)　金子宏（2020）『租税法〔第 23 版〕』弘文堂，pp.562-563。

(2)　渡辺淑夫（1997）『全訂新版外国税額控除―国際的二重課税排除の理論と実務―』同文舘，pp.42-44。

(3)　グローバルミニマム課税制度に関する日本への導入状況について，次の文献を参照した。国税庁（2023）「グローバル・ミニマム課税への対応に関する改正のあらまし」１頁。参考ＵＲ：https://www.nta.go.jp/publication/pamph/pdf/0023003-075.pdf（2023 年 8 月 20 日閲覧）。

(4)　OECD.（2022）. "Tax Challenges Arising from the Digitalisation of the Economy – Commentary to the Global Anti-Base Erosion Model Rules (Pillar Two), First Edition" Inclusive Framework on BEPS . Article 4.2.para.23. 参考 UR：https://www.oecd-ilibrary.org/docserver/1e0e9cd8-en.pdf?expires=1694426074&id=id&accname=guest&checksum=F134E47ABF4AC2A99D5BAB752C77A030 （2023 年 8 月 20 日閲覧）。

(5)　前掲注（４）Para.24。

(6)　前掲注（４）Para.25。

(7)　前掲注（４）Para.26。

(8)　前掲注（４）Para.30。

(9)　前掲注（４）Para.31。

(10)　前掲注（４）Para.33。

(11)　前掲注（４）Para.36。

（林 徳順）

第17章　キャリアを活用することのできる組織
——日本の私立大学の成果に焦点を当てて——

【要旨】

　本章は，大学職員のキャリア[1]を活用している私立大学とその成果の関係について考察することを目的としている。ここでのキャリアは，Super, D.E.（1980）が提示した，生涯の過程において個人によって演じられる生活役割の結合と連鎖がキャリアであるという概念（役割は，子供，学ぶ者，余暇人，市民，働く者，配偶者，家庭保持者，親，年金受給者の9種類）に基づき論じる。そして，本章は「ヒトをいかにうまく処遇し，そのヒトが持ち合わせている最大限の能力をいかに発揮させるかが，企業の業績を左右するキーファクターである」（上林 2012,p.38）と述べた人的資源管理（HRM）の観点から論じる。考察の結果，大学職員のキャリアを活用している私立大学は成果を挙げているという仮説を一部肯定する結果となった。

【キーワード】：人的資源管理（Human Resource Management），私立大学（Private University），大学職員（University Staff），ライフ・キャリア（Life-Career）

1.　はじめに

　本章は，(1)新型コロナウイルス感染症(COVID-19)の影響, (2)世相の高まり, (3) 人的資源管理（HRM）の在り方の三つの観点から，変革期を迎えて急速に新しいHRMが求められているという点で私立大学と共通している企業を対

象にした研究を先行研究として参照する [2]。

(1) COVID-19 の影響による前例のない手法の確立

COVID-19 は我が国に大きな爪痕を残した。2021 年に学生が対面授業なしは義務不履行として大学を提訴したニュース [3] は大学業界を震撼させた。現在では，対面授業，オンライン授業，オンデマンド授業それぞれの教育効果が研究され，大学教育の在り方は大きな変化を遂げている。対面に拘らない手法が確立され，労働者の働き方にも大きな影響があった。総務省（2023 年）によると，働き方改革を推進する制度の一つであるテレワークを導入している企業は 51.7％であり，コロナ禍前の 13.9％（総務省；2017）と比較するとその導入は意図せず推進されている。

(2) 世相の高まりにより対応が必要とされている状況

大学は非営利組織であるが故，ガバナンスについて触れられてこなかった。2014 年 2 月 12 日，中教審審議まとめ「大学のガバナンス改革の推進について」が出された。これにより，大学は新しい経営の在り方が求められるようになった。労働者を取り巻く環境も，濱秋ら（2011, p.26）が「経済環境の変化により年功賃金や終身雇用を維持することがむずかしくなってきていることを示唆している」と指摘するように，従来の日本的雇用慣行の代表的な制度は，変化が求められている。45 歳定年制が大企業のトップによって提言され [4]，人生 100 年時代 [5] の影響もあり，戦後約 80 年変化をしてこなかった日本の労働者を取り巻く環境は，大きな変化が求められている。

(3) HRM の在り方の変化

文部科学省令（平成 28 年）により，大学設置基準が改正され，高度専門職の必要性が定義された。「大学職員は，教員と学生の研究・教育・学習活動をサポートする"補助的・付属的"立場から，生き残りをかけた大学経営の中枢を担う存在として目されるようになり」と福留（2004, p.161）が言う通り，大学職

員には新しい役割が求められている。当然マネジメントも変化が求められている。また，企業においては，それまでの高度成長期を支えてきた働き方とは全く違う心理的安全性 [6] などの分野の研究が進み，それを実現するための新しい HRM が求められている。

　以上の三つの観点から，変革期を迎え急速に新しい HRM が求められているという点で私立大学と共通している企業を対象にした研究を先行研究として参照する。

2．先行研究

　企業を対象とした先行研究では，ワーク・ライフ・バランスの観点からその制度の導入を進める企業の成果が高いことを示唆する奥寺（2020）や，ファミリーフレンドリー施策をとる企業の業績が高いことを明らかにした脇坂（2006）など，キャリアを活用する組織と成果をあげる組織の関係性を明らかにした先行研究がある。一方，私立大学を対象とした研究は，教育の成果を対象とした学生ニーズ志向の教育が能力や学生の力量形成に影響があることを明らかにした村澤（2003）や，私立大学の経営の成果に着目し，収容定員充足率が大学の経営判断に影響される指標であることを論じた福山（2018）などがある。また，キャリアを活用する組織の研究としては，大学職員の異動に着目して一人ひとりの適性に合わせて移動させるという方針を 78.8% の大学が持っていることを明らかにした私学高等教育研究所編（2010）などがあるが，本章が目指す大学職員のライフ・キャリアの活用と大学の成果のつながりを考察したものは，散見する限り見当たらなかった。そこで，（鎌田，2023）のアンケートのデータに基づいて考察する。

3．研究の方法とアンケートの概要

(1) 研究の方法

　全国の私立大学 610 校に依頼し 69 校から回答を得ることのできたアンケートのデータ（鎌田, 2023）を再利用した。成果指標として，授業料収入を，各大学がホームページで発表している事業活動報告書より 2019 年，2020 年，2021 年分を調査し変化率の幾何平均をとったデータ，入学定員・入学者数を各大学の大学ポートレート[7] より 2022 年 4 月分で調査し，入学定員充足率を算出したデータの二点としてデータベース化した。独立変数を，アンケート結果の制度導入状況（x1）とキャリア活用目的での制度導入（x2），先行研究からコントロール変数を収容定員（z1），設置場所（z2）とし，従属変数を，授業料収入増加率（y1），入学定員充足率（y2）とし，重回帰分析をした。

(2) アンケートの概要

　2019 年 7 月 31 日〜9 月 9 日に日本の私立大学 610 校[8]を対象に，菊池（2012, p.50）がキャリアを職業キャリアとライフ・キャリアにわけて定義していることに則り，ライフ・キャリアの一つの概念『「ワーク・ライフ・バランス」と多様で柔軟な働き方の実現』（厚生労働省；2019）[9] を目的としている働き方改革の推進状況について調査した。

　アンケートの回答校の学生数分布や設置場所の分布は全国と類似している（図表 17-1）（図表 17-2）。

図表 17-1　アンケート回答校分布（学生数）

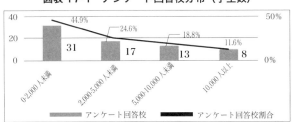

図表 17-2　アンケート回答校分布（設置場所）

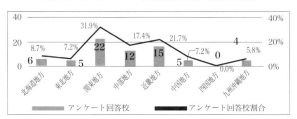

4．分析結果

　データの分析にあたり，授業料収入が三年分取得できなかった 8 大学は分析対象から外し，61 大学を標本数とした。

（1）記述統計量

　従属変数である授業料収入増加率（y1）に関しては，データの散らばり・ばらつきは小さいことがわかる（図表 17-3）。学費を変更する等で，納付金の調整をすることは大学の経営判断として可能だということを示唆しているようにも考えられる。入学定員充足率（y2）は，データの散らばり・ばらつきは小さいが，授業料収入増加率よりも大きく（図表 17-3），最小が 10％で千葉にある大学，最大は 192％で東京 23 区にある通信制の大学であった。

図表 17-3　記述統計量：授業料収入増加率・入学定員充足率

	m（平均）	標準偏差	分散	中央値	尖度	歪度	最小	最大	n（標本数）
授業料収入増加率幾何平均	1.018	0.048	0.002	1.006	2.894	1.274	0.898	1.175	61
入学定員充足率2022	1.021	0.228	0.052	1.052	7.697	-0.525	0.100	1.921	61

次に独立変数として「キャリアを活用とする制度を導入しているか」（x1）に関して確認した。360度評価 [10] の平均が0.033と低いものの，その他の制度は裁量労働制・フレックスタイムの0.213から年齢構成や男女構成に気を付けた人事計画の導入の平均0.836までの範囲だった（図表17-4）。

図表 17-4　記述統計量：制度導入（1, 0）

	m（平均）	分散
16. 年齢構成や男女構成に気を付けた人事計画	0.836	0.139
27. 人事育成ポリシーの策定	0.377	0.239
31. 体系的な研修制度の策定	0.639	0.234
33. 昇任・昇格の基準の明確な告知	0.361	0.234
35. 人事評価の昇任・昇格との連動	0.557	0.251
37. 昇任試験	0.262	0.197
39. 働き方改革を扱う特定の部署	0.459	0.252
40. 裁量労働制・フレックスタイム	0.213	0.170
44. 360度評価制度	0.033	0.032
46. キャリアビジョンの確認	0.557	0.251
49. メンタリングや面接制度	0.803	0.161
51. 異動希望制度	0.738	0.197

次に独立変数として「制度の導入の目的がキャリア活用であるか」（x2）に関して確認した。360度評価，裁量労働制・フレックスタイムがそれぞれ0.033，0.049と低いものの，その他の制度は昇進試験の0.230からメンタリング面談の0.721までの範囲であった（図表17-5）。

図表 17-5　記述統計量：制度導入目的キャリア活用か（1, 0）

	m（平均）	分散
17. 人事計画キャリア目的	0.656	0.230
28. 人事制度キャリア目的	0.410	0.246
32. 体系的な研修制度キャリア目的	0.574	0.249
34. 昇進昇格の基準の告知キャリア目的	0.295	0.211
36. 人事評価と昇任・昇格連動キャリア目的	0.459	0.252
38. 昇任試験キャリア目的	0.230	0.180
41. 裁量労働制・フレックスタイムキャリア目的	0.049	0.048
45. 360度評価制度のキャリア目的	0.033	0.032
47. キャリアビジョンの確認キャリア目的	0.541	0.252
50. メンタリング面談のキャリア目的	0.721	0.204
52. 異動のキャリア目的	0.689	0.218

　次にコントロール変数として収容定員（z1）に関して確認した。データの散らばり，ばらつきは大きかった。中央値は 3,419 であり，最小が 320，最大は 20,063 であった。（図表 17-6）

図表 17-6　記述統計量：収容定員 2022.5.1

	m （平均）	標準 偏差	分散	中央値	尖度	歪度	最小	最大	n （標本数）
収容定員	4,523	562	19,260,809	3,419	2	1	320	20,063	61

　次にコントロール変数として設置場所（z2）に関して国勢調査の都市区分に基づき，記確認した。大都市圏中心市で半数以上を占めていた。（図表 17-7）

図表 17-7　記述統計量：設置場所

（2）成果指標：授業料収入増加率（y1）への影響

1）制度導入（x1）

　成果指標授業料収入増加率（y1）に対するキャリア活用の制度導入（x1）について確認する。キャリア活用の制度を導入していることは，360 度評価制度導入のみ，授業料収入増加率に 5％水準で影響を及ぼしていた。それ以外は影響を及ぼしていなかった（図表 17-8）。

図表 17-8　成果：授業料収入増加率 × キャリア活用の制度導入の影響

	係数	標準偏差	t	P- 値
切片	1.082	0.020	52.959	0.000
収容定員 2022.5.1 ＊大学 P	0.000	0.000	0.208	0.836
国勢調査数値化	-0.002	0.011	-0.146	0.884
16. 人事計画制度	-0.033	0.019	-1.698	0.096
27. 人事育成ポリシー制度	0.005	0.014	0.359	0.721
31. 事務職員の体系的な研修制度	0.001	0.014	0.040	0.968
33. 昇任・昇格の基準が明確な告知	-0.018	0.015	-1.233	0.224
35. 人事評価昇任・昇格と連動制度	-0.001	0.015	-0.091	0.928
37. 昇任試験制度	0.018	0.017	1.088	0.282
39. 厚生省が唱えている働き方改革 を扱う特定の部署	-0.021	0.013	-1.591	0.119
40. 裁量労働制・フレックスタイム制度	-0.001	0.015	-0.058	0.954
44. 360 度評価制度	0.096	0.035	2.712	0.009 ＊＊
46. 事務職員のキャリアビジョンを なんらかの方法で聞いていますか	-0.018	0.014	-1.307	0.198
49. メンタリングや面談制度	-0.019	0.016	-1.188	0.241
51. 事務職員の異動希望制度	-0.007	0.014	-0.515	0.609

＊ 5％水準　＊＊ 0.1％水準

2）キャリア活用目的での制度導入（x2）

　成果指標授業料収入増加率(y1)に対するキャリア活用目的での制度導入(x2)について確認する。キャリア活用目的で制度を導入していることは，360 度評価制度導入のみ，授業料収入増加率に 5％水準で影響を及ぼしていた。それ以

図表 17-9　成果：授業料収入増加率 × キャリア活用目的制度導入の影響

	係数	標準偏差	t 値	P- 値
切片	1.047	0.016	67.513	0.000
収容定員 2022.5.1 ＊大学 P	0.000	0.000	-0.172	0.864
国勢調査数値化	-0.005	0.011	-0.452	0.654
17. 人事計画キャリア目的	-0.017	0.017	-0.961	0.342
28. 人事制度キャリア目的	0.007	0.018	0.406	0.686
32. 体系的な研修制度キャリア目的	-0.004	0.016	-0.219	0.828
34. 昇進昇格の基準告知キャリア目的	-0.010	0.018	-0.559	0.579
36. 人事評価と昇任・昇格連動制度 キャリア目的	-0.003	0.018	-0.159	0.874
38. 昇任試験キャリア目的	0.006	0.021	0.300	0.765
41. 裁量労働制フレックスタイム キャリア目的	-0.007	0.033	-0.212	0.833
45. 360 度評価のキャリア目的	0.091	0.038	2.418	0.020 ＊＊
47. キャリアビジョンの確認キャリア目的	-0.011	0.015	-0.725	0.472
50. メンタリング面談のキャリア目的	-0.007	0.017	0.393	0.696
52. 異動希望のキャリア目的	-0.020	0.015	-1.319	0.194

＊ 5％水準　＊＊ 0.1％水準

外は影響を及ぼしていなかった（図表 17-9）。

（3）成果指標：入学定員充足率（y2）

1）制度導入（x1）

　成果指標入学定員充足率（y2）に対するキャリア活用の制度導入（x1）について確認する。キャリア活用の制度を導入していることは，入学定員充足率に影響を及ぼしていなかった。

2）キャリア活用目的での制度導入（x2）

　成果指標入学定員充足率（y2）に対するキャリア活用目的での制度導入（x2）について確認する。キャリア活用目的で制度を導入していることは，入学定員充足率に影響を及ぼしていなかった。

5．結　び

　本章では，大学職員のキャリアを活用している私立大学とその成果の関係について考察することを目的として，2019 年に全国の私立大学 610 校を対象として行い，69 校から回答を得たアンケートで成果指標を授業料収入増加率と入学定員充足率とし，重回帰分析を行い考察した。分析結果から，キャリアを活用している大学は成果を上げている，という仮説を一部肯定する結果がでた。具体的には，授業料収入増加率を成果指標とした時のキャリア活用制度の導入及びキャリア活用目的での制度導入について，360 度評価のみ有意差がある，という結果であった。成果指標とした入学定員充足率は有意差がなかった。また，ほとんどの制度導入やキャリア活用目的での制度導入について，有意差がなかった。アンケート項目策定時に働き方改革を推進する制度を中心にキャリア活用の指標としたが，制度により結果が異なったため，今後ヒアリングなどにより，実態に基づいたキャリアを活用しているという他の変数を指標として策定しなおす必要性が課題として残された。また，先行研究から示唆を得，成果をあげる組織の基本モデルを策定する必要性が示唆されたと考える。

【引用文献】注釈

(1) 川崎友嗣（1994）「米国におけるキャリア発達研究の動向」日本労働研究雑誌，No.40，pp.52-61，p.53 より，キャリアという言葉は，昇進や上昇的職業移動，職業などと理解されていることが多い。

(2) 本章が対象としている私立大学職員について，本章で提示する生活役割と結合の連鎖というライフ・キャリアという意味でのキャリア活用と私立大学の成果の関係を明らかにしている先行研究は散見する限り見当たらない。

(3) 朝日新聞デジタル「対面授業なしは「義務不履行」 2021年6月9日掲載 https://www.asahi.com/articles/ASP6872CTP68UTIL05C.html（閲覧日：2023/8/24）

(4) 朝日新聞デジタル「サントリー新浪社長「45歳定年制」を提言」定年延長にもの申す 2021年9月10日掲載 https://www.asahi.com/articles/ASP9B64GNP9BULFA01L.html（閲覧日：2023/8/28）

(5) ロンドン・ビジネススクールの教授リンダ・グラットンの著書「LIFE SHIFT」によって提唱された言葉。長寿化が進み，先進国では2007年生まれの2人に1人が100歳を超えて生きる時代が到来すると予測し，これまでとは異なる新しい人生設計の必要性を説いている。

(6) 1999年にエイミー・エドモンドソン教授によって提唱された理論。組織の仲間が互いに信頼・尊敬し合い，率直に話ができるなど，対人関係のリスクをとっても安全だと信じられる環境を意味する。

(7) 各大学の情報公開における入学定員・入学者数は掲載している大学数が少なかったため，大学改革支援・学位授与機構にある「大学ポートレートセンター」が日本私立学校振興・共済事業団と連携・協力しながら運営する大学ポートレートの数値を使用した。

(8) 文部科学省 平成30年度全国大学一覧を参考。（閲覧日：2019/4/1）

(9) 厚生労働省（2019）：働き方改革〜一億総活躍社会の実現に向けて〜 2019年4月掲載を参考。https://www.mhlw.go.jp/content/000474499.pdf（閲覧日：2023/8/24）

(10)　360度評価とは，上司，部下，同僚など複数人の評価者で従業員を評価する手法。多面評価と呼ばれる。

【参考文献】

[1] Super, D.E. (1980), A life-span, life space approach to career development, *Journal of Vocational Berhavior*,16 (30), pp.282-298.

[2] 上林憲雄（2012），「人的資源管理論」，日本労働研究雑誌 No.621, pp.38-41.

[3] 総務省（2023），「令和5年通信利用動向調査報告書」，https://www.soumu.go.jp/johotsusintokei/statistics/data/2305291.pdf（閲覧日：2023/8/24）

[4] 総務省（2017），「平成29年通信利用動向調査報告書」，https://www.soumu.go.jp/johotsusintokei/statistics/data/180525_1.pdf（閲覧日：2023/8/24）

[5] 中央教育審議会大学分科会（2014），「大学のガバナンス改革の推進」，https://www.mext.go.jp/b_menu/shingi/chukyo/chukyo4/houkoku/1344348.htm（閲覧日：2023/8/24）

[6] 濱秋純哉・掘雅博・前田佐恵子・村田啓子（2011），「低成長と日本的雇用慣行−年功賃金と終身雇用の補完性を巡って」，日本労働研究雑誌 No.611, pp.26-37.

［7］文部科学省令（平成 28），「大学設置基準等の改正」.

［8］福留留理子（2004），「大学職員の役割と能力形成－私立大学職員調査を手がかりとして－」，高等教育研究第 7 集，pp.157-176.

［9］奥寺葵（2020），「戦略的人的資源管理におけるワーク・ラーフ・バランス視点の重要性」，千葉商大論叢第 58 巻，pp.61-77.

［10］脇坂明（2006），「ファミリーフレンドリー企業・職場とは－均等や企業業績との関係」，季刊家計経済研究 No.71，pp.17-28.

［11］村澤昌崇（2003），「学生の力量形成における大学教育の効果』，有本章編，　大学のカリキュラム改革，玉川大学出版部，pp.60-74.

［12］福山敦（2018），「私立大学経営における立地および規模」，大学経営政策研究第 8 号，pp.199-215.

［13］私学高等教育研究所編（2010），財務，職員調査から見た私大経営改革，私学高等教育研究叢書 2。

［14］鎌田雅子（2023），「キャリアを活用することのできる組織に関する考察－私立大学の規模に着目して」，実践経営 No.60，pp.39-45.

［15］菊池武剋（2012），「キャリア教育」，日本労働研究雑誌 No.621，pp.50-53.

（鎌田　雅子）

第18章　ステークホルダー資本主義時代における人材マネジメントのあり方

【要旨】

　ステークホルダー資本主義とは，企業に影響するすべてのステークホルダー（行政や地域，社会，環境，取引先，社員等といった企業を取り巻く全ての要素）との関係を重視し，企業活動を通してこれらステークホルダーへの貢献を目指す長期的な企業経営のあり方をいう。

　日本でも，岸田首相を筆頭に，「成長と分配の好循環」と「コロナ後の新しい社会の開拓」をコンセプトとした「新しい資本主義」を実現しようとしている。岸田首相の「新しい資本主義」は，社会全体をステークホルダーとして捉え，持続可能な経済を作り，成長と分配を達成する目標として掲げている。実は日本においてこのような考え方は古くからも存在しており，近江商人の三方良し精神と日本の商工業の基盤を築いた渋沢栄一の経営思想がその事例である。

　本報告では，ステークホルダー資本主義経済での組織「繁栄」には，「尊厳」，「機会」，「コミュニティ」の３つのビジョンが重要であると提示する。またそのような考え方を取り入れている経営スタイルがいかに組織のモチベーションを高めて好業績の組織を作っているかの事例をレビューする。

【キーワード】：ステークホルダー資本主義，人材マネジメント，
　　　　　　　　モチベーション

1. はじめに

　2015 年 9 月，地球規模で取り組むべき国際目標として，持続可能な開発目標（SDGs）が国連から発表された。企業活動においても自然環境や社会に配慮する必要があるという内容がその中には含まれている。その中で，近年企業統治システムにおいて，シェアホルダー（ストックホルダー）かステークホルダーかの二項対立モデルが論じられている傾向がある。これまでは，株主への利益還元を目的にした経済活動，つまり，「シェアホルダー資本主義」が主流だった。しかし，SDGs に賛同する声も多く，今後は，「ステークホルダー資本主義」といった，企業に影響する全てのステークホルダー（利害関係者）との関係を重視し，企業活動を通してステークホルダー達への貢献を目指す長期的な企業経営のあり方が重要になっていく流れにあると言える。

　本研究では，ステークホルダー資本主義について，まずはドーナツ経済学の考え方を SDGs の成果目標の診断ツールとして考察する。また，近江商人や渋沢栄一の日本伝統的な経営哲学を振り返ることで，日本には古くからステークホルダー資本主義を重視していた考え方があったことを示す。そして，直近の岸田総理の政策でこれから向かう先もステークホルダー資本主義が重視されるに間違いないことを確認する。

　また，今後「成長」というキーワードに代わり，新たに目指すべき目標として「繁栄」を取り上げる。そして，繁栄に必要な要素を考察し，ステークホルダー資本主義での企業経営・人材マネジメントで何が重視されるべきかを実際の企業事例と合わせて考察する。

2. ステークホルダー資本主義について

　これまでに主流であったシェアホルダー資本主義は，自由競争ものもとで，企業の利益拡大に伴うシェアホルダー（株主）への配当を最優先する企業経営

のあり方であった。自社利益が最優先で，他の犠牲はさして考慮されることもあった。例えば，環境に配慮されていない素材で製造されている商品でも，単価が安くてたくさん売れれば良いとされることも多々あった。

　これに対して，企業に影響するすべてのステークホルダー（利害関係者）との関係を重視し，企業活動を通してこれらステークホルダーへの貢献をめざす長期的な企業経営のあり方が見直されるようになり，この流れを受けてステークホルダー資本主義という呼称が登場することになった。

　ステークホルダー資本主義では，金銭的な利害関係だけでなく，行政や地域，社会，環境といった企業を取り巻く全ての相手を含めて「ステークホルダー」を指し，関係構築を重視する考えである[1]。

　ステークホルダー資本主義の生まれる要因について，消費者の態度変化もその理由の一つとして考えられる。電通（2021）は 12 か国（日本，ドイツ，イギリス，アメリカ，中国，インド，インドネシア，マレーシア，フィリピン，シンガポール，タイ，ベトナム）の 4,800 人を対象に行ったグローバル調査で，「日用品は価格が高くても地球環境に配慮したものを選ぶ」という回答者が 62.2％であった。また，「社会課題に取り組みブランドに利用を切り替えている」という答えも 47.9％で約半分であった。「環境税などのコスト負担を許容できる」と回答したのも全体の 57.1％で，「次世代につなぐためにできることをしている」の割合も 52.5％ 見られた[2]。このように世界各地の消費者からもステークホルダー資本主義を重んじる声が高まっているため，今後そのような課題に各企業は必然的に向き合っていかなければならないと言える。

3.　古くから日本に存在していたステークホルダー資本主義の考え

　ステークホルダー資本主義の考え方は，日本の古くから伝わる近江商人の「三方よし精神」や渋沢栄一の「儒教的経営哲学」でも重視されてきた。

(1) 近江商人の三方よし精神

　近江商人の三方よしの精神は，「世間によし，売り手によし，買い手によし自分よし」といった3要素が揃った商いことを表す。

　劉・西嶋（2023）は，三方よしの中の考えにもポイントがあり，その関係性を自社・顧客・株主の三方と捉えるのではなく，あくまでも自分・相手・第三者の三方によしという考え方で，特に「第三者」は，現代経営のマルチステークホルダー（株主のみならず，社員，仕入先，販売先，需要者，一般社会などを含む利害関係者）といった概念であるべきと述べた[3]。

　そのような定義からすると，まず「世間によし」の「世間」という言葉には，社会文化，自然環境が包括されていたと考えられる。また，「売り手によし，買い手によし」とは，仏教的経営の原点である利他の実践にあると考えることができる。そのため，近江商人の仏教的経営のビジョンは，企業の経済活動における利他の実践であったと言える。

(2) 渋沢栄一の経営哲学

　渋沢栄一は，エベネザー・ハワードの「田園都市論」を範として田園都市株式会社（現東急株式会社）1918年に設立し，西欧近代の考え方をいち早く取り入れた。

　渋沢は1840年，現埼玉県深谷市に，渋沢家の長男として生まれた。生家は，米や野菜を作るといった農業を営みつつ，養蚕，藍作りや藍玉の製造販売もおこなう豪農だった。そのため，渋沢家の長男は，藍の販売や藍葉の仕入れなども手掛けることから，仕事には高い商才が求められた。渋沢はそのような家の仕事を手伝ったのだが，これが後年の事業に活きた。

　渋沢の前半生は，激動の歴史を果敢に生き切った生であったが，その成長の過程は，藍玉の生産販売を手掛ける生家を手伝う少年時代，尊皇攘夷の実践を企てた青年時代，徳川慶喜に仕え京都で幕末の志士と交流し明治という新しい時代を迎えた壮年時代として辿ることができる。そして，渋沢が生きたこの時代と生まれた環境が，彼の基本思想である「論語と算盤は一致」と「士魂商才」

を生みだしたと考えられる。

　例えば，渋沢は『論語と算盤』の中で，経営の精神を「富をなす根源は何かといえば，仁義道徳。正しい道理の富でなければ，その富は完全に永続することはできぬ。」とも，述べている[4]。

　このように，渋沢は，経営の精神を「仁義道徳」として，経営に道徳，倫理も求めていた。道理を踏まえた経営こそが，持続可能な事業として許されると，古くからステークホルダー資本主義を説いていたのである。

　また，西嶋（2022）も，渋沢の経営思想を取り入れた東急のグリーンインフラをテーマとしたまちづくりが，現代のSDGsの持続可能な発展を先取りしていたことを明らかにしている[5]。

4.　岸田首相の「新しい資本主義」によるステークホルダー資本主義の加速化

　直近日本政府としても，2021年10月に発足した岸田内閣が「新しい資本主義」を掲げてステークホルダー資本主義を重視する流れにある。「新しい資本主義」は，社会全体をステークホルダーと捉えて，持続可能な経済，成長と分配を達成する目標として掲げている。また，経済政策において「成長と分配の好循環」や「コロナ後の新しい社会の開拓」を目指すとしている。その本格的な実現のため，内閣には「新しい資本主義実現本部」が設置され，「新しい資本主義実現会議」という会議を定期開催している[6]。

　新しい資本主義では，2つの代表的な考え方をあげることができる。一つ目は「分配の目詰まりを解消し，更なる成長を実現する」ことである。今までに，日本経済成長の果実が地方や取引先に適切に分配されていない，さらには，次なる研究開発や設備投資，そして従業員給料に十分に回されていないといった，「目詰まり」があったことを政府として認めた。その上で，積極的な官民連携にて「目詰まり」を解消し，格差の拡大と固定化による社会の分断を回避し，サステナブルな経済社会を実現しようとしている。

　二つ目としては,「民間も公的役割を担う社会を実現」という考えを掲げ,まさに自社の利益を追求するシェアホルダー資本主義ではなく,ステークホルダー資本主義の時代であると提示した。社会全体で課題解決を進めるために,課題解決への貢献が報われるよう,市場のルールや法制度を見直すことにより,貢献の大きな企業に資金や人が集まる流れを誘引し,民間が主体的に課題解決に取り組める社会を目指すと言う。

　また社会的課題の解決の担い手も,既存企業のみならず,スタートアップ,大学やNPO等,多様化していくことが不可欠であり,民間が公的役割を担える社会を実現していくことを示した。特に,近年,子育て問題や環境問題等,社会的課題の解決を図るインパクトスタートアップ(社会的起業家)を目指す方が増加していることから,従来の「リスク」,「リターン」に加えて「インパクト」を測定し,「課題解決」を資本主義におけるもう一つの評価尺度としていく必要があると言う[7]。

5. 成長ではなく,繁栄を目指すステークホルダー資本主義

　GDPを指標とした経済成長は,確かに世界経済を拡大させた。未だに,多くの国の指導者は,成長の正当性を述べている。しかし,「右肩あがり」や「上向き」などの言葉はポジティブなイメージの言葉として捉えられ,人々は知らず知らずのうちに「何のためかわからない」成長に支配されているとも言える。

　ステークホルダー資本主義において,「成長」に代わる新たな目標は「繁栄」であると考える。「繁栄」とは,人間の生活そのものが豊かになることを指す。繁栄した社会は,誰もが自分の「尊厳」を保つことができ,やりたいこと,なりたいものを選べる「機会」が与えられる。一人ひとりの潜在的な能力(健康や創造性など)が引き出され,信頼できる人々の「コミュニティ」と,幸福に暮らすことができる状態である。従って,繁栄の3要素を,「尊厳」,「機会」,「コミュニティ」と整理することが出来る。

　このように繁栄を目指していくステークホルダー資本主義時代において,実

際に経営組織内で働く社員達へのマネジメントでも，繁栄の３要素である「尊厳」，「機会」，「コミュニティ」を重視しなければならないと言える。そのような観点から，次の節以降で，個々人が生き生きと働くことの出来るウェルビーイングな組織づくりを考察する。また，そのウェルビーイングな環境の中で優れたパフォーマンスを生み出す事例も見ていく。

6. 繁栄するウェルビーイングな経営組織づくりでの 人材マネジメント

　シロタ（2006）は 85 カ国，137 社，250 万人に及ぶ社員たちを分析したデータで，仕事のモチベーションにおける三要素として「①公平感，②達成感，③連帯感」を挙げた[8]。これらは先述した繁栄の３要素である「尊厳」，「機会」，「コミュニティ」ともかなり類似していた。公平感≒尊厳，連帯感≒コミュニティ，達成感≒機会という風に置き換えられることから，ステークホルダー資本主義時代における人材マネジメントの有り方では，この３要素が揃うことが大事と考えられる。まさにそれらを揃えた経営で優れたパフォーマンスを見せた企業事例が，米国サウスウェスト航空（以下，サウスウェスト）である。

　サウスウェストはアメリカのテキサス州に本社を置くアメリカの国内航空会社である。1963 年に設立した当時は保有飛行機わずか４機の航空会社だったが，30 年足らずで従業員数約３万人で全米トップ５にランクするまで成長した。1972 年から 1992 年の 20 年間は，サウスウェストの株は全米で最高の利益率を記録し続け，その投資利益率は 21000％であった。毎年平均５％を超える売上純利益率であり，2000 年以降も平均営業利益率がマイナスであるアメリカ航空業界において，一貫して高い利益水準を維持している[9]。

　事業の特徴としては，ポイントートゥーポイント（Point to Point）路線という，大都市の空港を使わず，小都市のあまり混雑していない空港や，大都市の場合でも相対的に小さな二次空港の間を直行運航している[10]。

　しかし，サウスウェストの長期成長は決してこのニッチ戦略だけではない。

実際，アメリカンウェストやピープル・エクスプレスなどの会社はサウスウェストと同じ戦略を取ったにも関わらず，サウスウェストのような成長を見せることはなかった。サウスウェストの真の強みは「尊厳」，「機会」，「コミュニティ」の３要素が揃った人材マネジメントによって，繁栄するウェルビーイングな経営組織づくりをしていたことである。

サウスウェストの元 CEO であるケレハーは自社の基本的な価値観を，①仕事は面白くあること。仕事は遊びでもある。楽しもう，②仕事は大切だ。深刻，生真面目になってはダメ，③社員は宝。皆かけがいのない社員，という三つに定めていた[11]。一つ一つの項目を見てみると，①と②では「コミュニティ」・「機会」を重視する思想が含まれており，③では「尊厳」を重視していたことが分かる。

また，現場では，「ターンチームによるオペレーション」という独自の仕事のやり方を行っている。ターンチームとは，地上クルー，客室乗務員，パイロット，整備要員などといった様々な機能部門から編成され，路線ごとに設置された組織のことである。ほとんどの航空会社では，異なる機能部門に所属する人々の役割が「すべきこと」や「しなくてもいいこと」に明確に区別され，職務ごとに完全な分業が行われている。しかし，サウスウェストは現場における仕事内容は全てターンチームに任せている[12]。

それによって，サウスウエスト内の個々人は平等な立場で，お互いに尊重・連携し合うといったウェルビーイングな環境で，柔軟な分業関係を成立させている。例えば，客室乗務員やパイロットが荷物を処理することもあれば，荷物取扱いの担当者が機体の状況に注意するといった職務を超えた活動が個々人の自己判断によって臨機応変に行われている。

また，サウスウェストは，企業の価値観を維持・広めるために文化委員会というものを組織している。サウスウェスト本社だけではなく，あらゆる地域から自律的に集まった約70人の社員から構成された文化委員会は，社内の連帯感を強め，インフォーマルで平等主義的な企業文化を広めるための活動をしている。例えば，本来の自分の持ち場ではない職場を体験するプログラムを企画し，75％の社員が他の職場を自発的に最低６時間体験してお互いの理解を深

めたという。また,「フロントライン・フォーラム」という社員研修プログラムが用意されており, 会社はどのような状況か, どのように変わったかを社員たち自らが同等な立場で論じあえる機会も設けている[13]。

　サウスウェストのウェルビーイングな経営組織づくりは, 労働生産性の面でもサウスウェストを業界トップにした。機当たり勤務する社員数は航空業界平均 130 人であるが, サウスウェストは 1 機当たり平均 94 人で対応しながらも短いターン時間を実現したのである[14]。

　また, サービスの顧客・従業員満足度においても業界トップである。顧客からの苦情件数を見てみると, 10 万フライト当たりわずか 0.17 件であった。さらに, 航空産業における平均的な離職率は, 20 ～ 30% であるが, 同社の離職率は 5% 未満である[15]。

　上述のよう, サウスウェストは, 時代に先駆けてステークホルダー資本主義の考え方のもと,「尊厳」,「機会」,「コミュニティ」の 3 要素を揃えたウェルビーイングな経営組織によって, 単に働きやすい環境を整えただけではなく, そこからの社員たちの自律的な連携によるサービス向上, 業務効率化, 優秀な人材を組織内に引きとめるといった繁栄の結果としての成長を成し遂げてくることが出来たのである。

7.　結　び

　国連の SDGs 発表によって, 多くの社会・企業がシェアホルダー資本主義からステークホルダー資本主義へのシフトが行われている。そこで, 日本の古くからの近江商人の三方良し精神や渋沢栄一の経営哲学の中にもシェアホルダー資本主義のような要素が存在していたことを再確認することが出来た。更に, 日本国内においては, 岸田首相の「新しい資本主義」によって, ステークホルダー資本主義が加速化されている状況でもあることを確認出来た。

　また, 本研究にてステークホルダー資本主義においては,「成長」ではなく,「繁栄」を目指すべきという点を示唆し, 繁栄の 3 要素を,「尊厳」,「機会」,「コミュ

ニティ」と整理した。更に，サウスウェストの事例を用いて，繁栄の3要素である「尊厳」，「機会」，「コミュニティ」は，個々人が生き生きと働くことの出来るウェルビーイングな組織づくりをする人材マネジメントでも欠かせない要素であることを示した。ステークホルダー資本主義時代における人材マネジメントのあり方は，繁栄の3要素である「尊厳」，「機会」，「コミュニティ」を自社行動の根幹となる経営理念の中に取り込み，現場レベルでも実働する制度まで整えていくことだと考えられる。

【引用文献】
(1) 朴 玄峻, 劉 秀秀, 西嶋 啓一郎 (2023.03)，「シェアホルダー資本主義からステークホルダー資本主義へ」『第一工科大学研究報告　第35号』，pp.89-98。
(2) 電通 サステナブル・ライフスタイル・レポート 2021 (2023年10月19日閲覧)。
https://institute.dentsu.com/articles/2257/
(3) 劉 秀秀, 西嶋 啓一郎 (2023)，「経済活動における利他主義の実践と仏教的経営についての一考察〜近江商人の仏教信仰を事例として〜」『日経大紀要論文第52巻第1号』。
(4) 渋沢栄一 (2008)，『論語と算盤』角川ソフィア文庫。
(5) 西嶋啓一郎 (2022)，『和魂洋才かた SDGs へ〜渋沢栄一の田園都市と平川守彦の一村一品運動を事例に〜』セルバ出版。
(6) 政府広報オンライン「新しい資本主義の実現に向けて」(2023年8月12日閲覧)。
https://www.gov-online.go.jp/tokusyu/newcapitalism/
(7) 内閣官房 (2023)，『新しい資本主義のグランドデザイン及び実行計画2023改訂版。
(2023年8月12日閲覧) https://www.cas.go.jp/jp/seisaku/atarashii_sihonsyugi/pdf/ap2023.pdf
(8) デビット・シロタ, ルイス・A・ミスキンド, マイケル・アーウィン・メルツァー (2006)，スカイライトコンサルティング訳『熱狂する社員−企業競争力を決定するモチベーションの3要素−』英治出版。
(9) ケビン・フライバーグ＆ジャッキー・フライバーグ (1997)，『破天荒 サウスウェスト航空』日経BP社，pp.15-22。チャールズ・オライリー, ジェフリー・フェファー (2002) 著，廣田里子, 有賀裕子訳『隠れた人材価値』翔泳社，pp.23-33。
(10) 楠木建 (2010)，『ストーリーとしての競争戦略』東洋経済新報社，pp.207-209。
(11) オライリー＆フェファー (2002)，前掲書，pp.65-66。
(12) 楠木建 (2010)，『ストーリーとしての競争戦略』東洋経済新報社，pp.207-213。
(13) オライリー＆フェファー (2002)，前掲書，pp.68-77。
(14) 同上書，pp.61-64。
(15) 楠奥繁側 (2007)，「採用および組織行事における支援的ユーモア−サウスウェスト航空の人的資源管理を事例に−」『立命館経営学』第46巻第2号，pp.64-66。

（朴 玄峻・西嶋 啓一郎）

第 19 章　ESG 経営におけるブロックチェーンの導入

【要旨】

　コロナパンデミックの後，産業はどのように方向性を定めるのか，そして主導権を握るための鍵となる技術は何か，という考えが非常に注目されるトピックとなっている。ESG は企業の将来に大きな影響を与える重要な要因となる。そのため，ESG の登場，目的，評価を検討し，この ESG 経営全般における活動の透明性とデータの信頼性を保証する技術としてブロックチェーンを検討し，経営活動においてブロックチェーンがどのような役割を果たし，どのように機能するのかを見る。

【キーワード】：ESG，ブロックチェーン

1.　はじめに

　新技術の出現によって社会は進化し，多様性も増すが，その過程で問題も発生している。企業には，社会の格差を縮小する責任があるという意見があり，企業は自発的に社会的責任を負担し，富を社会に還元する循環構造を実施してきた。しかし，現在の企業活動は地球環境を破壊しており，これを改善することが最優先の課題であると判断されている。企業の統治構造に役割を強制する動きが ESG（Environmental, Social, Governance）である。

　研究によれば，無形資産が将来の企業価値において占める割合がますます増加している [1]。無形資産の分析と評価にはいくつかの方法があるが，ESG という 3 つの中心要素に基づくアプローチはアメリカの金融産業全般で採用

され，活用されている。ESG は企業やビジネスの持続可能性や社会的影響に関連する要素を測定するために使用される[2]。国際的な ESG 評価機関である MSCI（Morgan Stanley Capital International）は投資の観点からこの用語を使用し，ESG 投資は投資意思決定のプロセスで財務要素とともに環境，社会，ガバナンスの要素を考慮すると定義している[3]。同様に，S&P（Standard & Poor's）も ESG 投資を通じて，市場参加者が意思決定において環境，社会，ガバナンスのリスクとチャンスが企業のパフォーマンスに重大な影響を与える可能性を考慮すると強調している。ESG を投資の意思決定に活用する投資家は，一般的な投資アプローチと同等の財務的リターンを維持しながら，持続可能な投資を追求することを目指す[4]。

2. ESG の登場

　ESG は，1970 年代に企業がさまざまなコストを負担しながらも，自発的に社会に奉仕と恩恵を提供する概念である持続可能なファイナンス（Sustainable Finance）から始まった。2008 年のグローバル金融危機を経て，社会的な反省があり，社会的価値を重視する「持続可能なファイナンス」という共感が広まった。つまり，2010 年代には，「社会的なファイナンス」から「持続可能なファイナンス」へと投資価値の基準が変化した[5]。ESG という用語は，2005 年の「Who Cares Wins」会議において初めて作られた[6]。この会議では，初めて機関投資家，資産管理者，買い手側および売り手側の研究アナリスト，グローバルコンサルタント，政府機関，規制機関が環境，社会，ガバナンスの価値観の役割を検討するために集まった[7]。

　ESG は，2006 年にコフィ・アナン国連事務総長が提唱した「責任投資原則（PRI, Principles for Responsible Investment）」から具体化された。PRI 以前は，経済の発展を主要な目標としていたため，環境破壊，社会秩序の混乱，所得格差の拡大等の問題が発生した。こうした危機に対処するために，国際的な金融機関などが協議を開始したことから，ESG が始まった。

　こうした議論を進めた結果，企業の価値を環境的または社会的な観点から評価することが，企業の長期的な成長と投資収益性に寄与すると判断された。これは投資家にとって非常に重要であり，ESG アプローチが徐々に普及し始めた。

　ESG が大きな注目を浴びる中で，以前はやったほうが良いと考えられていたが，今ではやらなければならないものと変わっている。欧州連合（EU）は 2017 年に，500 人以上の企業に対して ESG に関連する情報開示を義務化した。つまり，EU 内で企業を運営するか，EU 内で企業と取引を行うためには，ESG に関連する情報を開示しなければならず，応じない場合には処罰を受けるように，2018 年からは EU 企業に適用されていた非財務情報開示指令（NFRD, Non-Financial Reporting Directive）を拡大した。そして，指令を改訂し，2025 年からは情報開示の義務範囲をすべての上場企業に拡大し，2021 年 3 月には情報開示の義務対象を年金基金から銀行，保険，資産運用会社等の金融企業に拡大した。イギリスも 2020 年 11 月に，上場企業全体に対する ESG 情報の開示を義務付けると発表した。また，香港も持続可能な金融の中心地となることを目指し，2025 年までに香港の金融機関や上場企業が気候関連財務情報開示タスクフォース（TCFD, Task Force on Climate-related Financial Disclosures）基準に従って情報を公開することを決定した。このように，ESG はヨーロッパやアジアの各国で強調されており，アメリカでも環境問題を中心に企業の社会的役割の重要性が高まっている。

3.　ESG とは

　環境，社会，およびガバナンス（ESG）は，株主の代わりに企業の利益を最大化するために，社会的活動において努力する程度を評価するアプローチである。さまざまな政府機関や金融機関は，特定の企業が ESG 目標に適合する程度を測定する方法を考案してきた。

　ESG は，企業の長期的な成長性を測定する指標として，ESG 側面が脆弱な企業はリスクを抱えており，長期的な成長が期待できないと判断されている。

以下は，企業がこの変化に対応するために検討すべき項目である。

(1) 環境

製品を製造する際，太陽光，風力，地熱等の再生可能エネルギーを活用し，二酸化炭素排出を削減またはゼロにすることは，カーボンニュートラル時代への重要な戦略となっている。

(2) 社会

企業が企業としての適切な社会的責任を果たしているかどうかの評価である。主に人権や地域社会への貢献と関連し，労働者の待遇や多様性を尊重し，企業が関与する地域社会や機関への影響を包括的に評価する。

(3) ガバナンス

企業のガバナンスは経営の透明性と見なすことができる。意思決定プロセス，企業構造，人事または経営ポリシー等が民主的で責任ある方法で運営されているかどうかを判断する要素である。

4. ESG 経営に対する評価

まだ世界的に統一された ESG 評価基準は存在しない。ただし，企業が ESG 経営のスコア管理のために取り組むべき新たな課題が現れている。例えば，「気候変動を防ぐために海洋植物も保護すべきだ」という新しい科学論文が発表された場合，その取り組みも ESG 評価の対象となっている状況である。

投資家が ESG の観点からどの企業に投資すべきかを判断するために使用されるものが ESG スコアである。同じ業界であれば，同じ尺度で評価される。例えば，自動車産業は内燃機関を中心とする伝統的な製造企業でも電気自動車（EV）製造企業でも同じ測定基準に基づいて評価される。問題は，ESG の評価指標が非常に多く，合意された定義がないことである。

　2020 年 9 月，世界経済フォーラム（WEF）は「Stakeholder Capitalism」と呼ばれる ESG 評価方法を発表した。これには 21 の主要指標と 34 の拡大指標が 4 つの視点で含まれている。韓国では 2021 年 12 月に，産業通商資源部が K-ESG ガイドラインを発表した[8]。このように，客観的な指標を使用して ESG 経営の成果を測定しようとする動きが強化されている。

5．ESG 経営とブロックチェーン

　ESG 活動が拡大する状況において，ツールの活用により効果を最大化することが重要である。ブロックチェーンは両面性を持っている。コンセンサスメカニズムにより多くの電力を消費するという脆弱性を持っており，ESG の環境問題に関連する課題に触れている。それにもかかわらず，ブロックチェーンの技術的機能，すなわち公開的な非中央集権的分散台帳の仕組み，トランザクションの透明性等はその欠点を克服している。

（1）各産業での活用事例
　すでに各産業ではブロックチェーンを活用する事例が発生しており，ESG への対応戦略を構築するためにブロックチェーンを活用していることがある。つまり，ブロックチェーンは基盤設備の価値チェーンにおいてデジタルイネーブラー（Digital Enabler）としての可能性があり，データの透明性監査，プライバシー，価値伝達，プロセスの効率性と自動化を通じて持続可能な基盤設備の構築に活用できる[9]。
　ウォルマートのカナダ支店は 2019 年 11 月，70 以上のトラック輸送会社の貨物を追跡し，支払い処理をするブロックチェーン供給網を公開した。ウォルマートはブロックチェーンを基にデータの収集と管理を自動化するため，DAO ベースの DL Asset Track という供給網プラットフォームを構築した。これにより第三者の請求書が必要なく，処理時間が短縮され，手書きで発生する供給網間の情報の相違に起因する紛争や調整を減少させている。

BMW は自動車産業の国際的なサプライチェーンにおいて，パートナー企業が独自のデータを別々で管理しているために，IT システムが一貫性を持って通信できないという課題を指摘した。また，部品の原産地や供給経路を正確に追跡することにも相当な努力が必要であった。こうした状況を改善するため，BMW グループは 2020 年 3 月,自動車市場の複雑なグローバルサプライチェーンにおいて原材料や部品の追跡の透明性を確保するために，ブロックチェーン技術である PartChain を導入した。

2019 年 11 月，ボルボは信頼性のある供給網ブロックチェーンネットワーク(RSBN, Responsible Sourcing Blockchain Network)コンソーシアムを活用した。電気自動車のバッテリーにはコバルトの化合物が使用されているが,ボルボは,コンゴではコバルトの採掘において子供や若者の労働搾取が行われている問題があることを把握した。電気自動車のバッテリーに使用されるコバルトなどの鉱物の出所を追跡するために，上記のブロックチェーンシステムを活用した。

ポルシェは，2020 年 9 月にスタートアップした AutoBahn と協力して，部品供給業者である BASF と Motherson と共に，ベルリンのスタートアップである CircularTree の持続可能性プロジェクトである CarbonBlock を実証運用すると発表した。CarbonBlock で開発されたブロックチェーンベースのアプリケーションにより，サプライチェーン内で部品や材料の実際の炭素排出量を追跡し，これをもとに炭素排出量を調整できるようになる。

(2) ESG 経営におけるブロックチェーンの導入

ブロックチェーン上の取引履歴は改ざんや不正操作が不可能であるため，ESG 経営の透明性を一層向上させる[10]。企業は原材料の移動状況をリアルタイムで追跡できるため，エネルギー消費や炭素排出等を正確に把握できる。この透明性は，企業の廃棄物削減・カーボンフットプリント（CFP, Carbon Footprint of Products）を大きく支援し，持続可能な方法で運営するように管理する。

また，リサイクル材料の循環を促進し，消費者に透明な情報を提供する役割

を果たす。たとえば，ブロックチェーン技術を活用した農場から収穫された野菜は，食卓に上るまでの移動情報を追跡できる。これにより，食品の保管と運用方法を確認し，食品廃棄物を減少させ，消費者により良い可視性を提供することが可能となる。これは企業の売上増加と顧客のブランド忠誠度向上につながる。

　もう一つは ESG の評価制度における活用である。企業の ESG への取り組みは，通常，事業計画の一部として設定され，その後目標が公開され，結果は決算資料等で報告される。前節で述べたように，この過程において，ESG 目標の数値化や達成度の測定には一定の困難がある。言い換えれば，企業は ESG 計画の実行結果を効果的に管理しにくい。

　大企業は通常，公表した ESG 目標に対して詳細な審査を受け，そのため実行結果は正確に検証され，ESG 活動の成果を比較的容易に示すことができ，さらには決算資料を通じて外部に提示することも可能である。

　しかし，中小企業には大きな課題が存在する。中小企業の ESG 活動は，その成果を外部に提示することが難しい。大企業のように，第三者機関による評価を受ける機会が少ないため，中小企業が実際に ESG 活動を行っても，その活動が第三者から検証されるのは難しく，活動の実績を証明することも難しい。将来的に，中小企業も ESG に対して適切な評価を受けられるようになれば，より持続可能な社会に近づくことができる。

　ESG 活動は，設定した目標・実施した結果を公表し，その結果が正確に監査されていれば，正当な評価を受ける。したがって，企業は一度設定した ESG 計画と目標をブロックチェーンのような不変の台帳技術を使用して記録し，決算時等のタイミングで実績を正確に記録することによって，確実に企業の ESG への取り組みを証明できる。また，デジタル署名等を使用して，ESG 活動が監査されたことの証拠をブロックチェーンに保存することも有益である。

　さらに，ブロックチェーンを公開台帳として利用することで，さらに透明性を高め，詳細な情報を提供できるようになる。

　監査法人は，他の企業によって参照される可能性の高い「模範企業」のブロッ

クチェーン上に記録された目標と活動履歴に対して監査を実施する。監査結果を閲覧したい企業は，対価を支払うことで監査法人の記録にアクセスできるようになる。この仕組みにより，模範企業は無償で監査を受ける機会を享受できることに対してモチベーションが生まれ，企業はESG活動に力を入れて無料で監査を受けられるようになる。同時に，監査法人も報酬を増やすために模範企業を積極的に見つけて監査するモチベーションが高まる。ブロックチェーンの自己運営的な特性を，ESG投資の監査プロセスに応用することで，全く新しいメカニズムが構築され，ESG活動の透明性と評価の向上に寄与できる。

6. 結　び

　ESGは，主に金融業界を中心に議論され，企業が自主的に実施する側面があり，科学技術開発分野では馴染みが薄いかもしれない。企業が格差を縮小し，社会に富を還元すべきだという主張が出されている一方で，企業の持続的な成長は，製品やサービスを利用する消費者の要求を無視するわけにはいかないという逆説的な立場を持っている。

　こうした企業と消費者の二重の側面において，地球の環境問題が急を要する課題となっており，価値創造の過程で生じる原材料調達や残渣，産業廃棄物などについて，企業が責任を認識し，持続可能な経営を進める自主的な行動が求められている。これが今や，金融業界を中心に，企業のガバナンスに関するアプローチとして徐々に強制的に取り組むべき事項となっており，株式や債券などの企業のESG開示を義務づけている[11]。

　こうして推進されているESG経営では，情報の透明性と信頼性が非常に重要な要素とされ[12]，それを体系的に解決する技術としてブロックチェーンが注目されている。分散化やデータの完全性はブロックチェーンの重要な価値であり，ブロックチェーンのスマートコントラクトは，その完全性と信頼性を提供する技術となり，ESG経営に合致する方向に進んでいる。したがってブロックチェーンは取引と倫理の透明性と信頼性を提供するための手段として機

能し，産業の事例を通じてその有効性が実証されている。特に排出権取引や
P2P 取引基盤とするスマートメーター等は，ESG の進化と共に並行して成長
すべきだと提言する。

【引用文献】

(1) "Intangible Asset Market Value Study", Ocean Tomo, 閲覧日：2023 年 7 月 22 日。
(2) Georg Kell, "Five trends that show corporate responsibility is here to stay", The Guardian, 13 August 2014, 閲覧日：2023 年 7 月 22 日。
(3) "ESG 101: What is Environmental, Social and Governance?", MSCI, 閲覧日：2023 年 7 月 22 日。
(4) "What is the difference between ESG investing and socially responsible investing?", SP global, 閲覧日：2023 年 7 月 22 日。
(5) "ESG 국제동향 및 국내 시사점（ESG の国際的動向と韓国国内のポイント）", 금융위원회, 2021.02.08, 閲覧日：2023 年 8 月 1 日。
(6) Kell, Georg. "The Remarkable Rise Of ESG", Forbes, 閲覧日：2023 年 8 月 1 日。
(7) "Who Cares Wins 2005 Conference Report: Investing for Long-Term Value", IFC, 閲覧日：2023 年 8 月 1 日。
(8) "K-ESG 가이드라인（K-ESG ガイドライン）", 산업통상자원부, 2021.12.09。
(9) "ESG 경영과 블록체인 거버넌스（ESG 経営とブロックチェーンガバナンス）", ICT 국제표준 마에스트로 블록체인 글로벌 표준기술 워크숍, 2021.11.05 ～ 06, 閲覧日：2023 年 8 月 17 日。
(10) 김세규, "ESG 경영을 위한 블록체인 기술 도입 사례 연구 : 스타벅스 '빈투컵 (bean to cup)' 프로젝트（ESG 経営におけるブロックチェーン技術の導入事例：スターバックス「bean to cup」プロジェクト）", 산업혁신연구, 2021. 12, pp.1-24.
(11) 김세규, "인지된 블록체인 기술의 혜택이 ESG 공시 신뢰성에 미치는 영향（ブロックチェーン技術の利点が ESG 開示の信頼性に与える影響）", 인하대학교박사학위논문, 2022.02.
(12) "금융과 ESG 의 공존 : 지속가능한 금융회사의 경영 전략（金融と ESG の共存：持続可能な金融社会の経営戦略）" 삼정 KPMG 경제연구원, 2021.

（金 勇一）

第3編　東アジアの地域振興・経営
（英語論文）

Chapter20 The Progress and Trends in the Study of theRelationship between Family Childcare and Labor Force Participation

【Abstract】

Employing CiteSpace, an advanced knowledge mapping analysis tool, this study embarks on a comprehensive exploration. The focus is on existing research that delves into the intricate relationship between family childcare responsibilities and labor force participation. The analysis is based on 2,836 relevant publications sourced from the Web of Science(WoS) Core Collection. The study comprehensively reviews and maps the advancements and trends in this research area from various perspectives, including publication volume, authors, countries, institutions, keyword co-occurrence, keyword emergence, and chronological developments.

【Key words】: Family Childcare; Labor Force Participation; Women; Cite Space

Funding Project: This thesis was funded by open Fund Project of Wuling Mountain Area Poverty Alleviation and Development Collaborative Innovation Center (Project Title: Experiences and Lessons from Japan's Livelihood Protection System in Mitigating Relative Poverty and Its Implications for Hunan; Project Approval Number: FPFZ2202) and the National Scholarship Fund.

1. Data Source and Methodology

(1)Data Source

This paper utilizes the Web of Science (WoS) Core Collection as its data source.

In the WoS Core Collection database, the search topics were "Family Child Care or Home-Based Child Care" and "Labor Force Participation or Employment," covering the period from January 1, 1993, to July 8, 2023. The initial search yielded 3,027 documents from the WoS database. To ensure the validity of the data, duplicate documents were removed, resulting in a final count of 2,836 WoS documents.

(2)Research Method

Using the CiteSpace software, the documents from the WoS Core Collection were transformed and deduplicated. The time slice was set to one year, and node types were selected. Options such as "pruning sliced networks" were enabled to create visualizations including annual publication volume, authorship, institutional and national collaboration analysis, keyword co-occurrence, keyword emergence, and timelines. These visualizations highlight the research hotspots in this field.

2. Bibliometric Analysis Results

(1) Publication Volume Analysis

During the study period, the volume of English-language publications on the relationship between family childcare and labor force participation, as derived from the WoS Core Collection, exhibited a fluctuating upward trend. This trend can be broadly summarized in three phases:

The first phase, from 1993 to 2004, saw publication volumes consistently at or below 58 articles per year, indicating a gradual increase. This trend correlates with the increased attention given to early childhood by the Organization for Economic Cooperation and Development (OECD) during this period.

The second phase, from 2005 to 2012, had annual publication volumes ranging between 43 and 97 articles. During these seven years, countries like Japan, South Korea, Singapore, Australia, Germany, and France introduced a series of welfare policies to alleviate the conflict between work and family for employees, leading to an upward trend in related research.

The third phase, from 2013 to 2023, marked a period of rapid development in publication volume. In 2013, the number of publications exceeded 100 for the first time, and by 2022, there were 234 relevant publications.

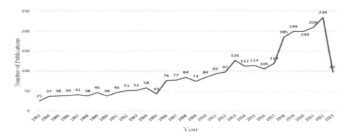

Figure 20-1 : Publication Trend Analysis

(2)Analysis of Countries, Authors, and Research Institutions

1) Countries

A visual analysis of the Web of Science (WoS) database was conducted using CiteSpace with "Country" as the criterion. As depicted in Figure 2, the top ten countries in terms of publication volume are the United States, the United Kingdom, Germany, Australia, Canada, the Netherlands, China, Sweden, Spain, and Italy. Japan, France, and Norway, although not in the top ten, have also maintained a promising level of publications. The United States leads with 1,174 publications, accounting for 41.40% of the total, indicating a strong focus on the research of the relationship between family childcare and labor force participation. In the past 30 years, China has enforced birth control policies and introduced the "Single Child, Two Children" policy in 2013, leading to increased economic and life pressures for women and families. The family childcare policies practiced in developed countries provide valuable insights for China, where research in this area is growing. However, countries in South Asia, South America, and Africa show less interest in this topic.

In terms of centrality, countries with a centrality greater than 0.1 include the United States, the United Kingdom, Germany, Australia, and Canada. The United States has the highest centrality of 1.02, followed by the United Kingdom at 0.34, Germany at 0.17, and Australia and Canada at 0.29 and 0.26, respectively[1].Higher centrality indicates a greater influence of a country in this research field. The United States, with the highest centrality, undoubtedly has the most significant influence in the research of family childcare and labor force participation. The research directions and depth of the United States also signify the overall trends in this field.

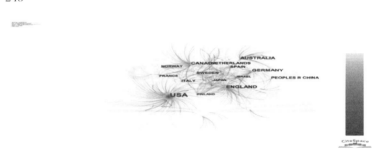

Figure 20-2 : Countries Producing Scholarly Papers

2)Authors of Publications

In the WoS database, a search for publications was conducted with "Author" as the criterion, and the results were visually analyzed using CiteSpace. The authors ranked by publication volume are Waldfogel Jane, McCartney K, Vandell Deborah Lowe, Craig Lyn, Fuller Bruce, Huston AC, Booth CL, Lappegard Trude, Pilarz Alejandra Ros, and Hook Jennifer L. Waldfogel Jane and McCartney K are the most prolific authors. McCartney K's research primarily focuses on child care, exploring the relationship between family childcare and labor force participation through studies linking family income[2], grandparental caregiving[3], maternal employment[4], parental stress, and anxiety[5].

Figure 20-3 : Authorship Network

3) Publishing Institutions

As indicated by the WoS database, the institutions with a significant focus on this field include the University of Washington, the University of North Carolina, Columbia University, the University of Toronto, the University of Wisconsin, the University of Michigan, the University of California, Los Angeles, Harvard University, the University of Chicago, and Stockholm University. The University of Washington and the University of North Carolina lead with the highest number of publications, each having 53 papers. Columbia University follows with 47 publications, and the University of Toronto with 44. Other institutions in the top ten also have more than 20 publications each. In terms of centrality, no institution has yet surpassed a centrality of 0.1. However, the University of Washington (0.09), Columbia University (0.08), the University of Toronto (0.08), and the University of Michigan (0.08) are among the institutions with higher centrality, indicating their significant role in advancing the research on the relationship between family childcare and labor force participation[6].

Figure 20-4 : Publishing Institutions Network

(3)Highly Cited Authors and Journals

1)Representative Highly Cited Authors

A visual analysis of the literature using "cited author" as a criterion, excluding anonymous articles, revealed that the most cited author is Bianchi SM, with 207 citations. His research primarily revolves around the relationship between family and work, exploring the labor force participation of professional women in their role as mothers and its connection with the increasing need for child care[7]. Following closely is Belsky Jay, with 188 citations. Belsky Jay's research mainly focuses on childcare and the impact of maternal caregiving on child behavior. Other notable authors like Presser HB, Esping-Andersen G, Waldfogel Jane, and Craig Lyn have also amassed over 100 citations each, significantly contributing to the development of research on the relationship between family childcare and labor force participation.

2)Representative Highly Cited Journals

Research on the relationship between family childcare and labor force participation is predominantly published in journals related to family studies, sociology, women's studies, and demography. The journals "Journal of Marriage and Family", "Demography", "American Sociological Review", "Journal of Family Issues", and "Child Development" each have over 500 citations, with respective citation counts of 1098, 674, 620, 616, and 532. This indicates that these five journals hold a significant position in this field of study and have made substantial contributions to the development of research on the relationship between family childcare and labor force participation.

(4)Analysis of Research Hotspots

An analysis based on keywords provides insight into the hotspots and primary directions in the field of research on the relationship between family childcare and labor force participation. The analysis results show the frequency of keyword occurrences. The most frequent keyword is "employment", appearing 748 times; followed by "family", with 645 occurrences. Other significant keywords include "child care", "care', "work", "children","gender", and "mother", with frequencies of 558, 465, 415, 394, 390, and 381 respectively. Although these frequencies are not as high as "employment" and "family", they all exceed 350 occurrences, highlighting these as key areas of focus in the field.

In terms of centrality, "care" and "employment" have the highest centrality. The reason for the high centrality of these two keywords is the current low fertility rates in many countries, necessitating governmental adjustments. Introducing childcare welfare policies, paid leave policies, etc., aims to reduce the burden of family life and increase the inflow of labor into the market. Research on the relationship between family childcare and labor force participation helps address these issues. A higher centrality of a keyword indicates its prominence as a research hotspot in the field.

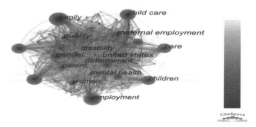

Figure20-5 : Research hotspot diagram

(5) Analysis of Phase-specific Frontier Areas

Based on the analysis of emergent keywords, research on the relationship between family childcare and labor force participation can be divided into three stages:

The first stage, from 1993 to 2005, is characterized by keywords such as "women", "day care", "infant day care", and "United States". The focus during this period was primarily due to the OECD's emphasis on early childhood education. Childcare methods like day care and infant day care became popular, with the United States, a member of the OECD, publishing the most articles in this research area.

The second stage, from 2006 to 2018, saw an increase in research related to "parental leave" and "welfare reform". The welfare policies and paid parental leave in countries such as the Nordic nations[8], South Korea[9], and Germany[10] contributed to the development of childcare services and an increase in women's labor force participation. During this time, family welfare services for child care emerged as a research hotspot.

The third stage, from 2019 to the present, is marked by keywords like "COVID-19" and "inequality". Since the outbreak of the COVID-19 pandemic in 2019, economic stagnation has impacted various industries, leading to rising unemployment rates. Many childcare institutions faced closures[11], and parents had to personally care for their children, increasing the time spent on childcare[12] and disrupting the work-family balance. In the post-pandemic recovery period,

Top 20 Keywords with the Strongest Citation Bursts

Keywords	Year	Strength	Begin	End	1993 - 2023
women	1993	15.16	1993	2002	
attachment	1993	12.98	1993	2006	
quality	1993	12.71	1993	2005	
day care	1993	8.02	1993	2006	
infant day care	1993	7.42	1993	2006	
national longitudinal survey	1993	17.04	1994	2005	
united states	1993	6.73	1998	2008	
poverty	1993	6.3	2000	2005	
welfare reform	1993	13.95	2002	2010	
service	1993	6.12	2003	2007	
home	1993	6.21	2004	2012	
trend	1993	6.7	2005	2008	
time use	1993	10.3	2009	2017	
transition	1993	6.49	2011	2013	
womens employment	1993	6.57	2015	2016	
parental leave	1993	7.12	2019	2020	
covid-19	1993	21.49	2020	2023	
inequality	1993	8.92	2020	2023	
resilience	1993	6.5	2020	2023	
informal care	1993	6.05	2020	2023	

Figure 20-6　Table of Keyword Emergence Detection

men returned to employment faster than women[13], leading to a decrease in women's labor force participation and exacerbating employment inequalities. Research in this phase naturally focuses on these keywords.

3. Conclusion

Existing research on the relationship between family childcare and labor force participation has achieved substantial results in both theoretical and applied studies. This paper, utilizing the bibliometric tool CiteSpace, conducts a map analysis of the literature on this topic, leading to the following conclusions:

(1) Basic Statistical Overview

The publication volume has experienced two phases: steady growth and rapid growth, with the last decade being a period of rapid increase. The United States leads in publication volume with 1,174 papers, followed by the United Kingdom, Germany, Australia, Canada, the Netherlands, and China. In terms of centrality, the United States, the United Kingdom, Germany, Australia, and Canada rank highest, exerting the greatest influence on this research field. Among authors, Waldfogel Jane and McCartney K have the highest publication volume. The University of Washington and the University of North Carolina have the highest number of publications among institutions, with 53 each. Columbia University, the University of Toronto, the University of Wisconsin, the University of Michigan, and others have also published numerous papers related to this research, fostering collaboration and accelerating scientific exchange.

(2) Representative Highly Cited Authors and Institutions

Visual analysis identifies Bianchi SM as the most cited author, followed closely by Belsky Jay. Other notable authors such as Presser HB, Esping-Andersen G, Waldfogel Jane, and Craig Lyn have significantly contributed to the development of this field. Key journals include the Journal of Marriage and Family, Demography, American Sociological Review, Journal of Family Issues, and Child Development, indicating their substantial contributions to research development.

(3) Research Hotspots and Trends

Key research terms like "employment", "family", "child care", and "care" form the foundation and core of research on the relationship between family childcare and labor force participation, consistently remaining a focal point for scholars. Phase-specific frontier analysis reveals shifting research emphases, with recent years highlighting "COVID-19" and "inequality" as emerging hotspots, closely tied to societal concerns. Literature searches on these hot topics can guide understanding of current research foci and future trends. Future studies might productively focus on informal child care, gender gaps in family responsibilities, and postnatal labor force participation of immigrant women.

4. Implications

Based on the analysis of hotspots and progress in the study of the relationship between family childcare and labor force participation, this paper suggests that future research should focus on informal child care, the gender gap in the assumption of family responsibilities, and the labor force participation of immigrant women postchildbirth.

(1) Informal Child Care

Informal child care, as opposed to well-known forms such as "family day care" or "long-term day care," refers to more flexible arrangements such as "occasional home care" and "holiday home care." Currently, in the postpandemic economic recovery period, there is a significant influx of labor into the market. However, this comes with increased instability in jobs and unpredictable working hours. Such uncertainties undoubtedly affect parents' arrangements for child care, leading to a rise in informal child care. Future research could segment by industry to analyse the work stability of working parents in different sectors, thereby examining the demand for informal childcare and analysing in-depth the relationship between family childcare and labor force participation.

(2) Gender Gap in Family Responsibility

In terms of unpaid work, particularly the tasks of parenting, men and women do not invest in the same way, with women often taking on more intangible responsibilities. In earlier times, most women would become full-time mothers, dedicating all their time to child-rearing. However, with societal progress, women, driven by increasing needs, tend to engage in work postpartum. This leads to an increasingly evident conflict between work and family, highlighting the role of family childcare. Future research should explore the gender division of household labor, including child-rearing, to clarify the impact of family childcare services and uncover the relationship between family childcare and labor force participation.

(3) Labor Force Participation of Immigrant Women Post-Childbirth

In recent years, more people have been immigrating to other countries for work and life. Previous research primarily focuses on working women transitioning to motherhood and their labor force participation. However, studies on the employment level and working hours of immigrant women before and after childbirth are relatively limited. Immigrants, compared to natives, inevitably face different challenges. Given the more comprehensive and wide-ranging policies on immigration in various countries, it is essential to consider the employment of immigrant women before and after childbirth and their choices regarding family childcare. In the future, scholars might pay appropriate attention to this area of research.

【Notes】

(1) The data comes from CiteSpace 6.2.R4.

(2) Dearing E, McCartney K, Taylor B A. Within-child associations between family income and externalizing and internalizing problems[J]. *Developmental psychology*, 2006, 42(2): p.237.

(3) Vandell D L, McCartney K, Owen M T, et al. Variations in child care by grandparents during the first three years[J]. *Journal of Marriage and Family*, 2003, 65(2):pp.375-381.

(4) Bub K L, McCartney K. On childcare as a support for maternal employment wages and hours[J]. *Journal of Social Issues*, 2004, 60(4): pp.819-834.

(5) Deater-Deckard K, Scarr S, McCartney K, et al. Paternal separation anxiety: Relationships with parenting stress, child-rearing attitudes, and maternal

anxieties[J]. *Psychological Science*, 1994, 5(6): pp.341-346.

(6) The data comes from CiteSpace 6.2.R4.

(7) Bianchi S M. Maternal employment and time with children: Dramatic change or surprising continuity?[J]. *Demography*, 2000, 37: pp.401-414.

(8) Datta Gupta N, Smith N, Verner M. The impact of Nordic countries' family friendly policies on employment, wages, and children[J]. *Review of Economics of the Household*, 2008, 6: pp.65-89.

(9) Lee J, Bauer J W. Motivations for providing and utilizing child care by grandmothers in South Korea[J]. *Journal of Marriage and Family*, 2013, 75(2): pp.381-402.

(10) Chirkova S. The impact of parental leave policy on child-rearing and employment behavior: The case of Germany[J]. *IZA Journal of Labor Policy*, 2019, 9(1).

(11) Lee E K, Parolin Z. The care burden during COVID-19: A national database of child care closures in the United States[J]. Socius, 2021, 7: pp.1-10.

(12) Sappenfield O R, Leong A, Lebrun-Harris L A. Prevalence, sociodemographic and household characteristics, and impacts of disrupted child care due to the COVID-19 pandemic in the US, April-July 2021[J]. *Children and Youth Services Review*, 2023, 149: 106859.

(13) Hoehn-Velasco L, Silverio-Murillo A, Balmori de la Miyar JR, et al. The impact of the COVID-19 recession on Mexican households: evidence from employment and time use for men, women, and children[J]. *Review of Economics of the Household*, 2022, 20(3): pp.763-797.

(Sun Aishu, Wang Min)

Chapter21　Analysis of Baoding pension service policy from the perspective of policy tools

【Abstract】

In order to cope with the deepening aging process, how to give full play to the policy role of the chinese government is of great significance to promote the development of the elderly care service industry. Based on Roswell's policy tool theory, this study uses Nvivo12 software to analyze policy text of elderly care services in Baoding city, Hebei Province. The analysis shows that the distribution of Baoding's policy content has both advantages and disadvantages, and the use of policy tools should be balanced from multiple angles.

【Key words】: Pension service policy, Policy tools, Baoding

1. Introduction

The 2022 Chinese Government Work Report proposes to actively respond to the aging population, improve the supply of elderly care services in urban and rural areas, and promote high-quality development of elderly care and industries[1]. This shows that coping with aging has become a national strategy. Since China entered the aging society at the end of the 20th century, the degree of aging has been in the middle level in the world. In the past 20 years, the proportion of China's population over the age of 65 has increased from 4.4% to 14.2%.The aging trend shows the characteristics of large-scale elderly population, rapid aging, and aging before getting rich. In this context, Baoding, as the city with the largest population in Hebei Province, China, has reached 14.08% of the 65 year old population by 2020, and the aging degree has become increasingly serious[2,3]. As the policy research part of Baoding community embedded elderly care service demand research, based on Roswell's policy tool classification theory and the research results of relevant scholars (Figure21-1), this paper collects the elderly care service policy documents in the official website of Baoding Municipal Government for quantitative analysis,in order to find the characteristics and problems of its elderly care service policy.so as to provide policy support for improving Baoding community embedded elderly care service demand research.

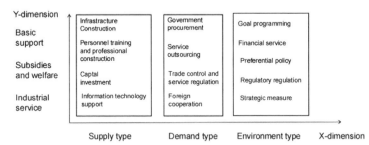

Figure21-1 Two dimensional analysis framework of Baoding pension service policy

Source: Made by the author based on previous research.

2. Data sources and analysis methods

(1) Policy sources

The official website of Baoding Municipal People's Government searches and screens the pension service policies issued at the municipal level.

Inclusion criteria: the title or text contains relevant policy documents on "Pension" .

Exclusion criteria: approval, meeting, speech, work report, industry standard and other types of documents.

A total of 17 policy documents were included, involving the municipal government, the Civil Affairs Bureau, the Finance Bureau, the Development and Reform Commission, the Housing and Urban Rural Development Bureau, the Health Commission and other promulgating agencies.

(2) Research methods

Content analysis. It is a method that converts qualitative text into analysis units through coding and classification, and then counts quantitative indicators.the policy text involves multiple objects and non quantitative information. With the help of content analysis method, a large number of text data can be extracted and their content similarities and differences can be objectively compared. This paper describes and analyzes the characteristics of Baoding's pension service policy with the policy tool dimension as the main line and the pension service demand level as the auxiliary.

This paper uses Nvivo12 software to code and count the pension service policies in Baoding. Analyze the characteristics and distribution of policy content.

(3) Policy content code

Import 17 policy documents into Nvivo12 software tool, refine the content of policy documents and set nodes, and classify and count the number of coding points. Finally, 109 coding items and 397 coding reference nodes are formed.

3. Classification results and analysis of policy instruments

(1) X dimension of Baoding pension service policy

The 17 elderly care service policy texts selected in this paper cover three types of policy tools (Figure 21-2), which shows that Baoding's elderly care service policy comprehensively considers the impact of supply, demand and environment. According to the statistical data in Table 21-1, there are differences in the use of the three types of policy tools. Among them, environmental policy tools were used most, accounting for 52.14%(In Nvivo12 software coding, the percentage of environmental policy tool coding nodes in the total number of coding nodes. The following data are the results of this statistical method.); The second is supply-oriented policy tools, accounting for 31.99%; Demand based policy tools were the least used, accounting for 15.87%. This is consistent with the research results of most relevant policy documents in other regions of China.It can be seen that Baoding Municipal government also prefers to adopt policies with indirect effects to guide the creation of a good endowment environment. But this is also the inadequacy of policy-making. For example, the full use of demand-based policy tools may lead to insufficient driving force of the elderly care service industry, and it is difficult to upgrade the industrial structure.

1) Supply based policy tools

In terms of supply-oriented policy tools, infrastructure construction and capital investment were mainly used, accounting for 50.39% and 28.35% respectively; The second is talent training and professional construction, accounting for 11.81%; Information technology support is relatively less, accounting for 9.45%. The high investment in infrastructure construction and funds reflects the importance that Baoding Municipal government attaches to the cause of providing for the aged. The government has increased the construction of an environment suitable for the elderly and pension institutions, especially embedded pension communities; In terms of capital investment, financial subsidies will be given to the elderly groups and pension institutions to provide more convenience for the old-age life of "living in place" under the traditional concept of Chinese elderly. However, the proportion of talent training, professional construction and information technology support is relatively small, indicating that the local pension service system is not perfect. In order to meet the multi-level and diversified pension needs of China's pension industry, we should strengthen the construction of pension service talents and the assistance of high-tech means.

2) Demand based policy tools

Among the three policy tools, demand-based policy tools are the least used, which indicates that Baoding Municipal government has taken more consideration in the development goals and macro construction when formulating pension service policies, and the driving role of operation mode, cooperation mode and service supervision related to specific pension service needs has not been fully played. Among them, trade control and service supervision accounted for the highest proportion, 60.31%; The second is service outsourcing, accounting for 19.05%; Government procurement accounted for 15.87%; Foreign cooperation accounted for the least, accounting for 4.76%. It can be seen that with the increase of the role of the market in the industrial service industry, the supervision of Baoding Municipal Government on the market has gradually increased; However, in terms of government procurement and foreign cooperation, cooperation still needs to be further strengthened.

3) Environmental policy tools

Among the three policy tools, environmental policy tools are the most used, with target planning and strategic measures accounting for 28.99%; The second is financial services, accounting for 22.22%; Regulations and preferential policies accounted for the least, accounting for 11.11% and 8.70% respectively. The proportion of target planning and strategic measures is relatively high, indicating that Baoding Municipal government is making efforts to clarify the development direction of the future elderly care service industry. Specific and feasible construction planning can improve the implementation effect of the policy. Secondly, financial service support plays an important role in the pension service industry. For example, the pension system and the cashing of pension insurance are closely related to the improvement of pension benefits and the creation of a good environment for the elderly. Although the government's supervision of the market is gradually enhanced in the demand-oriented policy tools, the overall planning needs to be improved in the level of system regulation. Among environmental policy tools, preferential policies account for the least proportion. Local governments should pay attention to the pulling effect of preferential policies on attracting all forces to support and participate in the elderly care service industry, and should actively issue relevant preferential policies to promote the development of the elderly care service industry.

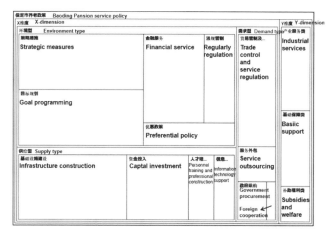

Figure21-2 : Hierarchical table of policy tool coding points
Source: Analysis results of Nvivo 12 software.

Table21-1   Distribution of X-dimension policy tools

Types of policy instruments	Tool name	Number of reference points	Percentage
Supply based policy tools	Infrastructure construction	64	31.99%
	Talent cultivation and specialty construction	15	
	Capital investment	36	
	Information technology support	12	
Demand based policy tools	Government procurement	10	15.87%
	Service Outsourcing	12	
	Trade control and service supervision	38	
	Foreign cooperation	3	
Environmental policy tools	Goal programming	60	52.14%
	Financial service	46	
	Preferential policy	18	
	Regulatory control	23	
	Strategic measures	60	
Total		397	100%

Source: Made by the author based on Nvivo statistical analysis results.

(2) Y dimension of Baoding pension service policy

The coding hierarchy chart and statistical data obtained by coding the policy documents with nvivo12 software can be seen that in the dimension of pension service level, the industrial service pension service policy accounts for the largest proportion, with 9 coding items and 21 reference points, accounting for 42.86%; The second is the basic security pension service policy, with 10 coding items and 19 reference points, accounting for 38.78%; The pension service policy of subsidy service has the least proportion, with 3 coding items and 9 reference points, accounting for 18.37%. It shows that at this stage, in response to the deepening aging process, Baoding Municipal government mainly focuses on the establishment of the basic system of elderly care service, and will continue to explore and promote the development of elderly care service industry in the future. However, the subsidy and welfare pension service policy needs to be further improved to speed up the construction process of "welfare society".

(3) Two dimensional analysis of pension service policy in Baoding

Comprehensive analysis of the policy tool dimension (X dimension) and the pension service level dimension (Y dimension) can understand the application of pension service policies at different levels. Under the framework of Y-dimension analysis results, it is found that environmental policies are also the most used in basic security policies and subsidies and welfare policies, followed by supply-oriented policies and at least demand-oriented policies; Among industrial service policies, demand-oriented policies are the most used, followed by supply-oriented policies, and supply-oriented policies are the least used. It can be seen that in the industrial service category, Baoding Municipal government has a strong dependence on demand-oriented pension service policy tools. Mainly in service outsourcing, trade control and service supervision. It shows that the government encourages the market to participate in the development of the elderly care service industry, and also increases the supervision of the market and service quality, aiming to standardize the management of the elderly care service industry and bring more reassuring choices of elderly care services to the elderly.

4. Conclusion

Through the above research, it is found that the government of Baoding City, Hebei Province, China, has a proportion and structural imbalance in the use of policy tools, which is mainly manifested in the use of environmental policy tools, while the demand policy tools account for a relatively small proportion. This shows that in the process of coping with the aging population, Baoding municipal government pays more attention to infrastructure construction, capital investment and development goal planning, and actively strives to create a good environment for the elderly to cope with the aging dilemma. While encouraging the market to participate in the development of the elderly care service industry, it also strengthens the supervision of the market and service quality, in order to standardize the management of the elderly care service industry and bring more peace of mind to the elderly care service choices. However, for personnel training and professional construction, government procurement and foreign cooperation policies are less involved, which is difficult to play a positive role in the high-quality development and accurate provision of the elderly service industry, and is not conducive to promoting the improvement of Baoding's elderly service system. It is suggested to optimize the proportion of use of policy tools and appropriately increase the use of demand-oriented policy tools, such as the effective use of service purchase and service outsourcing to gradually form an orderly elderly care service market to meet the needs of different groups of elderly care services; Improve the use of talent training tools, strengthen the discipline construction of elderly care service, improve the treatment of elderly care service personnel, in order to ensure the supply of elderly care service personnel; Strengthen the use of subsidized welfare policies, including the increase of pensions, the increase of medical reimbursement ratio, the establishment of green channels for the elderly to seek medical treatment, and other policies to build a "welfare society".

【Notes】

(1) 中国政网 ,https://www.gov.cn/gongbao/content/2022/content_5679681.htm

(2) 刘政永（2013），「保定市居家养老服务体系构建策略」，合作经济与政策，p.98。

(3)World Population Prospects - Population Division -UnitedNations.https://population.un. org/wpp/Graphs/Probabilistic/POP/65plus/900

【Reference】

［1］刘亚娜等（2019），「京津冀养老政策差异与协同」，社会发展研究，pp.189-194。

［2］姚俊，张丽（2018），「政策工具视角下中国养老服务政策文本量化研究」，现在经济探讨，pp.33-39。

(Jian Zhang)

Chapter22 Home and Community Care Services in China's Urban Areas: Shenyang City (Liaoning Province) Case Study

[Abstract]

In China which has entered an aging society, the burden of social security, including pensions, medical care, and welfare is a concern. As the population ages and the birth rate drops, the problem of elderly care becomes increasingly serious, and the Chinese government is stepping up efforts to formulate several laws and policies as a response. This study is a policy study on China's nursing care system for the elderly.

Liaoning is one of the model provinces for the development of the elderly sector in the country. It is promoting the construction of an elderly care service system that combines home care, community care, and medical care. In order to understand what services, the elderly in Liaoning urban areas have received in home care, and what needs and problems they have, we conducted a questionnaire survey on the daily care, health management, and psychological needs of 187 elderly people in District J of Shenyang City. This chapter clarifies the current state of home care and community care services in Shenyang city, Liaoning province. It also identifies the needs of the elderly citizens in the city through a questionnaire survey. Finally, the chapter discusses and provides possible suggestions to enhance China's elderly care system.

【Key words】 : Aging policy, Elder care, Home Care Services, Community Care Services, Questionnaire Survey, Urban Area

1. Introduction

Since the beginning of the 21st century, the world's population has been aging rapidly. In China, in particular, the aging of society is projected to occur at a faster rate than in Japan (the number of years required for the aging rate to reach 14%, double the 7% rate in Japan). As of the end of 2021, the country's elderly population aged 65 and above was 200.56 million, accounting for 14.2% of the total population. The national dependency ratio for the elderly population aged 65 and above is 20.8%[1]. The demographic transition in China is unique in terms of the speed of aging, rising level of the elderly dependency ratio, and limited progress in preparing for it. With the development of China's aging society, the elderly have an increasing demand for medical treatment, health care, livelihood support, and the formulation and strengthening of high-level welfare care service policies for the elderly is an urgent issue.

China's elderly care system is a complex and evolving system designed to provide health and social care to its rapidly aging population. The Chinese government elderly care policy is governed by a 9073 formula, meaning it aims for 90 percent of seniors to remain at home,7 percent to stay at intermediate facilities and 3 percent at nursing homes. Given the Chinese tradition of people staying at home as long as possible, there is huge potential for providing various forms of home care services. For children, this might be a way of fulfilling their filial piety. As far as the current situation in China is concerned, the family elderly care model may become the mainstream trend in the future, and community elderly care and institutional elderly care will become important supplements. Therefore, it is necessary to select one region as a model, to examine what services the elderly are receiving in home care and what needs and problems remain.

According to the seventh national census data released by the National Bureau of Statistics in 2011, Liaoning's population aged 65 and above accounted for 17.42%, ranking first in China. Since 2020, Liaoning Province has implemented each of the items in the government's work report, including "implementing pilot projects on reforming home and community elderly care services and building 100 model home and community elderly care service centers"[2]. It has also taken a series of measures to promote the construction of an elderly care service system that combines home care, community care, and medical care. Liaoning will become a model province for the development of the elderly sector in the country. We conducted a survey on the daily living care, health care, and spiritual needs of the elderly in the J community of Shenyang.

2.　Research Method

To better understand the current demand for home and community care services in urban Liaoning, a structured questionnaire was conducted on the daily living care, health care, and spiritual needs of the elderly in the J community of Shenyang from 4 April 2023 to 17 April 2023.

J community is located in Shenyang, Liaoning Province, and its home to 380 households and 1,514 people. Of these, 642 are aged 60 years or older (including 10 disabled persons), accounting for 42% of the total elderly population. It can be deeper understanding of the needs and wishes of the elderly for long-term care services.

3.　Analysis of Survey Results

Gender and age structure. Of the 187 elderly surveyed, 79 (42%) were male and 108 (58%) were female. The age composition was 94 (50%) in the 60-69 age group, 66 (35%) in the 70-79 age group, 23 (13%) in the 80-89 age group, and 4 (2%) in the 90+ age group.

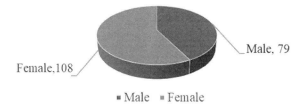

Figure 22-1　Survey Respondents by Gender

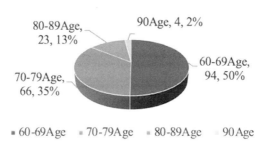

Figure 22-2   Survey Respondents by Age

Education Level. 7 respondents (4%) were in pre-school education, 37 (20%) in primary education, 103 (55%) in secondary education, 28 (15%) in vocational education, and 12 (6%) in higher education.

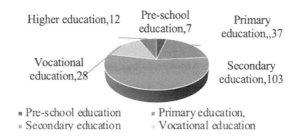

Figure 22-3   Survey Respondents by Education Level

Marital status. 127 (68%) were married, 49 (26%) had lost a spouse, 9 (5%) were divorced, and 2 (1%) were never married.

Figure 22-4   Marital Status for Survey Respondents

Residence type. 36 (19%) live alone, 125 (67%) live with their spouse, 17 (9%) live with their children, and 9 (5%) live with others.

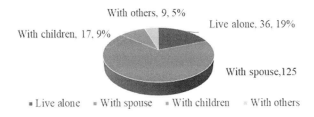

Figure 22-5   Cohabitants for Survey Respondents

Health status. 21 (11%) thought they were very healthy, 92 (49%) thought they were basically self-reliant, and 74 (40%) thought they were not self-reliant. Regarding the choice of care service method, 106 (57%) choose home care services, 66 (35%) choose community care services, and 15 (8%) choose institutional care services.

Figure 22-6   Health Status for Survey Respondents

Lifestyle Care Needs. Lifestyle care needs are essential for the elderly to meet their basic needs. In this survey, 79% of the respondents had needs for medical attendance, 51% for food and beverage services, 42% for home repair services, 32% for nursing services, 22% for shopping escort, and 17% for housekeeping visits. As can be seen, the elderly are very health-conscious, indicating a high need for medical care and an urgent need for services such as medical attendants.

Health care needs. As people age, their susceptibility to illness and their mental capacity to cope with it diminishes, leading to an increased demand for health care. The demand for health care is primarily in the areas of counseling and home visiting services. For the elderly, the most common need is emergency medical services (95%), followed by health counseling, rehabilitation, regular medical visits, and home nursing care. According to the survey data and interviews, the need for emergency services is the highest among the elderly because they all want to be found and treated as soon as possible when they fall ill. Health advisory services and rehabilitation guidance also rank high because the elderly in community J have more or less chronic illnesses and need rehabilitation guidance and information and methods to prevent illness.

Spiritual needs. Spiritual needs are high on the hierarchy of human needs and cannot be ignored. 22% of the older adults surveyed participate regularly, 56% participate rarely, and 22% do not participate at all. Regarding the loneliness survey, 26% felt lonely sometimes, 58% felt lonely often, and 16% did not feel lonely at all. It's clear that a certain percentage of respondents remain disengaged and feel lonely. For older adults, helping them find appropriate ways to express themselves, encouraging them to participate in more activities, and finding partners with similar interests can help alleviate anxiety and meet their spiritual needs. In the survey on the need for mental comfort, 85% for "social media," 66% for "cultural entertainment," 42% for "solitude," 39% for "outdoor sports," and 26% for "psychological care." Older adults prefer practical activities such as chatting with others, cultural entertainment, and outdoor sports, indicating that the need for and perception of professional psychological counseling is low.

4. Discussion

(1) Promoting "Time Savings Services"

Looking at J community, the "time savings service" model is appropriate because most of the elderly are in relatively good health. The core of the "time savings service" model is the exchange of current labor services for future enjoyment, which must be recorded at the end of each service, and the elderly must also consider their physical condition when providing free services. Several advanced cities in our country have already piloted things.

(2) Integration with Medical and Nursing Care Services

According to the survey, the elderly have a higher demand for medical treatment, so in addition to the regular health knowledge and disease prevention lectures, the community can also provide medical resources for the elderly. Currently, there are many community health service stations in cities, and if hospital visitation services are introduced at the same time as community care for the elderly, it can not only share the pressure of home care, but also reduce the pressure on hospitals.

(3) Strengthen supervision and improve service quality

A scientific and sound supervision and management system can improve the efficiency and quality of services. Communities can set service standards according to their own characteristics and conditions, and the government can judge the quality of elder care services using the standards set by third-party organizations as a guide. The supervisory body should be able to visit the elderly on a regular basis and set up a hotline where the elderly can call to report breaches in service delivery.

5.　Conclusions

In May 2023, the Chinese government formulated the "Opinions on Promoting the Construction of the Basic Elderly Care Service System", which emphasizes the important and fundamental role of basic elderly care services in realizing the realization of elderly care. It is expected that family and community care services will become the main way to solve the problem of home care in China.

Through the survey in J community, we understanded the current development of home and community care services and the needs of the elderly. As the aging of the population has strong repercussions on the economy, it will become a major challenge for Chinese society in the decades to come. Building an integrated, community-based social and health care system, strengthened health services and a larger workforce, are essential to help China face the challenges ahead. There is a vital need to create age-friendly cities and communities where older people can thrive and continue to make meaningful contributions to society.

【Notes】

(1) National Health Commission of the People's Republic of China, National Office on Aging (2022), 2021 National Bulletin on the Development of Aging Industry.

(2) Liaoning Provincial Government (2020) "Implementation of pilot project on home and community elderly service reform, construction of 100 model home and community elderly service centers".

【Reference】

［1］ National Bureau of Statistics of China, http://www.stats.gov.cn/english/

［2］ Guo Jin lai, Chen Tai chang, Zhai De hua (2023) "Scientific Connotation, Times Value and Practice Path of the National Strategy in Proactive Response to Population Aging", Forward Position.

(Zhang Jitang・Guo Jinlai)

Chapter23 The Enlightenment of Foreign "Fast Fashion" Clothing Brand Marketing Strategies on Chinese Clothing Enterprises

【Abstract】

With the continuous growth of China's economy and the improvement of people's material living standards, the clothing enterprises witness vigorous development. China is a major clothing manufacturer worldwide, but there's still more room for improvement in brand building and technology development. In recent years, the influx of "fast fashion" brands has had a significant impact on China's local fashion brands with its unique advantages, such as products of various styles, considerate services, short development cycles, enormous brand exposure in the public and increasing market competitiveness. It's expected that China's local clothing enterprises would draw inspiration from the in-depth exploration of the fast fashion brand marketing strategy.

【Key words】：fast fashion, brand marketing strategies, clothing enterprises, enlightenment

1. Introduction

"Fast fashion" brands are popular among consumers due to the short production cycle, reasonable design, and reliable quality. The period from design to sales generally does not exceed six months, or even shorter. Compared with other fashion brands, the "fast fashion" ones are not only of competitive price but also diverse and innovative in style. At the same time, the products launched vary according to season, providing more comparability and greater flexibility in market selection. In addition, many brands are operated by direct-sale stores with relatively fixed sales channels and consumer groups: establishing specialty stores in cities with concentrated consumers to meet their needs for clothing style and quality; Centralized procurement and unified selling prices have reduced operating costs.

Although China is a major clothing manufacturer, it's hard to demonstrate its strength worldwide in manufacturing and service without successful branding. At present, most local clothing enterprises lack capabilities and investment in design, resulting in low product design levels, deficiency in design details and creativity, and even imitation. Moreover, the designed clothing is not aesthetically pleasing enough to adapt well to popular trends. Therefore, China's local fashion brands need to accelerate their improvement and continuously enhance their production capacity and level.

2. The Marketing Characteristics of "Fast Fashion" Brands

(1) Creating a Fast-Response Supply Chain

The target of "fast fashion" is mainly young people aged 15-30. Young consumers attach importance to fashion trending, pursuing clothing with novel styles, bright colors, and unique display styles. With a short development cycle and timely response, fast fashion brands find the key to success. From negotiation with suppliers and processors, listing, and shipping, to delivery, the whole process is efficiency-oriented. For example, ZARA can process orders from thousands of stores around the world in 24 hours, transport goods from Spain to every part of the world in 72 hours, purchase twice a week and change the display window once a month. What's more, its design team of over 200 designers enable over 40000 products to be launched annually. ZARA tells the true meaning of the "fast fashion" brand with extraordinary speed.

(2) Fashion Trends as the Orientation

Fashion is also a major characteristic of the "fast fashion" brand. The design should keep up with the fashion trends, based on timely grasping the seasonal and popular information. At the same time, the brand's own style should also be considered to cater to customers' consumption needs as much as possible. Therefore, high-level stylishness and precise market targets are important factors that attract consumers in the long term. With a lot of outstanding designers, ZARA, ONLY and other "fast fashion" brands realize the timing of clothing design. Taking ZARA as an example, designers should not only do regular design work at headquarters, but also seek fashion inspiration in major cities such as Milan, Paris, London, and New York. This imitation of other brands doesn't result in any negative impact on ZARA but rather makes its image more deeply ingrained in the public. In addition, ZARA attaches great importance to customer feedback by summarizing their ideas or opinions to the design headquarters in the shortest time for analysis and application.

(3) High Quality and Competitive Price

ZARA and H&M are very persistent about one thing: they are only following fashion, not creating trends. Therefore, with the business philosophy of "lower profits and higher sales", promoting the fashion trending to the public is an important feature of the "fast fashion" brands. In the traditional clothing enterprises, fashion is a symbol of high added value, high price, and high profit, but now "fast fashion" completely subverts this concept and makes this available to the public. "Fashion First, Product Second, and Price Third" is the best summary of "fast fashion" brands.

(4) Stores of Large Areas and Products of a Wide Variety

"Fast fashion" brand stores are mostly located in commercial centers with surrounding areas covered. The store area generally exceeds $1000m^2$, and some brands are of two or three floors for display. Traditional clothing brands operate in a relatively single field with a single style, while "fast fashion" clothing brands cover from children to adults, underwear to outerwear. It maximally caters to the large-range consumer's needs.

3. The Rise of "fast Fashion" and the Strategies for Upgrading China's Clothing Brands

(1) Chinese-Style "Fast Fashion" Brands are Created to Enhance the Vitality

When consumers face choices, brands are like invisible hands that can firmly grasp their hearts, and branding can influence consumers' purchasing decisions. As foreign "fast fashion" brands come into China lately, they haven't got a deep understanding of China's local consumers in terms of aesthetics, taste, culture and body shape. For example, UNIQLO is known for its high quality and comfort, but its style does not appeal to people; European and American brands such as H&M and ZARA, their designs are usually with larger body sizes than Asians. This deficiency brings opportunities to China's local brands. To shape a Chinese-style "fast fashion" brand and enhance its core vitality, China's fast fashion brands need to achieve the following points.

Firstly, strengthening the training of original design talents. Based on drawing inspiration from foreign brand designs, enterprises should cultivate and introduce emerging and original designers and create affordable and high-quality clothing designs. On the other hand, the brand design should be developed with more factors concerning culture, emotion and unique styles, to enhance innovation and the transmission of culture. Only in this way, the long-term development path for Chinese local "fast fashion" brands can be paved.

Secondly, boosting technological innovation. UNIQLO's ultra-thin down jacket and fleece jacket are very portable and made of high-tech fabric. H&M has launched green organic cotton denim with the logo, which is a low-carbon and environmentally friendly product in line with the current fashion trend. However, China's local brands need to be strengthened in innovation by developing multi-purpose fabrics and designing high-tech clothing.

Thirdly, emphasizing on user experience and building a Chinese characteristic brand. The competition for "fast fashion" brands is fierce, with local consumers having unique demands. In the trend of "fast fashion", local brands are becoming increasingly demanding. Therefore, the brands need to integrate Chinese elements into "fast fashion". In this process, brands not only design products based on the cultural elements that represent their own style but also reflect on the Chinese culture behind the products. In this way, greater benefits are gained. At present, what "fast fashion" brands need to do in the Chinese market is to integrate Chinese characteristic culture into product design, while strengthening customer stickiness and increasing sales effectiveness.

(2) Making "Fast Fashion" Faster by Sale

The promotion of "fast fashion" has achieved good results, whether it is Metersbonwe hiring Jay Chou or Sima hiring TingFeng Xie as their poster stars. Instead, Zara, as a world-renowned brand, has hardly ever done any advertising. But why does it have such a good promotional effect? Under the "fast" pace of "fast fashion", promotion plays an important part.

Firstly, the early stage of publicity should be focused on. Joint online and offline promotions should be conducted in advance, with regular themed clothing exhibitions and exposure by television, magazines and other platforms to increase the publicity.

Secondly, online joint promotion is a must. The recycling rate of products is improved by using strategies like the application of e-coupons, and the sale of tail or short-in-size goods. Compared to offline stores, online joint promotion is more attractive to consumers, such as coupons that allow customers to earn points online and become VIP members who can enjoy more discounts. At the same time, online sales platforms can be used for early sales and promotions, advocating a new promotion model of "earlier purchasing, lower price".

Thirdly, innovation in promotion models. In terms of promotion, it is necessary to break through tradition and boldly try new methods, such as "value exceeding money paid" and "limited edition of multiple products", which can quickly establish the brand image and meet the personalized needs of consumers, achieving good promotion results.

(3) Fully Leveraging the Advantages of Online Shopping Based on the Characteristics of "Fast Fashion" Brands

In the era of "Internet Plus", clothing brands are competing fiercely in the Internet market. Fast fashion brand, with its unique characteristics of "Fashion First, Product Second, And Price Third," goes viral in the internet market. For example, H&M established its own Facebook website in 2010, publishing the latest fashion information and brand style every day. It also posts popular videos on YouTube. What's more, an application has been developed that allows consumers to stay informed of brand culture timely; In April 2015, Metersbonwe launched a "Youfan" app to cater to the needs of O2O (Online To Offline); YiChun launched its online brand A21 in 2015. There are three suggestions for online sales of local "fast fashion": Firstly, engaging in sincere communication with consumers. VANCL can be a good example that does a great job. Consumers can feel the sincerity when shopping online, thanks to the simplified page and warm services offered by VANCL. Considerate services and sincere communication can be an essential strategy. Secondly, the mobile phone serves as a fashion assistance at any time. Local brands need to not only focus on the research and development of related apps but also understand the needs of Chinese consumers, and build the brand into a social platform such as group discussion, photo sharing, and dressing. Thus everyone can become a poster star for various fashion trends. Third, using social media platforms for brand promotion. The brands can establish an official account on social media platforms such as WeChat and Weibo to update information promptly, enabling consumers to communicate with merchants through leaving messages, asking questions, and other means. Also, selection and promotion can be done through social networks, thereby enhancing their awareness.

4. Promoting Product Design Innovation

The biggest drawback of the "fast fashion" brands at present is their lack the development and design capabilities. Clothing design should work to meet the constantly evolving consumer needs. Therefore, we need to shift from the development model of "copy to "independent innovation". For thriving clothing enterprises, research and design are of utmost importance, which are just the weaknesses in the current "fast fashion" industry chain. Product design, as the core, plays a crucial role in the strategic development of clothing enterprises. The design of clothing has a significant impact on the brand's style. Although the design of "fast fashion" clothing follows the trend of the times, it is still in the early stage of imitation. It's not only an obstacle to establishing brand image, but also to meeting consumers' demand for continuously improving clothing quality. Therefore, only by continuously innovating and promoting the independent design and manufacturing of products, can we maintain its core competitiveness in design and promote its better development. Without innovation, the development and design of clothing cannot be successful.

5. Developing Product Promotion Methods

Enterprise strategy optimization requires innovation in marketing methods. The positioning of the clothing market should comply with consumer psychology and provide them with unique and appropriate reasons for selection. Therefore, "fast fashion" brands should learn deeply about the customers' demands and attract them by applying market promotion methods. Recently, marketing methods have become increasingly diversified, and consumers are also increasingly fond of adopting new methods. Therefore, for "fast fashion" brands, targeted marketing should be carried out based on the current situation. Under the promotion of network informatization, the promotion of "fast fashion" brand is no longer limited to offline. They are suggested to strengthen online operations, attracting consumers and shaping their brand image through social media.

First, brand promotion is carried out through WeChat, TikTok and other We Media platforms. At present, there are a large number of WeChat users. As the most popular short video platform in China, TikTok has an absolute advantage in short video platforms, with a large number of users. Advertising on this platform often achieves good results. From the perspective of effectiveness, the video website can be a good choice which is with high click-through rates and considerable profits. Greater impacts can be achieved when video advertisements are placed on multiple platforms. At the same time, the WeChat official account is also a very popular marketing method. Publishing articles on the WeChat official Account for marketing can effectively spread the corporate culture and brand value and win the trust of consumers.

Secondly, cooperation is made with internet celebrity groups for promotion. With the rapid development of the internet economy, the influence of internet celebrities and bloggers is significant. The main consumer group of "fast fashion" is the younger generation, so internet celebrities can be worked with to promote the product and attract more consumers, thus enhancing the brand effect. At the same time, the popularity of the anchors helps create a empathy effect of "love me, love my dog". As we all know, the advertising effect of stars is very huge. Therefore, "fast fashion" can give full play to the celebrity effect and provide advice to fans on TikTok, which can greatly enhance its brand popularity.

6. Conclusions

In the current market environment, Chinese clothing enterprises should build up their brands to stand out. In addition, the manufacturing process should be under control to improve the revenue and break through the constraints. Against this backdrop, "Fast fashion" is undoubtedly a good choice. UNIQLO, H&M, ZARA and other brands are worth learning, especially in terms of marketing strategies. With successful experiences grasped, China's local brands can improve their shortcomings, and promote high-quality development in the clothing enterprises. Firstly, determining the brand positioning. UNIQLO's brand positioning is very clear, and terms such as "basic, versatile, and minimalist" are synonymous with UNIQLO. It's the first choice for customers with such needs, which can be seen as its successful brand-building. There are many China's local fashion brands, but many of them lack their own characteristics and brand positioning is unclear. To handle the encirclement, it is necessary to find something unique from other brands and constantly build up its own brand image so that it can leave a lasting impression in the minds of consumers. Secondly, enhancing the sense of design and meeting customer needs. Chinese clothing brands need to enhance their brand design sense during the design stage. Many brands of clothing are often conservative and tacky, and sometimes even the most basic aesthetics and comfort cannot be achieved. They need to create their own unique brand elements, not by blindly imitating, but by self-creatin, thus increasing the diversity of clothing. International fast fashion brands place more emphasis on design, so the design work is the core of the brand. Young people are the main force of consumer fashion brands, and they are more inclined towards clothing with a sense of design.

The text provides two suggestions for domestic clothing brands by drawing inspiration from UNIQLO, namely determining brand positioning and enhancing design sense to meet customer needs. Made in China has infinite potential, and it's believed that domestic fashion brands will continue to do better.

【References】

[1] Guo Xuehua. Analysis of Fast Fashion Brand Marketing Strategy: Taking

UNIQLO as an Example [J]. *Western Leather*, 2018(20): 621-622.

［2］Lu Ying. Exploring the Development Strategy of the O2O Model of Fast Fashion Brands from the Perspective of Customer Consumer Experience [J]. *Business Economics Research*, 2018 (12): pp.21-22

［3］彭丽娟. 基于快时尚品牌发展趋势下服装专业人才培养的思考[J]. 艺术科技,2018(3): pp.138-139.

［4］韦宝宝. 快时尚品牌服装门店服饰搭配展陈设计对消费行为的影响研究：以 ZARA, H&M, ME&CITY 为例的市场调研报告 ［J］. 美与时代（上旬刊），2017(7): pp.97-98.

(Na Zhu)

亜東経済国際学会の概要

設立　1989 年に東アジアの経済・経営に関心のある研究者・実務家によって結成される。現在，日本，中国，台湾地区，韓国などの会員から構成される。

活動　毎年海外の学会や大学と共催で国際学術会議を開催し，その研究成果は国内外の著名な出版社から亜東経済国際学会研究叢書として出版している。

第 1 回　1989 年　亜東経済国際学会（於台湾中華工商研究所，台湾東海大学）

第 2 回　1990 年　亜東経済国際学会（於日本大牟田ガーデンホテル，九州帝京短大）

第 3 回　1990 年　亜東経済国際学会（於中国東北財経大学，中国人民大学）

第 4 回　1991 年　The Eastern Economies International Academy IV（於 CHINESE UNIVERSITY OF HONG KONG ）

第 5 回　1992 年　国際財経学術研討会（中国上海財経大学と共催）（於中国上海財経大学）

第 6 回　1993 年　中外合資企業経営国際学術研討会（中国復旦大学・上海管理教育学会と共催）（於中国復旦大学）

第 7 回　1993 年　国際工商管理学術研討会（中国杭州大学と共催）（於中国杭州大学）

第 8 回　1995 年　中日工商管理学術研討会（中国地質大学武漢人文管理学院と共催）（於中国地質大学武漢人文管理学院）

第 9 回　1995 年　中国三資企業発展與管理問題国際討論会（中国復旦大学と共催）（於中国復旦大学）

第 10 回　1996 年　亜東経済学術研討会（中国華東師範大学国際金融系と共催）（於中国華東師範大学国際金融系）

第 11 回　1997 年「中国対外開放與中日経済関係」学術研討会（中国上海対外貿易学院と共催）（於中国上海対外貿易学院）

第 12 回　1998 年　亜洲経済問題研討会（中国華東師範大学経済系と共催）（於中国華東師範大学経済系）

第 13 回　1998 年　亜東経済国際学会 '98 年会（中国青島大学国際商学院と共催）（於中国青島大学国際商学院）

第 14 回　1999 年　亜洲経済研討会（中国上海財経大学国際工商管理学院と共催）（於中国上海財経大学国際工商管理学院）

第 15 回　2000 年　中日経済，社会，文化学術研討会（中国上海財経大学国際工商

管理学院と共催）（於中国上海財経大学国際工商管理学院）

第16回　2000年　社会與経済学術研討会（中国厦門大学社会科学部と共催）（於中国厦門大学社会科学部）

第17回　2001年　亜東経済與社会学術研討会（中国厦門大学社会科学部と共催）（於中国厦門大学社会科学部）

第18回　2001年　東亜経済與社会学術研討会（中国青島大学国際商学院と共催）（於中国青島大学国際商学院）

第19回　2001年　21世紀産業経営管理国際学術研討会（台湾国立高雄応用科技大学と共催）（於台湾国立高雄応用科技大学）

第20回　2002年　韓日国際経済・社会学術研討会（韓国高神大学校と共催）（於韓国高神大学校）

第21回　2002年　国際化與現代企業学術研討会（中国華東師範大学商学院と共催）（於中国華東師範大学商学院）

第22回　2003年　企業的国際化経営和管理策略国際学術研討会（中国復旦大学管理学院企業管理系と共催）（於中国復旦大学管理学院企業管理系）

第23回　2004年　中日社会與管理国際学術研討会（中国広西大学社会科学興管理学院と共催）（於中国広西大学社会科学興管理学院）

第24回　2005年　経済全球化與企業戦略国際学術研討会（中国上海立信会計学院・台湾中華工商研究院と共催）（於中国上海立信会計学院）

第25回　2006年　全球化時代的経済與社会国際学術研討会（台湾国立雲林科技大学管理学院・中国上海立信会計学院と共催）（於台湾国立雲林科技大学管理学院）

第26回　2007年　亜洲産業発展與企業戦略国際学術研討会（中国復旦大学管理学院産業経済学系・鹿児島国際大学・台湾高雄応用科技大学と共催）（於中国復旦大学管理学院産業経済学系）

第27回　2008年　東亜経済管理與社会保障国際学術研討会（中国南昌大学と共催）（於中国南昌大学）

第28回　2009年　東アジア産業経済・企業管理国際学術会議（中国復旦大学管理学院産業経済学系・台湾高雄応用科技大学と共催）（於鹿児島国際大学）

第29回　2009年　亜洲産業競争力與企業経営管理国際学術研討会（台湾南開技術学院・中国復旦大学管理学院産業経済学系と共催）（於台湾台中市）

第30回　2010年　学会創立20周年記念大会・東亜企業管理発展戦略国際学術会議（台湾高雄応用科技大学と共催）（於鹿児島国際大学）

第31回　2010年　21世紀産業経営管理国際学術研討会（台湾国立高雄応用科技大学管理学院と共催）（於台湾国立高雄応用科技大学管理学院）

第 32 回　2010 年　東アジアの産業発展・企業管理国際学術会議（中国復旦大学管理学院産業経済学系・台湾高雄応用科技大学管理学院と共催）（於鹿児島国際大学）

第 33 回　2011 年　東北亜福祉経済共同體国際学術研討会（韓国釜山長善綜合福祉共同體・東北亜福祉経済共同體フォーラム・日本中国社会福祉研究会と共催）（於韓国釜山市長善綜合福祉共同體大講堂）

第 34 回　2011 年　劉成基博士傘寿記念大会・東アジアの産業・企業国際学術会議 (台湾高雄応用科技大学管理学院・東北亜福祉経済共同體フォーラムと共催)（於鹿児島国際大学）

第 35 回　2012 年　東アジアの産業経営管理国際学術会議（台湾産業競争力暨学術研究交流協会と共催）（於鹿児島国際大学）

第 36 回　2012 年　亜洲産業発展與企業管理国際学術研討会(台湾国立屏東科技大学・東北亜福祉経済共同體フォーラムと共催)（於台湾国立屏東科技大学）

第 37 回　2013 年　亞洲的社會現狀與未來国際学術研討会（「アジア社会の現状と未来」国際学術研討会）（台湾南台科技大学応用日本語学科・台湾産業競争力暨学術研究交流協会 (TISIA) と共催）（於台湾南台科技大学）

第 38 回　2013 年　東アジアの社会・産業・企業発展国際学術会議（東北亜福祉経済共同體フォーラム・台湾國立高雄應用科技大學観光管理系・台湾産業競争力暨学術研究交流協会 (TISIA) と共催）（於鹿児島国際大学）

第 39 回　2014 年　東亜の福祉ビジネス・産業経営国際学術研討会（東北亜福祉経済共同體フォーラム・韓国長善綜合福祉共同體等・韓国富者学研究学会と共催）（於韓国済州ベネキア・マリンホテル）

第 40 回　2014 年　アジアの社会・産業・企業国際学術会議（長崎県立大学東アジア研究所・東北亜福祉経済共同體フォーラム・中国復旦大学東水同学會・台湾和春技術学院企業管理系と共催）（於長崎県立大学佐世保キャンパス）

第 41 回　2015 年　東アジアの産業・企業革新国際学術会議（中国復旦大学管理学院と共催）（於鹿児島国際大学）

第 42 回　2015 年　長期照顧保険與長照機構管理国際学術研討会（台湾弘光科技大学老人福祉與事業系・台湾高齢役務管理学会・東北亜福祉経済共同體フォーラムと共催）（於台湾弘光科技大学）

第 43 回　2015 年　アジアの社会・産業・企業国際学術会議・第 108 回日本観光学会太宰府全国大会分科会兼（日本観光学会と共催）（於プラム・カルコア太宰府）

第 44 回　2016 年　東アジアの産業・観光発展国際学術会議（中国河南科技大学管理学院観光管理系・中国同済大学発展研究院と共催）（於鹿児島国際大学）

第 45 回　2016 年　東亜経済文化旅游産業国際学術会議（中国河南科技大学管理学

院と共催）（於中国洛陽市河南科技大学管理学院）

第46回　2016年　東北亜福祉事業與産業経営国際学術研討会（東北亜福祉経済共同體フォーラム・台湾高齢役務管理学会と共催）（於韓国釜山市長善綜合福祉共同體大講堂）

第47回　2016年　東アジアの福祉・観光・産業国際学術会議（「東アジアの平和な地域社会創出」国際学術会議分科会・劉成基博士追悼大会兼）（グローバル地域研究会・東北亜福祉経済共同體フォーラムと共催）（於鹿児島国際大学）

第48回　2017年　亜州服務業管理応用與未来展望国際研討会（台湾南台科技大学応用日語系と共催）（於台湾南台科技大学）

第49回　2017年　東アジアの観光・産業・企業国際学術会議（グローバル地域研究会・東北亜福祉経済共同體フォーラム・日本観光学会九州支部・中国復旦大学管理学院等と共催）（於熊本学園大学）

第50回　2018年　東アジアの文化・観光発展と産業経営国際学術会議）（第3回「世界平和と地域経済社会の創出」国際学術会議兼）（グローバル地域研究会・日本観光学会九州部会・台湾南台科技大学応用日語系・中国同済大学発展研究院等と共催）（於鹿児島国際大学）

第51回　2018年　東北亜福祉観光経営国際学術研鑽会（東北亜福祉経済共同體フォーラム・韓国長善綜合福祉共同體・台湾弘光科技大学老人福利與事業系と共催）（於韓国釜山長善綜合福祉共同體大講堂）

第52回　2018年　東アジアの文化・観光発展と産業経営国際学術会議（第4回「世界平和と地域経済社会の創出」国際学術会議兼）（グローバル地域研究会・中国山東師範大学等と共催）（於鹿児島国際大学）

第53回　2019年　東アジアの文化・観光発展と産業経営国際学術会議（第5回「世界平和と地域経済社会の創出」国際学術会議兼）（グローバル地域研究会・中国日語教学研究会山東分会等と共催）（於鹿児島大学）

第54回　2019年　東アジアの産業・企業発展国際学術研討会（中国同済大学発展研究院と共催）（於中国同済大学）

第55回　2019年　東アジアの社会・産業・企業発展政策国際学術会議（日本経済大学大学院政策科学研究所・グローバル地域研究会・韓国東北亜福祉経済共同體フォーラム・中国復旦大学産業経済系・台湾國立高雄科技大学等と共催）（於東京都渋谷区の日本経済大学大学院）

第56回　2019年　東アジアの社会・産業・企業発展政策国際学術会議分科会（グローバル地域研究会・中国吉首大学商学院と共催）（於鹿児島国際大学）

第57回　2019年　東北亜福祉経済暨長期照顧品質国際学術研討會（台湾国立空中

大学，東北亜福祉経済共同体スォーラム等と共催）（於台湾台中市国立空中大学）

第 58 回　2019 年　東アジアの文化・観光発展と産業経営」国際学術会議―東アジアの繊維産業と企業のシンポジウム―（中国東華大学・グローバル地域研究会と共催）（於鹿児島国際大学）

第 59 回　2021 年　東アジアの福祉・観光・経営国際学術会議（東北亜福祉経済共同體フォーラム・グローバル地域研究会と共催）（鹿児島 ZOOM 会議）

第 60 回　2021 年　東アジアの文化・観光・経営国際学術会議（東北亜福祉経済共同體フォーラム・日本経済大学大学院政策科学研究所・グローバル地域研究会・中国吉首大学商学院等と共催）（東京・鹿児島 ZOOM 会議）

第 61 回　2022 年　東アジアの文化・社会発展と産業経営国際学術会議（日本経済大学神戸三宮キャンパス　市川千尋教授研究グループ・日本経済大学大学院政策科学研究所・東北亜福祉経済共同體フォーラム・グローバル地域研究会・中国復旦大学管理学院産業経済学系と共催）（鹿児島・神戸 ZOOM 会議）・日中国交正常化 50 周年記念論文集 日本国外務省・日中国交正常化 50 周年交流促進実行委員会「日中国交正常化 50 周年認定事業」（認定番号：115）

第 62 回　2023 年「東北亜の福祉ビジネスと観光産業経営」国際学術会議（韓国・長善総合福祉共同体・東北亜福祉経済共同體フォーラム・グローバル地域研究会・NPO 法人九州総合研究所等と共催）（於韓国釜山市長善総合福祉共同体内大講堂・対面方式とオンライン方式）

第 63 回　2023 年「東アジアの観光・地域振興と産業経営」国際学術会議（グローバル地域研究会・東北亜福祉経済共同體フォーラム・NPO 法人九州総合研究所等と共催）（於鹿児島国際大学・オンライン方式と対面方式）

亜東経済国際学会研究叢書の出版

第 1 巻　1992 年　『企業経営の国際化』（日本・ぎょうせい）

第 2 巻　1994 年　『東亜企業経営（中文）』（中国・復旦大学出版社）

　　　　1995 年　『東アジアの企業経営（上）』（中国・上海訳文出版社）

　　　　1995 年　『東アジアの企業経営（下）』（中国・上海訳文出版社）

第 3 巻　1997 年　『中国三資企業研究（中文）』（中国・復旦大学出版社）

第 4 巻　1999 年　『中国対外開放與中日経済関係（中文）』（中国・上海人民出版社）

第 5 巻　2002 年　『国際化與現代企業（中文）』（中国・立信会計出版社）

第 6 巻　2004 年　『企業国際経営策略（中文)』（中国・復旦大学出版社）

第 7 巻　2006 年　『中日対照　経済全球化與企業戦略』（中国・立信会計出版社）

第 8 巻　2008 年　『亜洲産業発展與企業発展戦略（中文）（査読制)』（中国・復旦大学出

版社）

第 9 巻　2010 年　『東亜経済発展與社会保障問題研究（中文）（査読制）』（中国・江西人民出版社）

第 10 巻　2009 年『東亜産業発展與企業管理（中文・繁体字）（査読制）』（台湾・暉翔興業出版）

第 11 巻　2010 年『亜洲産業経営管理（中文・繁体字）（査読制）』（台湾・暉翔興業出版）

第 12 巻　2011 年　亜東経済国際学会創立２０周年記念論文集『アジアの産業発展と企業経営戦略（査読制）』（日本・五絃舎）

第 13 巻　2011 年　『東亜産業與管理問題研究（中文・日文・英文）（査読制）』（台湾・暉翔興業出版）

第 14 巻　2012 年　劉成基博士傘寿記念論文集『東アジアの産業と企業（査読制）』（日本・五絃舎）

第 15 巻　2012 年　『東亜産業経営管理（中文・英文・日文）（査読制）』（台湾・暉翔興業出版）

第 16 巻　2014 年　『東亜社会発展與産業経営（中文・日文）（査読制）』（台湾・暉翔興業出版）

第 17 巻　2014 年　『東アジアの社会・観光・企業（日本語・英語）（査読制）』（日本・五絃舎）

第 18 巻　2015 年　『亜洲産業発展與企業管理（中文・英文・日文）（査読制）』（台湾・昱網科技股份有限公司出版）

第 19 巻　2017 年　『アジアの産業と企業（日本語・英語）（査読制）』（日本・五絃舎）

第 20 巻　2017 年　『東亜産業発展與企業管理（中文・英文・日文）（査読制）』（台湾・昱網科技股份有限公司出版）

第 21 巻　2019 年　藤田紀美枝先生傘寿記念論文集『東アジアの観光・消費者・企業（日本語・英語）（査読制）』（日本・五絃舎）

第 22 巻　2020 年　亜東経済国際学会創立３０周年記念論文集『東アジアの社会・観光・経営（日本語・英語）（査読制）』（日本・五絃舎）

第 23 巻　2022 年　中国復旦大学首席教授　蘇東水先生追悼記念論文集『東アジアの文化・観光・経営（日本語・英語）（査読制）』（日本・五絃舎）

第 24 巻　2023 年　『東アジアの文化・社会・経営（日本語・英語）（査読制）』（鴻臚書舎）日中国交正常化 50 周年記念論文集　　日本国外務省・日中国交正常化 50 周年交流促進実行委員会「日中国交正常化 50 周年認定事業」（認定番号：115）

第 25 巻　2024 年　中国復旦大学特聘教授　芮明杰先生合作 30 周年記念論文集『東アジアの観光・観地域振・経営（日本語・英語）（査読制）』（日本・五絃舎）

学会役員・理事（2023 年 10 月 1 日より）

会　長　　原口俊道（別名：藤原道時）（日本・鹿児島国際大学名誉教授・商学博士）

副会長　　俞　進（中国・中国首席研究員・経済学博士）

副会長　　羅　敏（中国・中国研究員・経済学博士）

副会長　　経志江（日本・日本経済大学経営学部教授・学術博士）

常務理事・台湾支部長　盧駿葳（台湾・南台科技大学応用日語系助理教授・経済学博士）

常務理事・九州支部長　廖筱亦林（中国・汕尾職業技術学院副研究員・経済学博士）

常務理事・事務局補佐　國崎　歩（日本・九州共立大学経済学部准教授・経済学博士）

常務理事　季海瑞（中国・青海師範大学経済管理学院副教授・経済学博士）

常務理事　孫愛淑（中国・吉首大学商学院経済学系講師・学術博士）

理事・秘書　趙　坤（中国・洛陽師範学院講師・経済学博士）

理　　事　　許雲鷹（中国・上海財経大学副研究員）

理　　事　　黄一修（台湾・中華工商研究院総院長・経済学博士）

理　　事　　三好慎一郎（日本・宮崎大学非常勤講師・経済学博士）

理　　事　　劉水生（台湾・滋和堂企業股份有限公司董事長・経済学博士）

理　　事　　李建霖（台湾・JJK 日本観光手配センター取締役・経済学博士）

理　　事　　廖力賢（台湾・台湾支部研究員・経済学博士）

理　　事　　王新然（中国・青海師範大学経済管理学院副教授・経済学博士）

理　　事　　李　蹊（中国・青海師範大学経済管理学院講師・経済学博士）

亜東経済国際学会

日本事務局　〒891 − 0197　鹿児島市坂之上 8 丁目 34 番 1 号　7 号館 5 階 504

鹿児島国際大学名誉教授　原口俊道研究室内

E mail:haraguchi@eco.iuk.ac.jp

電話・FAX　099 - 263 - 0665

中国連絡先　電話　86 - 13735823074

台湾支部　電話　886 -919- 528209

九州支部　電話　86-18565802087

亜東経済国際学会会則

（1989 年 12 月 23 日総会決定）

第1条　本会は亜東経済国際学会と称する。

第2条　本会は事務局を会長の所属する大学に置く。

第3条　本会はアジアおよび太平洋地域の経済経営等の研究者及び本会に関心のある実業家をもって組織し，アジアおよび太平洋地域において会員の研究発表および相互の連絡親睦をはかることを目的とする。

第4条　本会は下記の事業を行う。

1. 会員の研究発表
2. 雑誌，印刷物の発行
3. 講演会，調査，見学
4. 会員名簿の作成
5. その他必要な事業

第5条　総会は毎年1回開催し会則の変更，当番校の決定その他必要な事項の決議を行う。

第6条　本会は次の役員を置く。

1. 会 長 1 名
2. 副会長 3 名
3. 理 事 若干名
4. 会計 幹事 1 名

会長，副会長，理事，会計幹事は選挙により選出する。

第7条　会長は会務を総理し本会を代表する。副会長は会長を補佐し会長事故あるときは之に代わる。

第8条　理事会は会長，副会長及び理事を以って構成し，会長は之を招集し会務を処理する。

理事会は本会事業活動を円滑に行うために，複数の支部を設けることができる。

第9条　役員の任期は2年とする。ただし留任はさまたげない。

第10条　本会に入会するには2名以上の会員の紹介を必要とする。

第11条　年会費は2,000円とする。本会事業活動を円滑に行うために，実業界の寄付金を受け入れる。

第12条　本会の事業年度は4月より翌年3月までとする。

投 稿 規 定

　本学会は査読制で，A5版の図書として出版します。投稿を受け付けているのは公刊されていない和文または英文の論文に限ります。二重投稿は認められません。なお，査読審査に合格した中国語論文は和文または英文の翻訳文を掲載することができる。

　また，学会費を徴収しておらず，編集作業を外部に発注していません。投稿の際，以下の設定を是非，お願い申し上げます。迷った場合，本学会の前年度出版図書をご参照ください。

1. 原稿では「本論文」や「本稿」等を「本章」に書き換えてください。また，和文要旨（400字程度），英文要旨（200words程度）を添付し，キーワードは5個以内にしてください。
2. 「Word　横書」と「.docx」形式，Emailで送ってください。ページ設定は「A5」，「文字数35」，「行数28」，「余白の上25mm，下20mm，左19mm，右19mm」，本文・註・図表の合計が12頁を超えないようにお願いします。
3. 文字のフォントについて，和文はMS明朝，英文はTimes New Romanとします。
4. 文字のサイズは，10.5を基準とします。ただし，章題目は14太字，要旨とキーワードと節題目及び注釈題目は11太字，注釈は9にしてください。
5. 章節の番号と（　）等符号はすべて全角にし，番号ライブラリを「なし」に設定してください。節の番号1．2．・・・にし，項の番号は（1）（2）・・・にしてください。
6. 句点は「，」「。」に統一してください。
7. 空行については，章題目の上は1行，章題目と要旨の間は2行，キーワード及び各節題目の上下は各1行，注釈の上は1行空けてください。空行の文字サイズも10.5とします。
8. 注釈を入れる際，「脚注の挿入」機能を使わず，番号を「上付き」（表示例：原口(1)の論点・・・）にし，注釈内容を本文の最後に，（1）（2）・・・としてください。参考文献は［1］［2］・・・してください。また，英文の引用文献や参考文献は，書名と雑誌名を「斜体」にしてください。
9. 図と表の番号は半角で示してください。日本語論文の第3章の場合には，図表3-1，図表3-2・・・としてください。英語論文のChapter20の場合には，表はTable20-1，Table20-2・・・として表の上に，図はFigure20-1，Figure20-2・・・として図の下に記載してください。図表の位置は「中央揃え」にしてください。
10. 和文の章題目（副題目を除く）の文字数は30文字以内にしてください。

2023 年度の事業活動

2023 年 7 月 8 日（土） サマーセミナーを開催。
　第 62 回「東北亜の福祉ビジネスと観光産業経営」国際学術会議（於　韓国・長善総合福祉共同体大講堂）

2023 年 12 月 2 日（土）ウィンターセミナーを開催。
　第 63 回「東アジアの観光・地域振興と産業経営」国際学術会議（於　鹿児島国際大学キャンパス等）

2024 年 3 月亜東経済国際学会研究叢書㉕を出版。
　中国・復旦大学特聘教授 芮明杰先生合作 30 周年記念論文集
　『東アジアの観光・地域振興・経営（日本語・英語）（査読制)』
　原口俊道・芮明杰 [監修]（予定）
　廖筱亦林・王新然・趙 坤 [編著]（予定）
　五絃舎（予定）2024 年 3 月出版予定，320 頁，ハードカバー
　　　　　　　消費税込み定価 3，200 円（予定）

索　引

欧文索引

執筆者一覧

(※※印は監修者，※印は編著者を示す)

※※ 芮明杰（中国・復旦大学特聘教授，経済学博士）序章担当

※廖筱赤林（中国・汕尾職業技術学院副研究員，博士（経済学））序章日本語翻訳，第8章
担当

※趙坤（中国・洛陽師範学院講師，博士（経済学））序章日本語翻訳，第3章担当

森田理恵（日本・近畿大学法学部非常勤講師）第1章担当

※王新然（中国・青海師範大学経済管理学院講師，博士（経済学））第2章担当

岩永忠康（日本・NPO法人九州総合研究所副理事長，佐賀大学名誉教授，博士（商学））
第4章担当

垣本嘉人（日本・NPO法人九州総合研究所研究主任，博士（経済学））第5章担当

広崎心（日本・東北公益文科大学公益学部准教授，博士（経営学））第6章担当

村岡敬明（日本・大和大学情報学部准教授，博士（社会イノベーション学））第7章担当

李躞（中国・青海師範大学経済管理学院講師，博士（経済学））第9章担当

盧駿葳（台湾・南台科技大学応用日語系助理教授，博士（経済学））第10章担当

ディン・ティ・タァン・フォン（日本・日本経済大学大学院経営学研究科博士後期課程）
第11章担当

千葉美加（日本・東洋大学大学院博士課程後期）第12章担当

俞進（中国・前鹿児島国際大学大学院特別講師，経済学博士）第13章担当

※原口俊道（日本・鹿児島国際大学名誉教授，亜東経済国際学会会長，博士（商学））
第13章担当

高橋文行（日本・日本経済大学大学院教授，博士（情報学））第14章担当

徐雪青（日本・日本経済大学大学院准教授，博士（比較文化学））第14章担当

李君在（日本・日本経済大学経営学部教授）第15章担当

林徳順（日本・日本大学商学部准教授）第16章担当

鎌田雅子（日本・日本経済大学経営学部専任講師）第17章担当

朴玄峻（日本・日本経済大学大学院経営学研究科博士後期課程）第18章担当

西嶋啓一郎（日本・第一工科大学工学部教授，博士（工学））第18章担当

金勇一（日本・グローバル地域研究会研究員，博士（経済学））第19章担当

孫愛淑（日本・九州大学ポストドクター，中国・吉首大学商学院経済学系講師，博士（学術））
第20章担当

王敏（中国・亜東経済国際学会研究員）第20章担当

張剣（日本・グローバル地域研究会研究員）第21章担当

張継唐（日本・日本経済大学大学院経営学研究科，博士（経営学））第22章担当

郭金来（中国・民政部中国老齢科学研究中心所長・研究員，博士）第22章担当

珠娜（日本・グローバル地域研究会研究員）第23章担当

監修者紹介

原口俊道（はらぐち・としみち）　別名：**藤原道時**（ふじわら　の　みちとき）

現在　　鹿児島国際大学名誉教授，亜東経済国際学会会長，中国華東師範大学顧問教授，博士（商学）

著書　　『動機づけ - 衛生理論の国際比較──東アジアにおける実証的研究を中心として──』（単著）同文舘出版，1995 年。

　　　　『経営管理と国際経営』（単著）同文舘出版，1999 年。

　　　　『東亜地区的経営管理（中文）』（単著）中国・上海人民出版社，2000 年。

　　　　『アジアの経営戦略と日系企業』（単著）学文社，2007 年。

　　　　『アジアの産業発展と企業経営戦略（査読制）』（編著）五絃舎，2011 年。

　　　　『東アジアの産業と企業（査読制）』（編著）五絃舎，2012 年。

　　　　『東アジアの観光・消費者・企業（査読制）』（編著）五絃舎，2019 年。

　　　　『東アジアの文化・社会・経営（査読制）』（編著）鴻臚書舎，2023 年。

芮明杰（るい・みんちえ）

現在　　中国・復旦大学特別教授（国家一級教授），復旦大学企業発展経営革新研究センター博士指導教員，中国産業経済学会副会長，経済学博士

著書　　『第三次産業革命と中国の選択』中国・上海辞書出版社，2013 年。

　　　　『戦略的新興産業発展新モデル』中国・重慶出版社，2014 年。

　　　　『大企業は変革を主導する：わが国の産業構造の戦略的調整の新しい考え方，新しい政策 -- 産業チェーンの再構築の視点に基づいて』（共著）中国・上海財経大学出版社，2015 年。

　　　　『産業経済学（第三版）』（主編）中国・上海財経大学出版社，2016 年。

　　　　『未来を主導する競争力：中国現代産業システムの構築と発展の設計』（共著）中国・上海財経大学出版社，2016 年。

　　　　『プラットフォーム経済：トレンドと戦略』（共著）中国・上海財経大学出版社，2018 年。

　　　　『産業の革新：理論と実践』（共著）中国・上海財経大学出版社，2019 年。

　　　　『管理学 -- 現代の観点』（主編）中国・上海人民出版社・格致出版社，2021 年。

　　　　『構造の「罠」を突破：産業変革の発展の新しい戦略』中国・上海財経大学出版社，2021 年。

　　　　『管理学（第四版）』（編著）中国・高等教育出版社，2021 年。

編者紹介

廖筱亦林（りょう・しゃおいりん）

現在　　中国・汕尾職業技術学院副研究員，博士（経済学）

著書　　『亜洲産業発展與企業管理（査読制）』（主編）台湾・崟網科技（股）出版，2015 年。

　　　　『アジアの産業と企業（査読制）』（編著）五絃舎，2017 年。

　　　　『東アジアの文化・観光・経営（査読制）』（共著）五絃舎，2022 年。

　　　　『東アジアの文化・社会・経営（査読制）』（編著）鴻臚書舎，2023 年。

王新然（おう・しんぜん）

現在　　中国・青海師範大学経済管理学院副教授，博士（経済学）

著書　　『東アジアの観光・消費者・企業（査読制）』（共著）五絃舎，2019

　　　　『東アジアの社会・観光・経営（査読制）』（編著）五絃舎，2020 年。

　　　　『東アジアの文化・社会・経営（査読制）』（共著）鴻臚書舎，2023 年。

趙 坤（ちょう・こん）

現在　　中国・洛陽師範学院講師，博士（経済学）

著書　　『東アジアの社会・観光・経営（査読制）』（編著）五絃舎，2020 年。

　　　　『東アジアの文化・観光・経営（査読制）』（共著）五絃舎，2022 年。

　　　　『東アジアの文化・社会・経営（査読制）』（編著）鴻臚書舎，2023 年。

東アジアの観光・地域振興・経営

亜東経済国際学会研究叢書㉕

中国・復旦大学特聘教授 芮明杰先生合作 30 周年記念論文集

2024 年 5 月 25 日　　第 1 版第 1 刷発行

監修者：原口俊道・芮明杰
編　者：廖筱亦林・王新然・趙坤
発行者：長谷雅春
発行所：株式会社五絃舎
　　　　〒 173-0025　東京都板橋区熊野町 46-7-402
　　　　電話・ファックス：03-3957-5587
組版：Office Five Strings
印刷・製本：モリモト印刷
Printed in Japan　　　ISBN978-4-86434-185-1
検印省略　ⓒ　2024